本成果是江苏高校哲学社会科学优秀创新团队项目："苏北发展与社会治理研究（ZSTD2017018）"、江苏高校人文社会科学校外研究基地培育点："台商研究中心（ZSJD022）"、江苏高校人文社会科学重点研究基地培育点："创新创业研究中心（2018ZDJD－B013）"、江苏高校重点项目："贯彻新发展理念实现江苏创新引领区域优化发展路径与对策研究（2017ZDTXM024）"阶段性研究成果。
淮阴工学院应用经济学重点建设学科项目阶段性成果，淮阴工学院苏北发展研究开放课题阶段性成果。

大企业与中国经济

史修松　刘　琼　著

中国财经出版传媒集团

经济科学出版社
Economic Science Press

图书在版编目（CIP）数据

大企业与中国经济／史修松，刘琼著 . —北京：
经济科学出版社，2018. 10
ISBN 978 - 7 - 5141 - 9905 - 5

Ⅰ. ①大… Ⅱ. ①史… ②刘… Ⅲ. ①大型企业 –
影响 – 区域经济 – 研究 – 中国 Ⅳ. ①F127

中国版本图书馆 CIP 数据核字（2018）第 248317 号

责任编辑：卢元孝 刘 莎
责任校对：王苗苗
责任印制：邱 天

大企业与中国经济

史修松 刘 琼 著

经济科学出版社出版、发行 新华书店经销
社址：北京市海淀区阜成路甲 28 号 邮编：100142
总编部电话：010 - 88191217 发行部电话：010 - 88191522
网址：www. esp. com. cn
电子邮件：esp@ esp. com. cn
天猫网店：经济科学出版社旗舰店
网址：http：//jjkxcbs. tmall. com
固安华明印业有限公司印装
710 × 1000 16 开 16. 25 印张 300000 字
2018 年 10 月第 1 版 2018 年 10 月第 1 次印刷
ISBN 978 - 7 - 5141 - 9905 - 5 定价：68. 00 元
（图书出现印装问题，本社负责调换。电话：010 - 88191510）
（版权所有 侵权必究 打击盗版 举报热线：010 - 88191661
QQ：2242791300 营销中心电话：010 - 88191537
电子邮箱：dbts@ esp. com. cn）

前　　言

改革开放 40 年，中国经济持续快速增长，创造了世界经济史上的奇迹，中国大企业的发展也可以说创造了奇迹。2018 年，中国公司达到了 120 家①，已经非常接近美国的 126 家，远超第三位的日本 52 家。2001 年中国进入世界 500 强的企业只有 11 家，到了 2018 年，用了 18 年时间从进入数量来看增长了 10 倍多，可以说中国世界级大企业在整个世界经济中已起到了举足轻重的作用。从行业看，新兴的互联网服务公司京东、阿里巴巴、腾讯排名均有大幅提升。在中国公司群体中，中国的华为公司排名从 83 位上升到 72 位。在汽车制造业领域，中国有 7 家上榜公司，美国仅有通用汽车和福特两家，吉利是唯一上榜的民营车企，并在 500 强排名跃升幅度上位于国内行业首位。由此说明中国大企业无论是对世界经济还是国内经济都有重要影响。研究中国大企业研究空间分布及演化、绩效及变化、股权结构、资本结构对区域经济规模、增长率影响具有重要意义。

在 20 世纪末，美国经济学家钱德勒研究了欧美发达国家、新兴国家和计划经济国家（苏联）大企业对国家经济的作用，唯独没有研究中国的大企业发展与国家经济。当今，中国大企业已成为世界经济的重要组成部分，在世界经济与企业中是举足轻重的企业群体。本书以中国大企业（主要是指企业500 强、制造业 500 强、服务业 500 强等，不包括台湾、香港、澳门的大企业）为研究对象，研究中国大企业效应，分析其对中国地区经济及其增长的影响。

大企业具有地区财富效应和地区增长收敛效应。中国大企业在区域经济发展中的作用具有差异性，大企业规模影响区域经济增长差异，在地区经济规模方面，大企业规模对其所在区域经济规模，即绝对数量上具有显

---

① 本书中研究的省区市不包括台湾、香港和澳门。

著的促进作用；大企业数量对各省区市的经济规模的增加具有正向效应；经济发达地区大企业规模与数量对区域经济发展促进效应更加明显；在区域经济增长率方面，中国 500 强企业规模与地区经济增长具有显著的负效应，当选择较为发达的经济省份进行回归时发现这种负效应作用更加明显。分析认为大企业通过技术创新和溢出实现地区经济收敛，同时由于组织惯性与技术垄断导致技术锁定而产生"大企业陷阱"，对地区经济增长产生负效应。

大企业绩效具有区域财富效应。大企业绩效对区域经济增长有明显的促进作用，本书以全国 31 个省区市（不包括港、澳、台）的大型企业（国家统计局公布的标准）作为研究对象，研究大型企业绩效及变化与区域经济增长两者之间相互关系。利用 2003～2012 年 31 个省区市大型企业的财务数据，借助 Stata 11.0 软件分析样本企业绩效变化与经济增长的关系。研究表明，产权比率、总资产周转率与 GDP 增长率呈一定程度的负相关，销售增长率与 GDP 增长率呈正相关关系，净资产收益率、应收账款周转率、总资产增长率等变量与 GDP 增长率未能通过显著性检验。同时，采用服务业四个行业 31 个省区市的财务数据，验证服务业企业总资产增长率、销售增长率与 GDP 增长率关系；企业绩效对区域经济增长的财富效应具有明显差异性。

股权集中度是否可以提升企业绩效，本书从股权集聚度角度出发，分析了股权结构对企业效益的影响，并基于中国企业 500 强的研究背景，筛选出 206 家自 2013～2017 年连续上榜 5 年的上市企业，利用其 2013 年第二季度至 2017 年第三季度间共 18 个报告期的 3708 组观察值为样本进行实证分析。结果表明企业最大股东持股比例与企业效益呈显著负相关，而前十大股东持股比例相较于前五大股东持股比例对企业效益的积极影响更显著；说明适当的股权分散结构有利于建立企业管理制衡机制，有利于提高企业的经营效益，对企业稳定长远的发展有重大积极作用。为加快我国大型国企混改提供了理论依据。

市场配置企业要素具有杠杆适度效应。在我国经济不断转型与发展的今天，社会更快地实现体制改革，企业财务管理体制也需要相应地做出调整与改变。在企业财务管理中，不可或缺的部分为资本结构，怎样充分利用资本结构，帮助企业实现最理想化价值，这是财务管理实践的重要课题。

本书以我国制造业 500 强为研究对象，通过收集并整理中国制造业 500 强的财务数据进行实证研究和计量分析，选择四个资本结构指标和两个企业经营效益指标，研究表明我国制造业企业资本结构对企业效益的影响具有杠杆适度效应。

作者
2018 年 9 月

目　录

第一章 导 论

本章作为本书的导论部分，分三个部分。一是从大企业在现代经济体系中作用、中国大企业在世界大企业的地位和中国大企业发展的现状三方面分析了研究背景；二是从产业体系组成、经济核心动力和科技创新单元三个视角阐述了研究意义；三是按本书的先后编排顺序说明了本书的主要内容。

第一节 研究背景

大型工业企业是现代经济增长的源动力（钱德勒，1997）。钱德勒（1997）认为第二次产业革命以后，大型工业企业在推动国际经济的发展和经济转型方面发挥了重要作用；在欧美及亚洲等国家中，大型企业在资本构成、生产率增长、技术进步、知识更新等方面都引领着国家经济发展。在当今世界经济中，世界级大企业仍然是最新科学技术进步的推动者，并将这些科学技术成果转化为市场产品的先导者。大企业在科技研发上投入巨资，在某些技术上首先获得突破，并通过在生产设备上投入巨资获得规模经济效益，从而大大降低了生产成本。大企业在企业组织方面形成完整的体系，可以对企业和市场要素进行最有效配置。从世界 500 强企业分布来看，发达国家是在世界级大企业的主要来源国。

改革开放 40 年，中国经济持续快速增长，创造了世界经济史上的奇迹，中国大企业的发展也可以说创造了奇迹。可以说中国世界级大企业在整个世界经济中已起到了举足轻重的作用。从行业看，新兴的互联网服务公司京东、阿里巴巴、腾讯排名均有大幅提升，伦敦政经学院研究指出，信息和通信技术行业的创新溢出效应最为明显，为其他技术创新的 2 倍，在中国公司群体中，中国的华为公司排名也有较大提升，从 83 位上升到 72 位。在汽车制造业领域，中国有 7 家上榜公司，美国仅有通用汽车和福特两家，吉利是中国唯一一家上榜的民营车企，吉利公司在 2017 年跨越了百万销量门槛，在销量增幅和 500 强排名跃升幅度上位于国内行业首位。由此说明中国大企业无论是对世界经济还是国内经济都有重要影响。

2017 年 9 月 10 日举行的"2017 中国 500 强企业高峰论坛"上，中国企业联合会、中国企业家协会连续第 16 次发布"2017 中国企业 500 强"排行榜。2017 中国企业 500 强的入围门槛为 283.11 亿元，达到历史新高，较上年大幅提高了 39.65 亿元，提高幅度是自 2002 年发布中国企业 500 强以来最大的。2017 中国企业 500 强的营业收入总额首次突破 60 万亿元，达到了 64 万亿元，同比增长 7.64%，其中有 105 家（包含港台企业则为 115 家）入围世界 500 强；总净利润 2.83 万亿元，同比增长 3.18%。相当于 2016 年我国 GDP 总额的 86%。

2018 年 9 月 2 日举行的 2018 中国 500 强企业高峰论坛上，中国企业联合会、中国企业家协会连续第 17 次发布"中国企业 500 强"排行榜。2018 中国企业 500 强的入围门槛为 306.89 亿元，首次突破 300 亿元，达到历史新高，较上年大幅提高了 23.78 亿元，提高幅度是自 2002 年发布中国企业 500 强以来最大的。2018 中国企业 500 强的营业收入总额首次突破 70 万亿元，达到了 71.17 万亿元，同比增长 11.20%，其中有 120 家企业入围世界 500 强。实现净利润 3.20 万亿元，较上年增长 13.28%。

第二节　研究意义

大企业是国家现代经济体系的重要组成。自改革开放以来，中国经济连续 40 年的高速增长创造了中国奇迹，伴随中国经济的持续高速增长，中国大企业也实现了快速成长。2013 年中国企业联合会发布的 2012 中国企业 500 强的相关数据显示，500 强企业的营业收入达到 50.02 万亿元（中国企业 500 强发展报告，2013），相当于当年国内生产总值的 87%。高速腾飞的国家经济在加速大企业群体崛起的同时也加速大企业规模的不断扩大，2013 年公布的中国企业500强入围"门槛"的营业额达198.67亿元，在入围企业中，规模超过千亿元的已达123家，同时入围2012年世界500强的大陆企业也达到86家，仅次于美国成为入围数量第二的国家，显然，中国500强企业已经成为全球重要的大企业群体。

大企业是国家经济发展的核心动力。世界经济的发展经验表明，大型企业在国家经济发展与现代化的进程中越来越重要，并发挥着主导性的作用。伴随着经济的发展，各个经济强国都产生了一批在世界相关产业中居于主导地位的大型企业，这些大型企业成为各个经济强国参与世界范围内相关产业竞争的主要力量，如通用电气、美孚石油、丰田汽车、松下电气、三星电子、现代集团等都支撑着国家的核心竞争力。

改革开放以来中国大企业经历了一个快速发展的过程。2001年中国大陆进入世界500强的企业有11家，2012年入围企业达86家（不包括香港、澳门、台湾地区的企业，以下同），增长了近8倍。从世界主要经济体500强企业入围数量变化来看，中国入围世界500强的大企业数量逆势而上，逐年增加。对于中国经济的发展，中国的大企业起到了什么样的作用，扮演着什么样的角色，跨国比较研究中的钱德勒猜想在中国样本中已表现得十分明显。

大企业企业是科技创新的重要单元。大多数大型国有企业以销售额的1%左右投入研究与开发，有的达到2%，技术进步处于国内工业企业领先地位。近几年，国有中型企业和小型企业总体处于亏损状态，只有大型企业盈利，充分显示国有大型企业在我国国民经济中的中流砥柱作用。当然，我国大型国有企业与国外大企业相比，还有着不小的差距。一是大型企业数量少；二是企业平均规模小；三是生产集中度低；四是真正的联合体、企业集团少；五是大中小企业没有合理的分工。从技术创新来说，大企业已成为国家技术创新的重要主体。

第三节　主要内容

本书旨在探讨中国大企业区域空间分布、区域空间分布演化对区域发展的影响。由于中国大企业规模和数量都呈现快速增长的趋势，其规模及其分布对国家经济产业重要影响。本书研究内容包括如下。

第一章，导论，阐明本书的研究背景、意义与内容。

第二章，研究中国企业 500 强的区域分布对区域经济产生的空间效应。以中国企业 500 强为样本，利用 2002～2013 年企业 500 强面板数据研究大企业规模、区域分布数量对区域经济发展影响，验证了中国经济背景下钱德勒猜想。计量结果表明，省内企业 500 强的规模对其所在区域 GDP 总量和经济规模的增加都具有显著的促进作用；大企业在省际间的分布对省域经济发展也产生重要影响，省内 500 强企业的数量对各省的 GDP 总量和人均经济规模的增加具有正向效应；经济发达地区大企业规模与数量对区域经济发展促进效应更加明显，在剔除 500 强企业为 0 的地区后计量结果显示促进弹性更大。

第三章，研究中国制造业 500 强的区域分布对区域经济产生的空间效应。借助于现代计量经济学分析方法，探讨了中国制造业 500 强企业空间分布及其对区域经济增长之间的关系，并基于理论与实证研究的结果提出相应政策建议。研究表明：沿海城市的制造业相对比较发达，而像西藏、新疆、海南等偏远地区就显得明显落后；制造业 500 强企业表现出了明显的集聚特征，大多集聚在东部沿海地区；中国制造业 500 强企业的销售收入、固定资产投资总额、进出口总额、人力资本对经济增长有显著的正相关影响，制造业 500 强的个数和人力资本的增加却会导致增长率的有收敛作用。

第四章，研究中国服务业 500 强的区域分布对区域经济产生的空间效应。运用统计学和计量经济学知识从理论和实证两个方面研究中国服务业发展差异对区域经济增长差异的影响。采用面板数据对中国服务业对区域经济增长的影响进行了计量检验与实证分析。结果表明，服务业在全国及各个地区的经济增长中起到积极的促进作用，其中东部地区的服务业对地区经济增长的拉动作用最明显；同时，服务业营业收入、人力资本水平、开放程度和固定资产投资对经济增长起到了促进作用，这也是造成各地区经济增长差异的重要因素。

第五章，研究中国企业 500 强规模对区域经济增长的收敛效应。以 2002～2013 年中国 500 强企业为样本，采用动态面板数据和系统广义矩方法研究大企业规模对地区经济增长的影响。研究结果表明，中国 500 强企业规模与地区经济增长率具有显著的负效应，当选择较为发达的经济省份进行回归时发现这种负效应作用更加明显。分析认为大企业通过技术创新和溢出实现地区经济收敛，同时由于组织惯性与技术垄断导致技术锁定而产生"大企业陷阱"，对地区经济增长产生负效应。

第六章，研究大型企业绩效及变化与区域经济增长两者之间相互关系。以全国31个省区市（不包括港、澳、台）的大型企业作为研究对象，合理选择解释变量，构建绩效变量和经济增长变量之间的计量检验分析模型，利用2003～2012年30个省区市大型企业的财务数据，借助Stata 11.0软件分析样本企业绩效变化与经济增长的关系。研究表明，产权比率、总资产周转率与GDP增长率呈现一定程度的负相关关系，销售增长率与GDP增长率呈现正相关关系，净资产收益率、应收账款周转率、总资产增长率等变量与GDP增长率未能通过显著性检验。在分析基础上提出改善大企业绩效促进区域经济增长。

第七章，研究服务业企业绩效及变化以区域经济增长的影响。选取服务业四个行业31个省区市的财务数据，借助Excel软件的数据处理功能，对服务业企业经营绩效和经济增长进行了全面系统的描述性分析，分析结果揭示了服务业经营绩效状况、服务业经营绩效和经济增长之间的关系。在描述性分析基础上，建立计量回归模型深入研究服务业经营绩效究竟如何影响经济增长的问题。研究表明，服务业企业总资产增长率、销售增长率与GDP增长率呈现一定程度的正相关；服务业不同行业对区域经济增长存在差异；不同区域的服务业对地区增长影响不同。

第八章，研究中国企业500强企业股权集中度对企业绩效影响。从股权集中度的角度出发，并基于中国企业500强的研究背景，筛选出206家自2013～2017年连续上榜5年的企业，利用其2013年第二季度至2017年第三季度间共18个报告期的3708组观察值为样本进行实证分析。结果表明，企业最大股东持股比例与企业效益呈显著负相关，而前十大股东持股比例相较于前五大股东持股比例对企业效益的积极影响更显著；说明适当的股权分散结构有利于建立企业管理制衡机制，有利于提高企业的经营效益，对企业稳定长远的发展有重大积极作用。

第九章，研究中国制造业500强资本结构对企业绩效影响。在我国经济不断转型与发展的今天，社会更快地实现体制改革，企业财务管理体制也需要相应地做出调整与改变。在企业财务管理中，不可或缺的部分为资本结构，怎样充分利用资本结构，帮助企业实现最理想化的价值，这是财务管理实践的重要课题。本章以我国制造业 500 强为研究对象，通过收集并整理中国制造业 500 强的财务数据进行实证研究和计量分析，选择四个资本结构指标和两个企业经营效益指标，分析研究我国制造业企业资本结构对企业效益的影响，提出大企业提升资本结构效应的政策建议。

第二章 中国企业 500 强
分布的空间效应

　　本章研究大企业的区域分布对区域经济产生的空间效应。以中国企业 500 强为样本，利用 2002 ~ 2013 年企业 500 强面板数据研究大企业规模、区域分布数量对区域经济发展影响，验证了中国经济背景下的钱德勒猜想。研究发现：①大企业规模影响区域经济增长差异，计量结果表明省内企业 500 强的规模对其所在区域 GDP 总量和人均 GDP 的增加都具有显著的促进作用；②大企业在省际间的分布对省域经济发展也产生重要影响，计量结果表明省内 500 强企业的数量对各省的 GDP 总量和人均 GDP 的增加具有正向效应；③经济发达地区大企业规模与数量对区域经济发展促进效应更加明显，在剔除 500 强企业为 0 的地区后计量结果显示促进弹性更大。

第一节 引　言

　　中国经济连续 40 年的高速增长创造了中国奇迹，伴随中国经济的持续高速增长，中国大企业也实现了快速成长。2013 年中国企业联合会发布的 2012 中国企业 500 强的相关数据显示，500 强企业的营业收入达到 50.02 万亿元（中国企业 500 强发展报告，2013），相当于当年国内生产总值的 87%[①]。高速腾飞的国家经济在加速大企业群体崛起的同时也加速大企业规

---

　　① 这里的国内生产总值是全国各省当年的国内生产总值之和，而且使用 2012 年数据，这样做的目的是使数据口径一致，由于 2013 年公布的企业 500 强的指标是 2012 年的实际数据。

模不断扩大，2013 年公布的中国企业 500 强入围"门槛"的营业额达 198.67 亿元，在入围企业中，规模超过千亿元的已达 123 家，同时入围 2012 年世界 500 强的大陆企业也达到 86 家，仅次于美国成为入围数量第二的国家，显然，中国 500 强企业已经成为全球重要的大企业群体。世界经济的发展经验表明，大型企业在国家经济发展与现代化的进程中越来越重要，并发挥着主导性的作用，大企业是国家经济发展的核心动力（钱德勒，2004）。无论是以美、英等为代表的发达国家，还是以日本、韩国为代表的后进追赶型国家，伴随着经济的发展都产生了一批在世界相关产业中居于主导地位的大型企业，这些大型企业成为各个经济强国参与世界范围内相关产业竞争的主要力量，如通用电气、美孚石油、丰田汽车、松下电气、三星电子、现代集团等。

改革开放以来中国大企业经历了一个快速发展的过程。2001 年中国进入世界 500 强的企业有 11 家[①]，2012 年入围企业达 86 家（不包括香港、澳门、台湾地区的企业，以下同），增长了近 8 倍。从世界主要经济体 500 强企业入围数量变化来看，中国入围世界 500 强的大企业数量逆势而上，逐年增加，数量变化如表 2-1 所示，趋势变化如图 2-1 所示。对于中国经济的发展，中国的大企业起到了什么样的作用，扮演着什么样的角色，跨国比较研究中的钱德勒猜想在中国样本中已表现得十分明显。从目前国内已有的文献来看，以中国企业 500 强为样本的研究并不多见，李建明（2002，2008，2009，2011）、李东等（2007）以中国企业 500 强为例从企业发展过程与趋势进行定性分析，李建明（2005）对比研究了中国与美国企业 500 强的差距，对中国 500 强企业与经济增长之间关系进行计量实证研究文献目前尚未发现。本章以 2001～2012[②] 中国企业 500 强为样本进行实证计量研究，验证钱德勒猜想。本章余下部分的安排如下：第二部分，理论分析与假说；第三部分，计量模型与变量数据处理；第四部分，实证结果与分析；第五部分是研究结论及政策建议。

---

① 不包括香港、澳门、台湾地区的企业。
② 中国企业联合会从 2002 年开始统计中国企业 500 强，2002～2013 年分布是 2001～2012 年的 500 强企业规模。

表 2 - 1					主要经济体世界 500 强企业入围数量						单位：个
国家	2001 年	2002 年	2003 年	2004 年	2005 年	2006 年	2007 年	2008 年	2009 年	2010 年	2011 年	2012 年
美国	198	192	190	176	144	162	153	140	139	133	132	132
中国	11	11	15	16	19	22	26	37	46	58	70	86
日本	88	88	82	81	59	67	64	68	71	68	68	62
法国	37	40	37	39	33	38	39	40	39	35	32	31
德国	35	35	33	37	32	37	37	39	37	34	32	29
英国	31	34	35	35	35	33	34	26	29	31	26	28

注：表中的中国企业入围数量不包含中国台湾、香港和澳门地区企业。

数据来源：《中国企业 500 强十年风云》和 http：//www. fortunechina. com/fortune500/（世界 500 强财富中文网）。

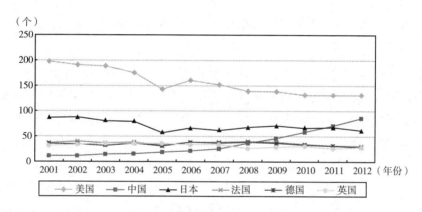

图 2 - 1 主要经济体世界 500 强企业入围数量变化趋势

第二节 企业 500 强空间效应

世界经济发展史证明，当国家经济起飞时，会产生相当数量的大企业，这些大企业加速经济的发展。19 世纪后期到 20 世纪的一百多年中，无论是欧美等发达国家还是东南亚的新兴经济国家，大企业都充当了国家经济的核心动力，在推动国家经济发展和经济转型方面一直扮演着中心角色。大型企业可以看作是经济增长过程中的微观经济部门，通过自身的组织能力创造了大企业的优势，实现企业规模不断增长，从而推动大企业所在的国家经济不断增长。大企业通过大规模的投资产生规模递增效应，19世纪下半叶和20世纪初，美国、德国的大企业利用自身的垄断优势大规模使用铁路技术、电报技术和无烟煤，蒸汽机取代风力与畜力，与此同时，国家交通网络、通讯网络的形成与发展加速了国内市场的扩张，国家的贸易量极大增加，流通速度极大提高（Chandler，1959，1977，1990）。钱德勒（1997）的研究表明工业经济快速发展催生大企业成长，当一个国家的经济制度有利于企业发展时，企业会获得较多的投资机会，企业借着制度的力量快速发展成为大企业，大企业发展加速，数量增加，大型企业充分利用其巨大的投资效应和规模经济进行大规模生产，这种大规模导致了货物大量流动，包括从原材料供应商到中间产品供应商，从零售商到最终消费者，因而引发新一轮的投资扩张。大企业通过规模优势实现投资扩张的欲望从而带动社会经济的发展，发挥大企业的规模效应（Fogel et al.，2008；Keun Lee et al.，2013），大企业从物质资本积累、技术创新和大型的网络组织能力方面推动经济的发展（Kozul-Wright and Rowthorn，1998）。

熊彼特（1912）认为创新是经济发展的源泉，发展是创造性破坏，变革才有发展，大企业以多种方式加速变革与创新。许多创造发明需要大量的前期固定投入，大企业通过自身的组织优势与网络优势，加之以雄厚的资金实力，在研究与开发方面给予大量投资并产出创新成果（Pagano and Schivardi，2003），而这种创新成果又为大企业提供了技术改进和高效的生产率，研究证明，对于新兴经济体而言，几乎所有的技术进步都与大企业的崛起密切相关（Pack and Westphal，1986）。在国家经济发展过程中，大企业投入大量的资源进行创新，通过创新加速国家经济增长。

当今全球化使大企业在国家经济发展中更加重要，国际大公司已不是哪一个国家的，而是属于多个国家的，并在全球的经济发展与区域一体化进程中扮演着重要角色。Sanidas（2007）、Hiratsuka（2006）和Iacoviello等（2011）认为，在全球化的今天，许多中小企业依靠自身发展变得越来越困难，中小企业通过加入大企业的全球价值链来寻找发展机会。在国际业务中，这些大公司发挥着至关重要的作用，特别是网络化的公司或企业集团加强了规模经济效应，扩大了经济活动范围（Burckly，2004）。通过生产外包方式，产品的整个价值链变得更加国际化，大企业通过外包把小企业集成到复杂的大规模生产过程中来帮助小企业发展（Chandler，

1990)，巨型大公司的伞形外包生产网络创造了更多的出口机会，从而促进了经济增长（Sanidas，2007；Hiratsuka，2006）。此外，大企业是非正式区域一体化的重要催化剂，通达产品专业化生产形成比较优势，大企业控制下的全球生产网络改善了管理并提高了生产效率（Iacoviello et al.，2011），这种改善促进了宏观经济稳定，因此，大企业可以被视为经济发展的稳定器。

大企业通过内部网络有效的配置资源填补"制度空间"，大企业以企业内部市场来降低企业交易成本（Williamson，1975），企业内部与市场上的交易成本是有差异的，当市场上的交易成本高于企业内部交易成本时，企业就会通过兼并实现市场内部化而降低交易成本，这种兼并最终结果是企业的规模扩大。在新兴经济国家中，由于市场机制的不完善，企业的交易成本普遍较高（Leff，1978；Goto，1982），因此，大型企业集团就成了新兴经济体的"制度空间"填补者，如韩国大企业集团在国家经济增长中做出了重要贡献（Khanna and Palepu，1997，2000；Khana，2000）。在企业价值链全球化网络化的当今世界，大企业集团更是世界经济发展的重要推动力，Choo 等（2009）研究表明，财团的主要优点之一是它们与附属公司分享它们的技术能力，共享创新成果，在亚洲金融危机之后，大企业是提高生产率的重要工具（Choo，2009）。目前，在新兴经济国家中大企业正推动着经济的发展，并且大企业规模与数量都正在增加（Lee and Jin，2009；Khanna and Palepu，2000）。

中国是当今世界最大的发展中国家，也是重要的新兴经济体，中国的大企业为中国的经济发展发挥了重要作用。2012 年中国企业 500 强的总收入是2001 年的 8.2 倍，2001 年中国企业 500 强的总收入相当于当年 GDP 总额的55.7%，2012 年这一比例达到了 87%。在这 12 年间中企业 500 强营业收入与全国 GDP 比例不断上升，如图 2 - 2 和图 2 - 3 所示，从图 2 - 2 可以看出，中国企业 500 强发展趋势从总体上来看与国家经济总量增长表现出严格的一致性。

综上所述，中国大企业在促进国家总体经济发展的同时也扩大了地区之间的差距，影响了区域之间的不平衡。这种影响分为两个方面，一方面，企业规模对区域经济发展的影响，大企业通过规模效应影响区域平衡，即大企业规模越大的地区经济发展越快；另一方面，大企业的空间分布对区域差异也有重要影响，发达地区比不发达地区更容易产生大企业，而大企业数量的增加促进经济发展。

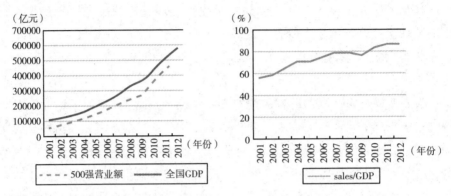

图 2-2　500 强营业收入与 GDP 趋势　　图 2-3　500 强收入占当年 GDP 比重

数据来源：《2012 中国企业 500 强发展报告》《2013 中国企业 500 强发展报告》。

为了验证这一观点，首先进行描述性实证分析。为此，以 2000 年不变价格计算的各省区市的 GDP 总额及人均 GDP 与各省区市 500 强企业总营业额作散点趋势图。图 2-4 分为 4 组，第一组包括 31 个省区市，第二组包括北京以外的 30 个省区市（由于北京的特殊地位，其 500 强企业数量偏多），第三组包括除西藏、宁夏、青海以外的 28 个省区市（西藏、宁夏、青海的 500 强企业数量为 0），第四组包括除北京、西藏、宁夏、青海以外的 27 个省区市。从图 2-4 的 4 组图中可以看出，无论是所有省区市还是发达地区的 GDP 和人均 GDP 都与 500 强企业的营业额存在显著的正相关性，这从经验上说明中国大企业促进了区域经济的发展。

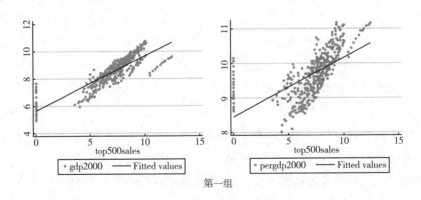

第一组

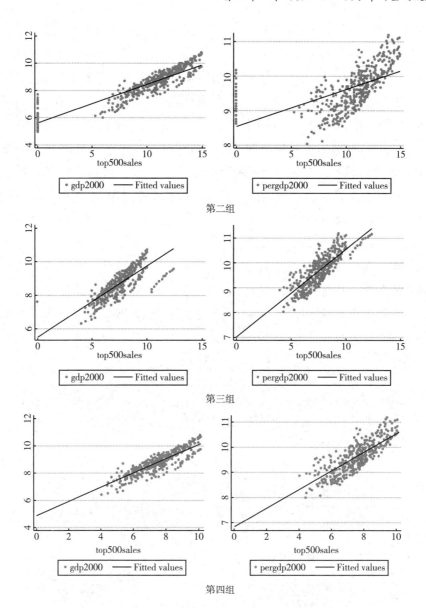

图 2 - 4　GDP、人均 GDP 与 500 强收入散点趋势

　　事实上，经济发达地区的企业数量大于欠发达地区的企业数量，或者说企业越多的地区可能它的经济就发展得越快。根据钱德勒的研究，大企业越多的国家经济发展得越快，当政府激励制度与企业的目标一致时，企业快速成长，大企业的数量也会增加，反过来又加快了地区经济的发展，从而影响

了区域发展差异。目前，从中国500强企业分布来看也存在较大区域差异，北京的500强企业数为107家，广东、江苏、山东较多，而青海省等的有些省份连续12年500强企业数都为0，从统计数据来看，500强企业主要集中在经济发达地区，东部地区的500强企业数量占总数量的70%以上。为了从总体上考察大企业的数量与区域经济发展的影响，本章以各省区市GDP、人均GDP与其500强企业数量作散点趋势图（见图2-5），图2-5的分组与图2-4的分组相同，即第一组包括31个省区市，第二组包括北京以外的30个省区市（由于北京的特殊地位，其500强企业数量偏多），第三组包括除西藏、宁夏、青海以外的28个省区市（西藏、宁夏、青海的500强企业数量为0），第四组包括除北京、西藏、宁夏、青海以外的27个省区市，第五组包括北京、天津、河北、辽宁、上海、江苏、浙江、山东、广东等沿海9个经济发达省市。每组都包括GDP、人均GDP与500强企业数量的散点趋势图，从图中可以直观地看出，500强企业数量与区域经济发展有较强的正相关性，为了进一步验证这种相关性本章在第三部分进行计量模型实证检验。

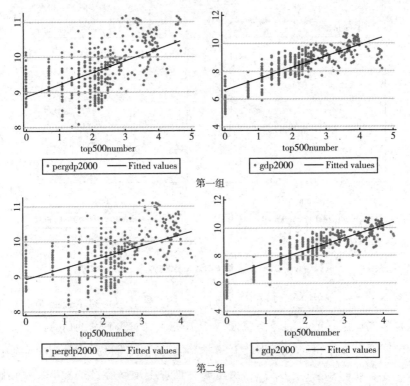

第一组

第二组

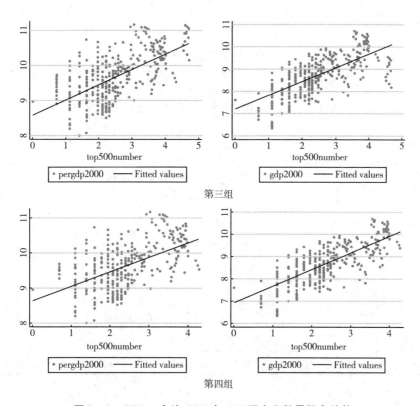

第三组

第四组

图 2 - 5　GDP、人均 GDP 与 500 强企业数量散点趋势

第三节　空间效应检验模型

一、样本与数据

本章以 2001~2012 中国企业 500 强为样本研究大企业对区域经济发展影响，500 强企业数据来源于中国企业联合会的企业数据库，地区 GDP 和人均数据来源于中国统计年鉴中各省区市的人均 GDP 数据，其中，2012 年的数据来源于中国经济信息网统计数据库，人口增长率、地区进出口总额、固定资产投资额、中学生入学率和在校人数、各省区市的物价指数来源于中国统计数据库，各地区专利授权数量来源于中国科技统计年鉴。各地区大企业数量根据企业的核心业务所在地进行统计，大企业营业收入是各省区市的企业 500 强企业营业收入之和，并用 2000 年的不变价指数进行平减，其他数据的含义及处理说明见表2-2。

表2-2   指标变量及含义说明

变量	含义	指标度量及说明
GDP	国内生产总值	2000年可比价计算各省区市的GDP（取对数）
Pergdp	人均国内生产总值	2000年可比价计算各省区市的GDP/各省区市的平均人口（取对数）
Sale	500强企业规模	各省区市500强企业营业收入总额（取对数）
Num	500强企业分布密度	各省区市500强企业数量（取对数）
Popu	人口变化率	年人口自然增长率
Invest	资本投资率	投资率=固定资产/GDP，以2000年可比价计算（取对数）
Incom	人均收入	年人均收入，以2000年可比价计算（取对数）
Infla	通货膨胀率	各省区市CPI指数
Open	开放度	进出口总额占GDP的比重（取对数）
Inov	创新能力	专利授权量（取对数）
Human	人力资本	在校中学生数量（万人）（取对数）

二、关键变量的度量

（1）大企业规模。大企业并没有一个明确的标准，也很难有一个明确的标准，一般意义上的大企业，可以理解为规模巨大，在某一行业或地区对经济或社会有重大影响的企业，而目前对大企业的选择大多是以各国大型企业排行榜为标准。本章大企业样本来源于中国企业联合会每年发布的中国企业500强，中国企业联合会自2002年公布中国的企业500强，其企业规模的衡量是根据企业当年营业收入确定的，根据企业营业收入的多少来排定中国企业500强的顺序。

（2）大企业数量。本章的大企业数量以各个省域内的中国企业500强的数量来衡量。从理论上来讲，考察大企业数量分布对区域经济发展影响应该选用业务在区域内的大企业数量，但是由于大企业已的业务形成集团网络化，其主要业务有时候很难确定在哪个省份，所以本章主要以500强的核心企业注册地所在省份为企业所在地。不过在确定各个地区500强企业数量时考虑了特殊企业地理分布，如北京市因其区域性质的特殊性，很多企业以北京为企业总部，但是其并不是真正意义上的企业所在地，如中国银行、中国工商银行、中国邮政总公司等，这些企业的总部在北京，作为北京的大企业数，而实际上这些企业的活动主要分布在全国各个省市区内。另外，由于统计口径差异，部分省份的中国企业500强的营业收入总和远远大于该省的当年GDP，如北京、天津、上海等，其主要原因是因为该省的部分500强企业的营业收入加总了全国各地子公司的营业收入，由于数据的可得性无法去除省外子公司的营业收入，在具体进行回归分析时将加以考虑以减少其对回归结果的影响，以及由于宁夏、青海、西藏等地区的500强数据为0或极少的情况在回归样本中也予以考虑。

（3）其他变量。除了上述主要解释变量外，本章还选择了相关控制变量，如人口变化率、资本投资率、人均收入、通货膨胀率、开放度、创新能力、人力资本等变量，这些变量的衡量采用通常的处理方法，人口变化率直接来源于中国统计年鉴，资本投资率用固定资产价格指数进行平减，通货膨胀率采用价格指数，开放度、创新能力、人力资本等通过相关的数据计算后获得。各变量的具体含义与说明如表2-2。

三、计量模型设定

影响地区经济发展的因素很多，学者们也进行了大量的研究，本章从大企业规模与区域分布的视角实证检验大企业对中国地区的经济发展影响，在借鉴 Keun Lee 等（2013）研究方法的基础上，以中国企业500强为研究样本，设计计量模型如下：

$$Y_{it} = \alpha + \beta\,500_{it} + \gamma Basic_{it} + \rho_{it} \tag{2-1}$$

其中，i 表示省份，t 表示时间，Y_{it} 表示表 i 省份 t 年的 GDP 和人均 GDP（以2000年可比价格计算），500_{it} 表示 i 省份 t 时期中国企业500强的数量和500强企业营业额，以对数形式表示（为了使对数形式有意义，以各省区市的中国企业500强企业数 +1 后再取对数），$Basic_{it}$ 表示 i 省份 t 时期的投资率（以可比价格计算）、人口增长率、资本投资率、人均收入、通化膨胀率、区域开放度、区域创新能力、人力资本（以在校高中生数计算），ρ_{it} 表示误差项。

第四节　检验结果与分析

一、大企业规模对区域经济增长影响计量分析

为检验大企业规模的规模效应，根据以上模型与面板数据，分别以区域 GDP 和区域人均 GDP 为被解释变量，以各省区市 500 强企业营业收入总额为关键解释变量，采用随机效应模型进行计量分析，计量结果如表 2 - 3 和表 2 - 4 所示。表中各模型包含的地区样本不同，模型 1 包括中国所有省、自治区、直辖市，模型 2 不包括北京，模型 3 不包括西藏、宁夏、青海，模型 4 不包括北京、西藏、宁夏、青海。从回归结果来看，表 2 - 3 中模型 1 ~ 模型 4 反映企业规模的变量系数均为正，且都通过了 1% 的检验。根据模型 1 ~ 模型 4 可知，如果大企业的规模扩大 1%，地区 GDP 总额将分别增加 0.015%、0.0145%、0.0156% 和 0.0161%。因此，说明大企业规模对区域产出总量增加具有显著的规模效应，与多国样本框架下钱德勒的研究结果一致。

表 2 - 3　　　　　　　　　以 GDP 为被解释变量回归结果

变量	模型 1 包括所有省区市	模型 2 不包括北京	模型 3 不包括西藏、宁夏、青海	模型 4 不包括北京、西藏、宁夏、青海
Sale	0.0150 *** (2.78)	0.0145 *** (2.65)	0.0156 *** (2.39)	0.0161 *** (2.45)
Popu	0.00264 (0.38)	0.00232 (0.32)	0.0170 ** (2.66)	0.0171 * (2.55)
Invest	- 0.232 *** (- 5.13)	- 0.223 *** (- 4.76)	- 0.0860 * (- 2.09)	- 0.0823 (- 1.93)
Incom	0.796 *** (13.66)	0.785 *** (12.95)	0.852 *** (14.12)	0.842 *** (13.39)
Infla	0.0029 (1.73)	0.0029 (1.70)	0.0055 *** (3.69)	0.0053 *** (3.49)

续表

变量	模型 1 包括所有省区市	模型 2 不包括北京	模型 3 不包括西藏、宁夏、青海	模型 4 不包括北京、西藏、宁夏、青海
Open	− 0.00678 (− 0.30)	− 0.00435 (− 0.19)	− 0.0292 (− 1.24)	− 0.0216 (− 0.89)
Innov	0.151 *** (7.55)	0.150 *** (7.37)	0.147 *** (6.89)	0.148 *** (6.84)
Human	0.594 *** (20.36)	0.599 *** (19.55)	0.385 *** (11.59)	0.380 *** (10.89)
cons	− 6.316 *** (− 12.79)	− 6.296 *** (− 12.25)	− 4.557 *** (− 9.48)	− 4.443 *** (− 8.83)
样本容量	372	360	336	324
截面数	31	30	28	27
R^2-within	0.9378	0.9364	0.9675	0.9667
R^2-between	0.9692	0.9700	0.8730	0.8822
R^2-overall	0.9514	0.9518	0.8569	0.8590
估计方法	RE	RE	RE	RE

注：***、**、*分别表示1%、5%、10%的显著水平，括号内数值为 t 统计量。

表 2 - 4　　　以人均 GDP 为被解释变量回归结果

变量	模型 1 包括所有省区市	模型 2 不包括北京	模型 3 不包括西藏、宁夏、青海	模型 4 不包括北京、西藏、宁夏、青海
Sale	0.0136 ** (2.36)	0.0124 ** (2.15)	0.0378 *** (5.38)	0.0363 *** (5.12)
Popu	− 0.00350 (− 0.44)	− 0.00315 (− 0.38)	0.00358 (0.48)	0.00471 (0.60)
Invest	0.379 *** (8.37)	0.389 *** (8.48)	0.282 *** (6.23)	0.289 *** (6.30)
Open	0.174 *** (7.68)	0.169 *** (7.25)	0.147 *** (6.02)	0.143 *** (5.72)

变量	模型 1 包括所有省区市	模型 2 不包括北京	模型 3 不包括西藏、 宁夏、青海	模型 4 不包括北京、西藏、 宁夏、青海
Innov	0.267 *** (14.54)	0.258 *** (13.70)	0.312 *** (16.77)	0.306 *** (15.98)
Human	0.127 *** (3.80)	0.141 *** (4.04)	0.170 *** (4.62)	0.182 *** (4.68)
cons	5.100 *** (11.76)	4.913 *** (10.84)	4.599 *** (10.24)	4.446 *** (9.40)
样本容量	372	360	336	324
截面数	31	30	28	27
R^2-within	0.9694	0.9703	0.9692	0.9702
R^2-between	0.8338	0.7889	0.8437	0.7984
R^2-overall	0.8856	0.8683	0.8889	0.8697
估计方法	RE	RE	RE	RE

注：***、**、*分别表示1%、5%、10%的显著水平。括号内表示 t 统计量。

再从表 2-4 来看，以人均 GDP 为解释变量时企业规模系数也为正，且都通过了 1% 和 5% 水平显著性检验，模型 1 和模型 2 显示，当 500 强企业规模扩大 1% 时，区域人均 GDP 增加 0.0136% 和 0.0124%，模型 3 和模型 4 显示，当 500 强企业规模扩大 1% 时，区域人均 GDP 将增加 0.0378% 和 0.0363%，是模型 1 和模型 2 的近 3 倍，说明当排除了 500 强为 0 的地区后，500 强企业规模对人均产出的增加效应明显增强。因此，说明大企业有利于其所在区域人均财富的增加。进一步分析相关控制变量，结果发现，表 2-3 和表 2-4 所有模型的区域创新变量和人力资本变量的系数均为正，并都通过了 1% 的显著性检验，据模型结果可知，专利量每增加 1%，区域 GDP 总量将增加 0.15% 左右，人均 GDP 增加 0.25% 以上，人力资本增加 1% 区域 GDP 增加 0.127% ~0.599%。由此也进一步验证了中国经济改革背景下钱德勒与熊比特的大企业的创新对国家经济增长作出巨大贡献的论点。

综合以上分析，大企业规模扩大对其所在区域经济总量增加具有显著的促进作用，同时促进区域内人均 GDP 增加，促进地区经济增长。

二、大企业区域分布对区域经济增长影响计量分析

为检验大企业分布对区域经济发展差异的影响，根据以上设定的模型与选择的面板数据，分别以区域 GDP 和区域人均 GDP 为被解释变量，以各省区市的 500 强企业数量为关键解释变量，采用随机效应模型进行计量分析，计量结果如表 2 - 5 和表 2 - 6 所示，表中各模型包含的地区样本与表 2 - 3、表 2 - 4 中模型的样本一致，表 2 - 5 是以区域 GDP 为被解释变量的回归结果，表 2 - 6 是以区域人均 GDP 为被解释变量的回归结果。从表 2 - 5 可以看出，反映区域内 500 强企业分布密度变量的系数均为正，且通过了 1% 的显著性水平检验，数据显示，省内的 500 强企业数量增加将促进区域 GDP 增加，当区域内 500 强企业数量增加 1% 时，区域 GDP 增加 0.0523% ~ 0.0775% ，进一步分析表 2 - 6 的计量结果可知，当以区域人均 GDP 为被解释变量时，区域内拥有 500 强企业分布密度变量的系数为正（没有通过显著性检验），根据模型的混合 R^2 大于 0.86 的结果可以说明区域内 500 强企业数量与区域人均 GDP 有较强的相关性，因此也说明其同样具有促进效应。

表 2 -5　　　　　　　　　以 GDP 为被解释变量回归结果

	模型 1	模型 2	模型 3	模型 4
Num	0.0765 *** (4.50)	0.0775 *** (4.46)	0.0523 *** (3.30)	0.0558 *** (3.46)
Popu	0.00568 (0.82)	0.00481 (0.66)	0.0187 ** (2.92)	0.0187 ** (2.78)
Invest	- 0.208 *** (-4.62)	- 0.203 *** (-4.35)	- 0.0775 (-1.89)	- 0.0756 (-1.78)
Incom	0.817 *** (14.41)	0.803 *** (13.58)	0.884 *** (15.41)	0.873 *** (14.52)
Infla	0.0037 * (2.25)	0.0035 * (2.12)	0.0062 *** (4.18)	0.0059 *** (3.93)
Open	- 0.0175 (-0.77)	- 0.0127 (-0.55)	- 0.0372 (-1.57)	- 0.0288 (-1.19)

续表

	模型 1	模型 2	模型 3	模型 4
Inov	0. 148 ***	0. 148 ***	0. 143 ***	0. 145 ***
	(7. 46)	(7. 35)	(6. 79)	(6. 79)
Human	0. 593 ***	0. 597 ***	0. 390 ***	0. 387 ***
	(20. 82)	(20. 03)	(11. 87)	(11. 23)
cons	− 6. 629 ***	− 6. 574 ***	− 4. 948 ***	− 4. 845 ***
	(− 13. 97)	(− 13. 33)	(− 10. 68)	(− 10. 01)
样本容量	372	360	336	324
截面数	31	30	28	27
R^2-within	0. 9386	0. 9366	0. 9669	0. 9657
R^2-between	0. 9685	0. 9706	0. 8737	0. 8851
R^2-overall	0. 9549	0. 9565	0. 8679	0. 8732
估计方法	RE	RE	RE	RE

注: *** 、 ** 、 * 分别表示 1%、5%、10% 的显著水平, 括号内数值为 t 统计量。

表 2 - 6　　　　以人均 GDP 为被解释变量的整体回归结果

	模型 1	模型 2	模型 3	模型 4
Num	0. 00839	0. 00494	0. 0282	0. 0261
	(0. 45)	(0. 26)	(1. 50)	(1. 37)
Popu	− 0. 00441	− 0. 00414	0. 00323	0. 00435
	(− 0. 55)	(− 0. 49)	(0. 41)	(0. 53)
Invest	0. 387 ***	0. 397 ***	0. 316 ***	0. 322 ***
	(8. 45)	(8. 57)	(6. 76)	(6. 83)
Open	0. 181 ***	0. 174 ***	0. 165 ***	0. 159 ***
	(7. 95)	(7. 49)	(6. 57)	(6. 17)
Innov	0. 269 ***	0. 259 ***	0. 320 ***	0. 311 ***
	(14. 57)	(13. 70)	(16. 57)	(15. 71)
Human	0. 140 ***	0. 155 ***	0. 191 ***	0. 206 ***
	(4. 18)	(4. 42)	(5. 02)	(5. 15)
cons	4. 953 ***	4. 761 ***	4. 334 ***	4. 140 ***
	(11. 43)	(10. 55)	(9. 30)	(8. 48)

续表

	模型1	模型2	模型3	模型4
样本容量	372	360	336	324
截面数	31	30	28	27
R^2-within	0.9693	0.9702	0.9691	0.9701
R^2-between	0.8331	0.7885	0.8396	0.7934
R^2-overall	0.8857	0.8684	0.8871	0.8677
估计方法	RE	RE	RE	RE

注：***、**、*分别表示1%、5%、10%的显著水平。括号内表示 t 统计量。

　　进一步分析相关控制变量发现，表2-5和表2-6中所有模型的创新与人力资本都显著地促进了地区经济发展（通过了1%的检验）。根据表2-5的计量结果，当区域的专利授权数量都增加1%时，区域 GDP 总量将增加0.14%左右；当人力资本增加1%时，区域 GDP 总量增加0.39%～0.59%。根据表2-6分析，当区域的专利增加1%时，人均 GDP 增加0.26%～0.32%；当人力资本增加1%时，人均 GDP 增加0.15%左右。因此，大企业通过创新和人力资本的集聚促进了区域经济的发展。由此分析进一步说明大企业的促进地区经济增长的同时扩大了地区之间的差距，大企业的空间分布映射了地区经济增长的差异。

三、稳健性分析

　　为了检验回归模型的结果的稳健性和敏感性，对以上模型进行分步回归，在基本模型中分步加入控制变量来检验回归结果。我们选择经济较为发达而且区域市场开放度较高的北京、天津、河北、辽宁、上海、江苏、浙江、山东、广东九省市作为样本进行回归分析，解释变量仍然以经过2000年不变价进行平减过的 GDP 和人均 GDP 进行回归，回归结果见表2-7、表2-8。从表2-7的模型1～模型4可以看出，500强企业的规模对地区经济 GDP 具有显著的正向促进作用，并通过了显著性检验。表2-8中的结果显示，500强企业的区域分布数量对区域 GDP 和人均 GDP 有促进作用，但是没有通过显著性检验（这与前面的分析结果一致），在区域技术创新方面同样显示了较强的地区促进作用，逐步添加变量时500强企业的规模与空间分布数量显示出稳定的正向相关性。在研究过程中，同样以表2-3、表2-4中的模型样本进行了分步回归分析，得到的结果与表2-7、表2-8的结果类似，由此说明本章的回归模型是稳健的，结论可靠。

表2-7　　　　　　　　　　　分步回归结果（1）

变量	GDP 为解释变量				人均 GDP 为解释变量			
	模型 1	模型 2	模型 3	模型 4	模型 5	模型 6	模型 7	模型 8
Sale	0.378 ***	0.102 ***	0.0678 ***	0.0505 **	0.344 ***	0.0577 ***	0.0538 ***	0.0461 **
	(12.78)	(4.06)	(2.67)	(1.94)	(14.09)	(2.57)	(2.48)	(2.27)
Popu	0.0349 *	0.0188 *	0.0170 *	0.0397 ***	0.00382	-0.0150 *	-0.0129	-0.0180 **
	(2.31)	(2.23)	(2.18)	(5.00)	(0.30)	(-2.19)	(-1.93)	(-2.70)
Invest	0.330 ***	-0.00293	0.0312	-0.157 **	0.334 ***	0.116 *	0.131 **	0.177 ***
	(3.37)	(-0.05)	(0.58)	(-2.76)	(4.04)	(2.28)	(2.70)	(3.56)
Incom	—	1.043 ***	1.092 ***	0.967 ***	—	0.912 ***	0.747 ***	0.757 ***
		(16.07)	(17.50)	(11.11)		(15.87)	(9.82)	(10.12)
Infla	—	—	0.00612 **	0.00930 ***	—	0.00424 *	0.00431 *	0.00537 **
			(3.25)	(3.68)		(2.09)	(2.19)	(2.58)
Open	—	—	—	-0.222 ***	—	0.0586	0.0456	0.0444
				(-5.57)		(1.54)	(1.26)	(1.40)
Innov	—	—	—	0.0766 **	—	—	0.0893 ***	0.0956 ***
				(2.35)			(3.15)	(3.33)
Human	—	—	—	0.479 ***	—	—	—	-0.0562 *
				(14.66)				(-2.25)
cons	4.602 ***	-1.634 ***	-1.931 ***	-5.671 ***	5.873 ***	0.312	1.558 **	2.107 ***
	(11.27)	(-3.85)	(-4.67)	(-8.24)	(18.05)	(0.83)	(2.89)	(3.62)
样本容量	108	108	108	108	108	108	108	108
截面数	9	9	9	9	9	9	9	9
R^2-within	0.9053	0.9835	0.9842	0.9860	0.9240	0.9772	0.9812	0.9778
R^2-between	0.0073	0.0003	0.0000	0.8546	0.3607	0.8725	0.8955	0.9531
R^2-overall	0.2434	0.2644	0.2712	0.9056	0.6190	0.9263	0.9398	0.9658
估计方法	RE	RE	RE	RE	RE	RE	RE	RE

注：***、**、* 分别表示1%、5%、10%的显著水平。括号内表示 t 统计量。

表 2 - 8　　　　　　　　　　分步回归结果（2）

变量	GDP 为解释变量				人均 GDP 为解释变量			
	模型 1	模型 2	模型 3	模型 4	模型 5	模型 6	模型 7	模型 8
Num	0.0904 (1.13)	0.0403 (1.16)	0.0333 (1.11)	0.0675 ** (2.21)	0.0782 (1.11)	0.0193 (0.71)	0.0169 (0.64)	0.000362 (0.01)
Popu	0.0432 * (1.93)	0.0204 ** (2.19)	0.0176 ** (2.16)	0.0404 *** (5.23)	0.00535 (0.27)	-0.0158 * (-2.22)	-0.0134 (-1.95)	-0.0180 ** (-2.63)
Invest	0.656 *** (4.62)	-0.000221 (-0.00)	0.0427 (0.77)	-0.142 * (-2.56)	0.611 *** (4.92)	0.128 * (2.43)	0.142 ** (2.84)	0.189 *** (3.71)
Incom	—	1.249 *** (28.92)	1.222 *** (30.78)	1.062 *** (14.06)	—	1.015 *** (23.80)	0.835 *** (12.00)	0.830 *** (11.98)
Infla	—	—	0.00811 *** (4.60)	0.0112 *** (4.74)	—	0.00544 ** (2.67)	0.00545 ** (2.76)	0.00632 ** (2.99)
Open	—	—	—	-0.231 *** (-5.79)	—	0.0761 * (1.97)	0.0604 (1.64)	0.0596 (1.83)
Innov	—	—	—	0.0777 ** (2.46)	—	—	0.0937 *** (3.19)	0.100 *** (3.40)
Human	—	—	—	0.467 *** (14.03)	—	—	—	-0.0556 * (-2.20)
cons	6.432 *** (9.81)	-2.853 *** (-7.53)	-2.737 *** (-7.81)	-6.244 *** (-9.83)	7.648 *** (13.37)	-0.346 (-1.10)	1.010 (1.92)	1.676 ** (2.99)
样本容量	108	108	108	108	108	108	108	108
截面数	9	9	9	9	9	9	9	9
R^2-within	0.4609	0.9806	0.9823	0.9870	0.4528	0.9746	0.9795	0.9761
R^2-between	0.1184	0.0014	0.0004	0.8496	0.2669	0.8776	0.8985	0.9550
R^2-overall	0.2564	0.2772	0.2803	0.9041	0.0358	0.9276	0.9405	0.9659
估计方法	RE	RE	RE	RE	RE	RE	RE	RE

注：***、**、*分别表示1%、5%、10%的显著水平。括号内表示 t 统计量。

第五节 结论与建议

　　企业发展对国家经济促进体现在两个维度上，即企业个体本身的规模扩大与企业个体的数量增加，企业规模扩大意味着企业产出能力增强，企业数量的增加意味着产出个体数量增加，对于单个企业而言，由于规模上的差异，大企业在生产效率与技术水平上都是小企业无法相比的，因此大企业对经济的发展就产生独特的作用。当今的大企业已成为中国经济的重要力量，本章在钱德勒的框架下，基于中国企业 500 强的企业规模和区域分布研究了大企业对中国区域经济发展的影响，验证了中国背景下钱德勒的大企业理论。研究认为：中国大企业对区域经济发展具有重要影响，促进了中国经济并保证了中国经济的高速发展，大企业规模的增长促进了经济的发展。自改革开放以来，中国经济实现了腾飞，在经济腾飞的背后是大量企业的诞生与成长，从书中分析可知，500 强企业的规模与中国的经济规模几乎是同步增长的，事实上中国经济在区域上具有很大差异，有的省份经济规模占整个国家经济比很大，有的省份所占比重则很小，这种区域差异也体现在大企业的规模与分布上，即大企业作为经济发展的重要力量为其所在区域（省、自治区、直辖市）作出了积极贡献，大企业通过自身稳定的组织、产品与市场促进区域经济稳定发展。本章的实证分析证明了 500 强企业的营业规模对其所在地区的 GDP 有明显的促进作用。因此，对于经济不发达地区而言，培育大企业是加快地区经济发展的重要路径。

　　中国大企业分布影响区域经济发展。从事实经验来看，经济发达地区的大企业数量远大于经济不发达地区，为什么大企业会集中出现在经济发达地区？影响企业区位选择的因素很多，但主要是区域的经济实力与发达水平为大企业发展提供了有利的环境。事实上，70% 以上的 500 强企业稳定分布在东部沿海发达地区，大企业通过自身的规模与实力进行创新提高生产率，熊彼德认为经济社会中大企业是推动社会技术进步的主要力量，大企业用自身雄厚的实力进行破坏性创新，钱德勒认为大企业有大规模的技术市场和大规模运用创新技术的生产环境，通过大量的产品以市场为载体传播技术进步。对于区域发展而言，大企业利用规模产生投资效应，一个区域中大企业越多其投资能力就越大，由于大企业在市场竞争中具有强大的市场势力和雄厚的技术、资本实力，在竞争中可以在一定范围内垄断而对区域内的要素进行控制以达到自身的利益最大化，大企业通过扩大产量进行规模投资，通过研究开发进行技术投资，在进行投资过程中又将生产要素集聚到其可控的范围内，大企业的发展对于一个地区或某一行业来说往往是技术领先者或是资本的控制者，其投资对于所在区域而言具有直接的投资效应。因此，对于一个区域而言，大企业数量越多区域经济发展就越快。

大企业规模对区域经济发展的弹性大于数量增加的弹性。在本章的研究中还发现，大企业的规模与数量相比更能促进区域经济发展，从书中的分析结果看，500强企业规模的弹性系数大于数量的弹性系数。在一个区域中，大企业规模的扩大比创建多个大企业可能要容易，所以大企业的规模变化会快于大企业数量的变化。对于区域发展应积极引导企业大企业成长，虽然大企业发展并不是容易的事，在转型经济中要充分利用各种政策与制度以促进大企业的发展，中国自改革开放以来，大企业的发展经历了政府参与，到市场引导，再到市场主导的过程，这些大企业在国家的技术创新中都发挥了重要作用，从信息技术到航空航天技术的发展都有大企业的身影。因此，对于后发赶超地区而言加快大企业的规模成长不失为一条有效路径。

当然，企业作为区域经济的微观主体，无论什么规模的企业对区域经济发展都至关重要，只是大企业本身所独有特性决定其对于区域经济具有重要影响。事实上，改革开放以来中国经济的高速发展的动力主要来自东部地区，东部地区的500强企业占中国500强的70%以上，同时我们注意到已有的文献表明，东部地区与中西部地区的经济发展差距正在扩大，由此说明，大企业在促进区域经济发展的同时也加大了区域间的发展差距。中国大企业发展伴随了中国经济转型过程，中国经济保持40年的高速发展创造了中国奇迹，开创了经济发展的中国道路，但是中国经济发展具有明显区域不平衡性，地区发展不平衡实际上就是地区企业分布与发展不平衡，特别是大企业的分布差异加快了地区经济发展的不平衡，中国的中西部地区应在现有的经济环境下加快大企业的发展来实现经济赶超。

本章是基于中国500强企业的研究，样本并不是所有大企业，而且中小企业在经济发展中具有灵活的生产转变和快速适应市场变化调整生产结构的能力，也能创造更多的就业机会。由于中小企业的数据可得性限制，本章没有将小企业考虑在研究样本中，这使本章的研究有一定的局限性，还有本章的研究没有考虑 500 强企业的行业差异，这也将对研究产生一定的影响，在今后的研究中将对这些影响因素做进一步的探讨。

第三章 中国制造业 500 强分布空间效应

本章借助于现代计量经济学分析方法，探讨了中国制造业 500 强企业空间分布及其对区域经济增长之间的关系，并基于理论与实证研究的结果提出相应的政策建议。研究表明，沿海城市的制造业相对比较发达，而像西藏、新疆、海南等偏远地区就明显落后；制造业 500 强企业表现出了明显的集聚特征，大多集聚在东部沿海地区；中国制造业 500 强企业的销售收入、固定资产投资总额、进出口总额、人力资本对经济增长有显著的正相关影响，制造业 500 强的个数和人力资本的增加却会导致增长率的收敛作用。

第一节 引 言

一、研究背景

制造业在国民经济中占有重要的地位，所以各国对制造业的研究均很重视。一些学者研究了南非制造业的区域专业化和产业集中化以及 1970～1996 年的变化，并评估行业的位置等可能的决定因素（Johannes Fedderke, Alexandra Wollnik, 2007）。阿伯顿和阿吉达（Abiodun and Aguda, 1987）研究了尼日利亚夸拉州的制造业的空间特征，研究显示，制造业在该国显示某种程度的专业化。此外，区位因素很大程度上由原材料的可用性决定的。埃里松和克拉塞（Ellison and Glaeser）认为产业聚集与自然资源优势聚集力和前后向联系产生的溢出效果密切相关（Abiodun, 1987）。魏博通（2009）使用

（Brulhart and Traeger）采用过的泰尔指数及其分解法来描述中国改革开放以来制造业的空间分布及变动状况。结果表明，改革开放以来我国制造业空间分布的差异经历了一个先缩小后扩大的过程，缩小的过程发生在 20 世纪 80 年代，主要是由沿海内部制造业分布差异缩小造成的，扩大的过程发生在 20 世纪 90 年代，主要是由沿海与内地制造业发展的差异造成的。但制造业在沿海与内地的分布差异始终呈上升的趋势，这说明改革开放以来制造业向沿海的集聚是一个持续的过程。

吴三忙、李善同（2010）借助重心分析方法考察了我国制造业的空间分布。经过研究发现，从制造业空间分布变动方向看，1980 年以来我国制造业在空间分布上总体呈现"南下东进"的特点，但 2003 年后，我国部分制造业呈现出"北上西进"的特征；从制造业空间分布区域来看，目前大部分制造业集聚在东南沿海地区；从区域分布的制造业属性来看，东南沿海地区的劳动密集型制造业集聚更为明显，相比之下，对资源依赖程度高的制造业更多分布在北部及中西部地区。姜海宁、谷人旭、李广斌（2011）运用 Arc GIS 9.2 软件并基于点和面两个方面对 2004～2008 年的中国制造业企业 500 强总部空间格局特征进行测度，结果表明，基于点层面，其公司总部主要分布在长三角、环渤海和珠三角区域，尤其是前两个地方更密集；基于面的层面，全局空间集聚程度较低，其中热点区域布局较稳定，并以长三角和环渤海为主，而珠三角有日益衰退的趋势，而其增长格局呈现出极强的随机性和不稳定性。

孔令江（2007）采用实证分析法，将对我国产业集群的集聚现状和区域经济增长与发展的现状进行实证考察和分析，并利用相关统计资料对制造业集群与区域经济增长的关系进行定量刻画，最后认为制造业的集聚是影响我国区域经济增长差异的一个重要因素。潘文卿、刘庆（2012）研究了中国制造业产业集聚与地区经济增长之间的关系，研究表明，在控制了地区人均固定资产投资、人力资本、政府支出、研发投入、交通与邮电基础设施等因素后，一个地区的产业集聚程度对其经济增长具有显著的正向促进作用。在产业集聚效应明显的情况下，交通基础设施的增加对地区经济增长的促进作用并不显著。

中国的制造业经过 40 年计划经济条件下的自主发展，再经过 40 年市场经济条件下的自由开放发展，已经取得了长足的进步，俨然成为我国经济发展中的重要一部分。制造业作为我国国民经济的支柱产业，是我国经济增长的主导部门和经济转型的基础。它直接体现了一个国家的生产力水平，是区别发展中国家和发达国家的重要因素。中国制造业现在的分布情况是三足鼎立，形成了渤海湾、长江三角洲、珠江三角洲三大世界级的制造中心。自2008 年以来，中国制造业各项要素成本持续上升，再加上人民币升值等因素，制造业逐步进入高成本时代。由于制造业相对于农业、采掘业、服务业等其他产业而言，具有更强的流动性，因此，对中国制造业的空间分布的变化引起了许多学者的关注。从这些学者的研究成果看，结论大致相同，即在20 世纪 80 年代中后期之前，中国的制造业地理分布呈分散状态，而在 90 年代，则呈集聚之势，且强度超过早期的分散。

通过对制造业空间分布与区域经济增长之间关系的研究，可以探讨空间分布对区域经济的促进作用。同时，通过探索空间分布的区域经济效应，可以发现影响空间分布的因素，这对我国经济协调发展的实现具有重大的意义。

二、研究内容

本章研究的主体是中国制造业 500 强企业，时间跨度是 2004～2012 年。本章分为四个部分，第一部分引言，主要包括研究背景、方法和本章布局；第二部分是中国制造业 500 强的空间分布，以中国 30 省区市为单元分析制造业 500 强的分布；第三部分是分析大企业的区域经济增长效应，通过对制造业 500 强企业的分布研究制造业的空间分布特征及其演化，从而分析制造业的空间分布对经济增长的影响，设计计量模型检验分析中国制造业 500 强对区域经济增长的空间效应。第四部分根据研究结论提出相应的政策建议。

三、研究方法

本章采用了规范分析与实证分析相结合的方法。规范分析和实证分析都是科学研究中被广泛采用的方法。一般来说，规范分析侧重于对研究对象的理性判断，而实证分析则多侧重于对研究对象的客观描述。本章以制造业的空间分布相关理论为指导，对制造业空间分布的现状、存在问题进行了规范分析。进一步以制造业的空间分布和经济增长关系为具体的研究对象，利用

Stata 软件构建多元线性回归模型，并对制造业的空间分布和经济增长关系进行了数理分析。

本章还采用了文献研究法。文献资料的搜集主要来自馆藏资源和网上数据库，如中国期刊网、中国科技期刊数据（维普咨讯）库、万方博士硕士学位论文全文数据库、EBSCO 数据库和 Google 网等。通过对这些资料进行查阅、甄别和整理，以此为研究的基础和论证的依据。

第二节　制造业 500 强空间分布及演化

一、制造业概述

1. 制造业概述

制造是人类所有经济活动的基石，是人类历史发展和文明进步的动力；制造是人类按照市场需求，使用主观了解的知识和技能，通过手工或可以利用的客观物质工具，采用一些工艺方法和一些能源，将原材料转化为最终物质产品并投放到市场的全过程。

制造业是将制造资源，包括物料、设备、工具、资金、技术、信息和人力等，通过制造过程转化为可供人们使用和消费的产品行业。制造业是所有与制造有关的企业群体的总称。制造业涉及国民经济的许多部门，包括一般机械、食品工业、化工、建材、冶金、纺织、电子电器、运输机械等。

制造业是国民经济的支柱产业，它一方面创造价值，生产物质财富和新的知识；另一方面为国民经济各个部门包括国防和科学技术的进步与发展提供先进的手段和装备。在工业化国家中，约有 1/4 的人口从事各种形式的制造活动，在非制造部门中，约有半数人的工作性质与制造业密切相关。纵观世界各国，如果一个国家的制造业发达，它的经济就必然强大。大多数国家和地区的经济腾飞，制造业功不可没（李梦群、庞学慧、王凡，2005）。

2. 制造业分类

根据中国统计局上统计标准中的国民经济行业分类，制造业分为以下几大类，如表 3 - 1 所示。

表 3－1　　　　　　　　　　　　　制造业 2 位代码分类

代码	名称	代码	名称
13	农副食品加工业	29	橡胶和塑料制品业
14	食品制造	30	非金属矿物制品业
15	酒、饮料和精制茶制造业	31	黑色金属冶炼和压延加工业
16	烟草制品业	32	有色金属冶炼和压延加工业
17	纺织业	33	金属制品业
18	纺织服装、服饰业	34	通用设备制造业
19	皮革、毛皮、羽毛及其制品和制鞋业	35	专用设备制造业
20	木材加工和木、竹、藤、棕、草制品业	36	汽车制造业
21	家具制造业	37	铁路、船舶、航空航天和其他运输设备制造业
22	造纸和纸制品业	38	电气机械和器材制造业
23	印刷和记录媒介复制业	39	计算机、通信和其他电子设备制造业
24	文教、工美、体育和娱乐用品制造业	40	仪器仪表制造业
25	石油加工、炼焦和核燃料加工业	41	其他制造业
26	化学原料和化学制品制造业	42	废弃资源综合利用业
27	医药制造业	43	金属制品、机械和设备修理业
28	化学纤维制造业		

3. 制造业特征

21 世纪制造业市场的特征如下：第一，不确定性。21 世纪的制造业市场表现为动态多变性和不可预期性。由于新技术革命，尤其是信息技术的发展，已经改变了并继续改变着工业革命后形成的生产和生活方式，主要表现为非大量化、分散化和个性化，其中的个性化表现为消费层次的提升。当人类基本满足生活需求后，消费需求出现层次上的攀升，人们重视社会需求、自尊需求，特别是表现自我的个性需求，越来越多的消费者以完全不同的形式决定自身消费需求，要求市场提供满足其特定目的、特定环境和特定时间使用的产品，从而用户驱动市场是造成市场动态、不确定的主要原因。技术升级步伐的加快，刺激了个性需求，促使产品市场的不断变异。第二，市场国际化和全球化。20 世纪后 20 年，世界经济发生了巨大的变化，市场经济成为全球经济的基本模式。1991 年世界贸易组织的成立，1998 年 4 月欧元计划的启动，亚太经合组织以及北美、南亚等区域经济一体化联盟的构造与发展，均大大加快了全球经济一体化进程，也构造了更加激烈的全球市场竞争环境。第三，新兴产业的崛起。近年来，世界经济合作组合中各成员方的技术出口，特别是软件出口比率不断上升，这说明知识经济更加突出了知识和技术的直接效益（李梦群、庞学慧、王凡，2005）。

二、制造业 500 强空间分布

制造业 500 强的各省区市分布个数的数据资料主要来自《中国企业联合会、中国企业协会》中国制造业 500 强的名单。由于 2004 年之前的数据较难收集，2013 年的制造业 500 强名单要到 2014 年下半年才公布，所以暂不考虑在内。本章主要收集 2004～2012 年 31 个省区市的总营业收入作为指标，西藏自治区在这些年限中没有任何企业入选制造业 500 强，所以本章的所有数据暂时都不涉及西藏自治区。表 3－2 是根据中国企业联合会的统计数据整理的关于各地区制造业 500 强的企业个数分布情况。

从图 3－1 和表 3－2 中，我们明显可以看出近 9 年来，制造业发展都存在严重的发展不平衡问题，主要特征是制造业 500 强主要集中在东部地区，表现出明显的集聚特征。中部、西部、东北地区的制造业发展缓慢，数量较少。中国制造业 500 强企业空间分布总体上分布不均匀，并且集中分布在东部地区，尤其是东部沿海省市，以环渤海地区、长江三角洲地区最为集中。东北地区数量一直是最少的。2004～2007 年中部地区的数量比西部地区多，2008 年以后，西部地区的数量略高于中部地区，但大体趋势还是没有变的。从各省区市的制造业 500 强的数量来看，大城市占据优势地位。

表 3－2　　　　　　　　各地区制造业 500 强个数

地区	2004 年	2005 年	2006 年	2007 年	2008 年	2009 年	2010 年	2011 年	2012 年
辽宁	28	23	26	22	24	24	25	23	19
吉林	2	3	2	3	4	4	3	3	4
黑龙江	5	4	4	4	4	6	5	5	2
东北地区	35	30	32	29	32	34	33	31	25
北京	23	14	39	38	38	37	36	37	33

续表

地区	2004 年	2005 年	2006 年	2007 年	2008 年	2009 年	2010 年	2011 年	2012 年
天津	26	15	30	29	28	24	24	22	21
河北	43	28	36	34	30	31	29	32	38
山东	55	65	42	42	61	76	77	71	76
上海	26	34	28	26	23	21	24	19	20
江苏	44	84	55	79	64	54	51	45	45
浙江	61	40	79	64	65	76	77	85	84
广东	52	63	32	31	25	18	21	20	20
福建	9	12	12	12	9	9	8	10	6
海南	1	0	0	0	1	1	0	0	1
东部地区	340	355	353	355	344	347	347	341	344
山西	6	7	7	6	7	8	8	4	5
河南	22	19	16	17	15	19	18	11	14
安徽	14	8	13	12	10	7	9	11	10
江西	7	5	8	8	9	8	10	12	11
湖北	7	5	9	8	7	7	6	14	14
湖南	13	13	10	9	10	9	9	8	8
中部地区	69	57	63	60	58	58	60	60	62
内蒙古	4	5	4	4	4	4	4	3	3
广西	5	8	5	9	9	7	7	8	10
四川	11	10	11	12	18	15	11	18	18
重庆	11	12	10	10	10	11	13	13	14
贵州	3	4	2	3	3	3	3	2	2
云南	9	8	8	8	10	9	8	9	8
陕西	5	5	5	4	5	5	5	5	4
甘肃	3	3	2	1	2	3	3	3	3
青海	1	1	2	2	3	3	3	3	2
宁夏	1	0	1	1	0	0	0	1	2
新疆	3	2	2	2	2	2	3	3	3
西部地区	56	58	52	56	66	61	60	68	69

　　为了方便观察每年制造业 500 强空间分布的变化，我们将表 3-2 转化成柱状图，如图 3-1 所示。

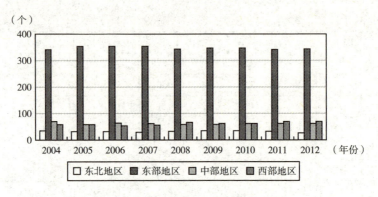

图 3-1　中国制造业 500 强数量分布

三、空间分布演化

从表 3-2 可以看出，东部地区的制造业 500 强数量占 68%~71%，数量远远高于其他地区，这种格局近十年来没有大的变化。从图 3-2 中可以看出，随着时间的变化，2012 年东部地区所占比重比 2004 年增加了 0.8%，增加得不明显。西部地区所占比重增加了 2.6%，相对而言比东部地区增加得快。东北地区和中部地区 2012 年和 2004 年相比反而下降了一点点。从表 3-3 的销售收入看，各个地区的制造业 500 强企业的销售收入总体上都在不断增加，从图 3-3 看，东部地区的增长速度是最快的，而且远远高于其他地区。东北地区、中部和西部地区的销售收入也在增长，但是增长幅度十分缓慢。在 2008 年之前，收入呈现出稳定的增长，2009 年虽然也在增长，但是增长幅度明显减少，显然是受金融危机的影响，之后又呈现出了稳定的增长趋势。

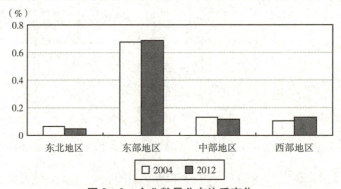

图 3-2　企业数量分布比重变化

表 3 - 3　　　　　中国制造业 500 强各地区销售收入　　　　　单位: 亿元

地区	2004 年	2005 年	2006 年	2007 年	2008 年	2009 年	2010 年	2011 年	2012 年
东北地区	4010	3888	4718	5699	5734	6319	7415	7903	8191
东部地区	35391	39130	52444	69930	87211	97259	127613	145731	158220
中部地区	5180	5145	7409	9604	9944	8735	11313	15628	17226
西部地区	3898	4850	5783	6269	8193	8388	9741	12671	14753

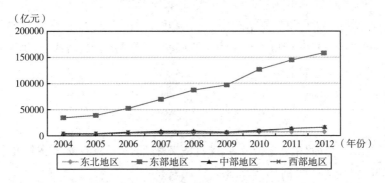

图 3 - 3　中国制造业 500 强销售收入分布

第三节　空间效应计量模型与检验

一、变量选取

从一个经济周期来看，经济的扩张阶段表现为短期的经济增长，而经济的长期波动总是沿着一条上升的增长趋势线发生的，这里研究的经济增长是指一种长期的经济增长。所谓经济增长，一般是指一个国家或一个地区产品和劳务总量的增长。西方经济学通常以实际国民生产总值和人均实际国民生产总值来衡量产品和劳动生产总量。所谓实际国民生产总值是指以不变价格计算的国民生产总值。之所以要采用不变价格来计算，其理由显然在于：以现行价格计算的历年国民生产总值的变动，是物价变动和产品劳务总量的增加，在计算增长时，需要从现行价格计算的国民生产总值中排除物价变动的因素，即以不变价格来计算历年国民生产总值。

近年来，经济增长的含义有不断被延伸的趋势，越来越多的经济学家试图用经济发展来代替经济增长的概念，作为经济发展，不仅包括经济增长，而且还包括社会制度、经济结构等方面的变化。如工作时间的长短、产品质量的好坏、医疗条件的变化、环境污染的程度、资源的利用程度等。

在宏观经济学中，国内生产总值既是衡量一个国家（或地区）经济活动的重要指标，也是反映该国（或该地区）在一定时期生产总成果的重要指标。因此，从理论层面上看，为了描述和反映一个经济（国家或地区）物质产品的丰富和增加，很自然地联系到以 GDP 表示的产量的概念。从抽象意义上讲，设变量 $Z(t)$ 是时间变量 t 的实值函数，则变量 Z 从时间 t 到时间 $t + \Delta t$ 的增长率被定义为如下关系式：

$$g_z = \frac{Z(t + \Delta t) - Z(t)}{\Delta t Z(t)} \qquad (3-1)$$

其中，Δt 为时间改变量，g_z 为变量 Z 的增长率。回到经济增长问题上来，若用 Y_t 表示 t 时期的总产量，$Y_{(t-1)}$ 表示（$t-1$）时期的总产量，则总产量意义下的增长率为：

$$g_Y = \frac{Y_t - Y_{t-1}}{Y_{t-1}} \qquad (3-2)$$

考察国民经济长期问题经常涉及两个既有联系又有区别的概念，即经济增长和经济发展。前面已经说明了经济增长的概念。如果说经济增长是一个"量"的概念，那么 Y_t 经济发展就是一个比较复杂的"质"的概念。从广泛意义上说，经济发展不仅包括经济增长，而且还包括国民的生活质量，以及整个社会各个不同方面的总体进步。总之，经济发展是反映一个经济社会总体发展水平的综合性概念。

区域经济增长的源泉来自区域内的企业，制造业 500 强企业在技术进步、资本形成、人力资本供给等方面都对其所在区域有较大贡献，在其分布的空间上促进区域经济增长，形成较为明显的空间效应。

（1）鼓励技术进步。人均收入的持续增长来自技术进步。政府在改善技术增长方面的一个重要领域是教育。美国政府长期以来在创造和传播技术知识方面发挥着作用。美国政府很早就资助耕作方法的研究，并建议农民如何最好地利用自己的土地。近年来，美国政府通过空军和国家航空航天局支持空间研究，同时，像国家科学基金这样的政府机构持续直接资助大学的技术研究。

（2）鼓励资本形成。资本存量的上升会促进经济增长。从直观的角度看，由于资本是被生出来的生产要素，因此，一个社会可以改变它所拥有的资本量。如果今天经济生产了大量新资本品，那么，明天它就将有大量资本存量，并能生产出更多的各种物品与劳务。另外，资本存量的增长是储蓄和投资推动的，因此，鼓励资本形成便主要归结为鼓励储蓄和投资。这是政府可以促进经济增长的一种方式，从长远来看，这也是提高国民生活水平的一种方法。

（3）增加劳动供给。增加劳动供给也会引起经济增长。与劳动供给相关联的一个概念是人力资本，它是指劳动者通过教育和培训所获得的知识和技能。与物质资本一样，人力资本也提高了一国生产物品和劳务的能力。

从本章的制造业 500 强企业结合中国目前研究区域经济增长的文献来看，要研究经济增长可以研究企业的营业收入、各省份制造业 500 强企业所占的个数，这两个指标可以了解到企业的大致经营情况以及制造业 500 强所占的比重。固定资产投资总额对一国经济增长有重要的影响，纵观改革开放 40 年来我国经济增长的变动趋势，不难发现在国民经济发展中，拉动国民经济的发展，固定资产投资起着至关重要的作用。经营单位所在地进出口总额在一定程度上可能影响着区域的经济增长。在校高中生人数反映的是一个地区的受教育程度，也就是人力资本对经济增长的影响。

我国制造业地区生产总值 GDP（万元）以及地区生产总值的增长率（growth rate）的影响因素有企业的销售收入（sales revenue），各省区市制造业 500 强企业的个数（number），全社会固定资产投资总额（investment），经营单位所在地进出口总额（openes），以及人力资本（hunman captial），这样因变量就与多个自变量有关。因此，我们则可以采用多元线性回归进行问题的分析。变量名称、含义及其定义如表 3 - 4 所示。

表 3 - 4　　　　　　　　　变量名称、含义及其定义

变量	含义	定　义
SALE	销售收入	销售商品产品、自制半成品或提供劳务等而收到的货款，劳务价款或取得索取价款凭证确认的收入
NUM	各省区市制造业 500 强个数	每个省区市每年入围制造业 500 强的个数

续表

变量	含义	定义
INV	全社会固定资产投资总额	以货币表现的建造和购置固定资产活动的工作量，它是反映固定资产投资规模、速度、比例关系和使用方向的综合性指标
OPEN	进出口总额	指实际进出我国国境的货物总金额。我国规定出口货物按离岸价格统计，进口货物按到岸价格统计
HUM	人力资本	劳动者受到教育、培训、实践经验、迁移、保健等方面的投资而获得的知识和技能的积累，亦称"非物力资本"。由于这种知识与技能可以为其所有者带来工资等收益，因而形成了一种特定的资本
GDP	地区生产总值	本地区所有常住单位在一定时期内生产活动的最终成果。地区生产总值等于各产业增加值之和
GR	经济增长率	经济增长率也称经济增长速度，它是反映一定时期经济发展水平变化程度的动态指标，也是反映一个国家经济是否具有活力的基本指标

二、数据来源

本章采用面板数据对我国 31 个省区市的经济增长与中国制造业 500 强企业的销售收入、企业个数、全社会固定资产投资总额、进出口总额以及人力资本之间的关系进行实证分析。由于部分年限、部分数据的缺失，西藏的相关指标被剔除。基于数据的可得性，上述几个指标均采用 2004～2012 年的面板数据。中国制造业 500 强企业的名单来自《中国企业联合会、中国企业协会》，剩下的数据均来自《中国统计年鉴》。为了消除通货膨胀带来的影响，先将 GDP 指数（上年 = 100）转化成以 2000 年为基期的 GDP 指数（2000 年 = 100），然后再用 GDP 除以 GDP 指数（2000 年 = 100）得到最终的 GDP。同样，企业的销售收入也要除以工业生产者价格指数（2000 年 = 100）。为了避免数据的剧烈波动，消除可能存在的异方差，考虑到对时间序列进行对数化不改变时间序列数据的特征，对上述 4 个解释变量 GDP、GR 和两个被解释变量 SALE、NUM、INV、OPEN、HUM 分别进行对数化处理。

为了便于观察各个变量在各个地区的情况，下面统计了每个变量的最大值、最小值以及平均值，可以直观地看出哪些省份强，哪些省份弱（见表 3 - 5～表 3 - 11）。

表 3－5　　　　　　　　　　　　地区生产总值

年份	Max	省份	Min	省份	Aver
2004	11524.86	广东	296.22	青海	3579.16
2005	12077.87	广东	307.75	青海	3764.13
2006	12400.58	广东	324.2	青海	3863.27
2007	12898.91	广东	351.21	青海	4069.86
2008	13529.45	广东	395.3	青海	4329.46
2009	13233.35	广东	381.12	青海	4267.08
2010	13720.79	广东	412.83	青海	4522.09
2011	14424.51	广东	449.92	青海	4863.41
2012	14297.83	广东	454.15	青海	4876.02

表 3－6　　　　　　　　　　　　地区经济增长率

年份	Max	省份	Min	省份	Aver
2004	274.9701	重庆	122.0944	新疆	156.8286
2005	307.1416	重庆	110.6000	新疆	176.2385
2006	345.2271	重庆	122.7660	新疆	200.1540
2007	400.1182	重庆	111.6000	新疆	228.6803
2008	458.1354	重庆	123.8760	新疆	257.2853
2009	526.3975	重庆	112.6000	新疆	287.8158
2010	616.4115	重庆	124.5356	新疆	327.4830
2011	717.5030	重庆	113.6000	新疆	368.2719
2012	815.0834	重庆	127.2320	新疆	409.1475

表 3－7　　　　　　　　　　　　地区企业销售收入

年份	Max	省份	Min	省份	Aver
2004	6949.16	上海	19.35	青海	1615.97
2005	7061.99	广东	42.47	青海	1767.12
2006	12786.56	北京	54.85	新疆	2345.17
2007	18059.02	北京	55.15	甘肃	3050.05
2008	33344.4	北京	106.67	新疆	3702.74

续表

年份	Max	省份	Min	省份	Aver
2009	39455.72	北京	152.32	新疆	4023.35
2010	54112.64	北京	220.5	青海	5202.73
2011	63745.83	北京	196.58	新疆	6064.43
2012	68951.77	北京	211.92	青海	6612.99

表 3 – 8　　　　　　　　　**各省份制造业 500 强个数**

年份	Max	省份	Min	省份	Aver
2004	61	浙江	1	青海	16.67
2005	84	江苏	1	青海	16.67
2006	79	浙江	2	贵州	16.67
2007	79	江苏	1	甘肃	16.67
2008	65	浙江	2	甘肃	16.67
2009	76	浙江	2	新疆	16.67
2010	77	浙江	3	贵州	16.67
2011	85	浙江	2	贵州	16.67
2012	84	浙江	2	贵州、青海	16.67

表 3 – 9　　　　　　　　　**全社会固定资产投资总额**

年份	Max	省份	Min	省份	Aver
2004	6970.62	山东	289.18	青海	2304.42
2005	9307.3	山东	329.81	青海	2897.14
2006	11111.42	山东	408.54	青海	3593.98
2007	12537.7	山东	482.84	青海	4484.09
2008	15435.93	山东	583.24	青海	5626.12
2009	19034.53	山东	798.23	青海	7281.36
2010	23280.5	山东	1016.9	青海	9030.01
2011	26749.68	山东	1435.58	青海	10177.25
2012	31255.98	山东	1883.42	青海	12263.93

表 3 – 10　　　　　　　　　　　　地区进出口总额

年份	Max	省份	Min	省份	Aver
2004	3571.31	广东	5.76	青海	384.79
2005	4279.65	广东	4.13	青海	473.9
2006	5271.99	广东	6.52	青海	586.69
2007	6341.86	广东	6.12	青海	724.44
2008	6849.69	广东	6.89	青海	854.16
2009	6110.94	广东	5.87	青海	735.71
2010	7848.96	广东	7.89	青海	991.05
2011	9134.67	广东	9.24	青海	1213.5
2012	9840.2	广东	11.57	青海	1287.9

表 3 – 11　　　　　　　　　　　　地区人力资本

年份	Max	省份	Min	省份	Aver
2004	189.1	山东	9.21	青海	73.92
2005	196.58	山东	10.05	青海	80.19
2006	201.58	河南	10.3	青海	83.69
2007	212.63	河南	10.75	青海	83.93
2008	207.26	河南	10.81	青海	82.4
2009	201.2	河南	10.78	青海	81.02
2010	208.95	广东	10.77	青海	80.78
2011	220.41	广东	10.69	青海	81.68
2012	225.93	广东	10.6	青海	82.08

　　注：由于西藏没有入围制造业500强，并且海南和宁夏只有1~2个企业入围，所以表的最大值最小值暂时不考虑这些地方。

　　从表3 – 5 ~ 表3 – 11中，我们明显可以看出，广东省的地区生产总值是最大的，而青海省的地区生产总值是最小的，各省区市的平均地区生产总值是3579.16亿元。重庆市的增长率一直是最大的，说明重庆市的经济增长是最快的，而新疆的经济增长则是最慢的。上海市和广东省在前几年企业的销售收入是领先的，2006年以后，北京市的销售收入是最大的。青海、新疆这两个省区的制造业500强企业的销售收入是最小的。入围制造业500强的企业最多的省区市是浙江省，说明浙江省的制造业是最多的。山东的全社会固定资产投总额是最多的，广州的进出口总额是最多的，说明沿海城市占的优势较大。除了剔除的省区市外，青海、新疆、甘肃等在各方面相对而言都是比较弱的。

三、计量结果与分析

从 GDP 随机效应模型中我们可以看出，销售收入与地区生产总值显著正相关，每增加1%的销售收入，将导致国内生产总值增加0.19%，增加了各省区市制造业500强的个数后，销售收入的显著性不变，但是每增加1%的销售收入，国内生产总值的系数只降低了一点点。增加固定资产投资总额后，销售收入的显著性水平降低了，系数也降到了0.036。增加了进出口总额后，系数也降低了一点，增加了人力资本后，系数却提高一点点（见表3－12和表3－13）。所以制造业500强的个数对销售收入的影响不大，但是固定资产投资总额能降低销售收入的正相关效应。各地区制造业500强的个数都不显著，这是因为本章只统计了制造业500强的个数，并没有统计全省的个数，会对结果造成一定的局限性。

从 GDP 固定效应模型中我们可以看出，销售收入与地区生产总值呈显著的正相关关系，每增加1%的销售收入，将会导致经济增长率增加0.4898%，增加了各省区市制造业500强的个数后，销售收入的显著性不变，但是每增加1%的销售收入，增长率将增加0.4978%，增加了一点点。增加固定资产投资总额、进出口总额、人力资本后，系数在逐渐降低，说明这些变量降低了销售收入对增长率的影响（见表3－14和表3－15）。

虽然通过检验，采用固定效应模型较好，但是，我们可以看到随机效应模型和固定效应模型的变化不大，说明模型稳健，比较合理，并且可以看出区域环境差异对经济增长的影响不大。

从前面的分析中我们可以看出，制造业在国民经济中占有重要地位，制造业的发展能带动经济的增长。所以制造业的发展至关重要。从制造业的空间分布来看，制造业表现出了明显的分布不平衡，大多集聚在东部地区的大城市，对于缩小东、中、西部地区之间的发展十分重要。政府可以制定相关的优惠政策，完善中西部地区和欠发达地区的投资环境，鼓励中西部地区制造业的发展，扶持大企业，带动周边地区企业的发展。发展技术密集型产业，降低对廉价劳动力的依赖程度。中国在引进外资的同时，应更多地引进外国的先进技术装备本国制造业，提高国内的劳动生产率，节约研制成本。大力发展资源节约型、环境友好型产业。

表3－12～表3－15是利用STATA软件分析出来的随机效应模型和固定效应模型的检验结果。

表3－12　　　　　　　　　　GDP 随机效应模型

变量	模型1	模型2	模型3	模型4	模型5
SALE	0.1977812 *** (0.000)	0.19984143 *** (0.000)	0.0557112 *** (0.000)	0.0432464 ** (0.008)	0.0600058 *** (0.000)
NUM	—	0.0053584 (0.664)	0.0135622 (0.167)	0.0208596 ** (0.042)	0.0181446 * (0.063)
INV	—	—	0.1622025 *** (0.000)	0.0850537 *** (0.000)	0.0613754 *** (0.001)
OPEN	—	—	—	0.1140868 *** (0.000)	0.1148595 *** (0.000)
HUM	—	—	—	—	0.2879172 *** (0.000)
R^2-within	0.5010	0.4994	0.7590	0.7585	0.7365
R^2-between	0.6167	0.6192	0.8518	0.8070	0.9284
R^2-overall	0.5470	0.5475	0.7035	0.7445	0.8961
观测值	261	260	260	260	260

注：***1%水平上显著，**5%水平上显著，*10%水平上显著。

表3－13　　　　　　　　　　GR 随机效应模型

变量	模型1	模型2	模型3	模型4	模型5
SALE	0.2372439 *** (0.000)	0.2938877 *** (0.000)	0.0364091 ** (0.031)	0.0350696 * (0.051)	0.021948 (0.167)
NUM	—	− 0.1236859 *** (0.000)	− 0.0467686 *** (0.000)	− 0.0468402 *** (0.000)	− 0.0381423 *** (0.000)

续表

变量	模型1	模型2	模型3	模型4	模型5
INV	—	—	0.4762211 *** (0.000)	0.4736616 *** (0.000)	0.492729 *** (0.000)
OPEN	—	—	—	0.0041842 (0.856)	0.0147649 (0.471)
HUM	—	—	—	—	-0.314403 *** (0.000)
R^2-within	0.5806	0.5195	0.9362	0.9365	0.9419
R^2-between	0.0646	0.0582	0.0290	0.0283	0.0519
R^2-overall	0.1163	0.1432	0.3625	0.3598	0.5213
观测值	261	260	260	260	260

注: ***1%水平上显著, **5%水平上显著, *10%水平上显著。

表3-14 GDP固定效应模型

变量	模型1	模型2	模型3	模型4	模型5
SALE	0.1891174 *** (0.000)	0.1891172 *** (0.000)	0.0357791 ** (0.007)	0.02865 ** (0.030)	0.0324526 ** (0.016)
NUM	—	-0.0005721 (0.962)	0.0055468 (0.501)	0.007786 (0.340)	0.0076114 (0.305)
INV	—	—	0.1679377 *** (0.000)	0.1309153 *** (0.000)	0.1270732 *** (0.000)
OPEN	—	—	—	0.0540456 ** (0.007)	0.0531917 ** (0.007)
HUM	—	—	—	—	0.0586182 (0.173)
R^2-within	0.5010	0.4999	0.7623	0.7699	0.7718
R^2-between	0.6167	0.6154	0.8724	0.8769	0.9178
R^2-overall	0.5470	0.5429	0.6899	0.7565	0.8216
观测值	261	260	260	260	260

注: ***1%水平上显著, **5%水平上显著, *10%水平上显著。

表 3 – 15 GR 固定效应模型

变量	模型 1	模型 2	模型 3	模型 4	模型 5
SALE	0.4898304 *** (0.000)	0.4978092 *** (0.000)	0.0706709 *** (0.000)	0.0579145 *** (0.000)	0.0436342 ** (0.005)
NUM	—	– 0.0491104 * (0.060)	– 0.0320657 ** (0.002)	– 0.028059 ** (0.004)	– 0.0274036 ** (0.004)
INV	—	—	0.4678069 *** (0.000)	0.4015612 *** (0.000)	0.41599 *** (0.000)
OPEN	—	—	—	0.096706 *** (0.000)	0.099913 *** (0.000)
HUM	—	—	—	—	– 0.2201348 *** (0.000)
R^2-within	0.5806	0.5857	0.9384	0.9426	0.9473
R^2-between	0.0646	0.0600	0.0345	0.0225	0.0279
R^2-overall	0.1163	0.1202	0.3396	0.2687	0.3465
观测值	261	260	260	260	260

注：*** 1% 水平上显著，** 5% 水平上显著，* 10% 水平上显著。

用前面所述的 Hausman 检验方法，我们可以得到如表 3 – 16 所示的结果。

表 3 – 16 Hausman 检验结果

	Hausman 检验统计量	临界值	检验结论	采用模型
GDP	228.72	7.78	拒绝原假设	固定效应模型
GR	70.85	7.78	拒绝原假设	固定效应模型

注：表中临界值是指自由度为 4 的卡方分布在 10% 的置信度水平下的临界值。

此外，从前面研究可以看出，为了促进经济增长，还可以鼓励进出口贸易的发展。一方面，通过进口可以克服国内的资源和要素的"瓶颈"；另一方面，通过出口对外贸易可以为国内过剩的生产能力提供新的市场机会。提高各个地区的教育水平，鼓励新技术的研发，对促进经济的增长也有重要影响。

第四节　结论与建议

本章在前人研究成果之上，借助于现代计量经济学分析方法，探讨了中国制造业 500 强企业、固定资产投资总额、进出口总额与人力资本对经济增长之间的关系，并基于理论与实证研究的结果提出了一些政策建议。从本章的分析中可以看出，沿海城市的制造业相对比较发达，而像西藏、新疆、海南等偏远地区就显得差强人意，制造业表现出了明显的集聚特征，大多集聚在东部沿海地区。通过实证分析，选取中国制造业 500 强企业的销售收入、固定资产投资总额、进出口总额以及人力资本为指标来反映地区生产总值和经济增长，结果表明，企业的销售收入、固定资产投资总额、进出口总额、人力资本对经济增长有显著的正相关影响，制造业 500 强的个数和人力资本的增加却会导致增长率的降低。

最后本章的研究还存在一些不足之处，如测量指标的不足，仅仅用企业的销售收入来衡量经济增长显得单一，像企业的利润、资产等数据较难统计收集。本章仅分析了制造业 500 强对经济增长的影响，而能入围 500 强企业的往往都是一些大企业，这样就会忽略很多小企业对经济增长的影响。

相关数据来源见书后附录。

第四章 中国服务业 500 强 分布空间效应

本章运用统计学和计量经济学知识从理论和实证两个方面研究中国服务业发展差异对区域经济增长差异的影响。采用面板数据对中国服务业在区域经济增长方面的影响进行了计量检验与实证分析。结果表明，服务业在全国及各个地区的经济增长中起到了积极的促进作用，在通过 1% 的显著水平下，东部地区的服务业对地区经济增长的拉动作用最明显；同时，服务业营业收入、人力资本水平、开放程度和固定资产投资对经济增长起到了促进作用，也是造成各地区经济增长差异的重要因素。进一步结合数据，分析了中、东、西部地区服务业与经济增长的关系，东部地区服务业对经济增长的影响具有绝对优势，相反，中、西部地区却显劣势。服务业对经济增长的促进作用日益凸显，服务业在国民经济中的地位也越来越重要，但东、中、西部服务业的发展确实存在不均衡性，而且各地区服务业内部各行业的发展也具有不均衡的特征。由此，提出促进东、中、西三大区域服务业协调发展，调整服务业内部各行业产业结构，促进区域经济协调发展的相关政策建议。

第一节 引　言

20 世纪以来特别是第二次世界大战后，全球产业发展出现新的迹象：从服务业增加值占 GDP 的比重看，发达国家在 60% ~ 70%，美国最高已经达到 75% 以上，中等收入国家在 50% ~ 60%；从服务业就业比重看，发达国家已高达 70% 左右，中等收入国家介于 60% ~ 70%，低收入国家这两项指标横向比较都较低，纵向比较都有较大程度的提高。服务业已不再是"边缘化的或奢侈的经济活动",服务业在经济发展中的"粘合剂"作用越来越突出。

2007年,国务院公布了《加快发展服务业的若干意见》,要求尽快使服务业成为国民经济的主导产业,并使之成为吸纳城乡新增就业的主要渠道。服务业是国民经济的重要组成部分,同时,服务业的发展水平也是衡量一个国家和地区经济社会发展水平的重要标志。加快发展服务业,是加快推进城镇化、新型工业化和农业现代化的必然要求,是统筹城乡发展、建设社会主义新农村的必然要求,也是解决民生问题、缓解就业压力、促进社会和谐、全面建设小康社会的必然要求。目前,我国正面临着新一轮的经济增长与结构调整。随着科学技术的发展以及产业结构的升级换代,服务业对促进区域经济发展的作用也越来越明显,服务业发展水平的高低也日渐成为衡量区域经济发达与否的标准之一。

结合我国具体国情,中国服务业发展在相当长的时间内还是十分缓慢的,无论是从其产值来看,还是从其就业人数来看,与世界发达国家甚至是发展中国家比较,还存在很大的差距。这种情况的形成既有历史原因,也有现行政策等因素的作用。从历史上来看,我国的工业化是从优先发展重工业开始的,一直到改革开放前,资源配置都是向重工业倾斜,服务业的增长速度大大低于经济增长速度,从而使得我国服务业的基础非常薄弱。20世纪80年代以来,虽然对服务业的重视程度比过去有了长足进步,但无论从指导思想、产业结构,还是管理体制等方面,还没有把服务业放在一个应有的位置,服务业整体和区域发展与国际服务业发展水平相比存在较大差异,且服务业区域发展不均衡问题突出。因此,结合当前世界经济发展形势和中国经济发展的状况,研究我国服务业500强空间分布及其演化与区域经济增长之间的一般规律及影响服务业发展的因素,在保持服务业整体健康稳定发展的前提下,逐步缩小服务业区域经济发展的差距,这是一个非常有意义的问题。

第二节 相关文献回顾

纵观国内外学者的研究文献,在服务业空间分布与区域经济发展研究领域,已经有了很大的进展。国内大多专家学者的研究主要集中在服务业的空间布局差异领域上,并将空间分布及其演化和服务业结合起来,一些学者详细归纳了服务业的分布规律，这些分布规律对现实的服务业分布状况作出了强有力的解释，这些都对以后的研究打下了坚实的基础。虽然一些地理学家和经济地理学家们总结出了部分服务业的区域分布规律，但他们研究的方法仅限于地理学或经济地理学中，还不能从经济学、产业经济学和发展经济学的视角解决问题。其他一些学者对服务业与区域经济发展及影响服务业区域发展因素等问题做了一定程度的分析，但这些研究目前还停留在初步探索方面，还没有深入利用现代计量经济模型进行实证分析和检验阶段；且国外对一国内部区域服务业发展的差异还没有形成足够的重视，此方面的理论文献很少，还缺乏对于差异的状况、成因和影响等方面的详细分析。在服务业与区域经济发展研究的领域，以实证的方法对现实的发展状况进行全面和多角度的分析和比较，阐释服务业对区域经济增长的作用和寻求区域服务业发展的空间分布规律将是以后研究的重点。

一、国外相关研究

在冯·杜能和韦伯分别创立了农业区位论和工业区位论后，以德国经济学家 W. Christaller 为代表的一些学者也开始在服务业的区位分布领域进行研究。W. Christaller（1933）提出了"中心地理论"（central place theory），核心是阐述服务在城市中的功能地域（空间）网络体系规律，此理论为服务业的区位分布研究奠定了基础。然而此理论提出后，并没有引起太多的关注，直到第二次大战后，该理论才被广泛引用和探讨。也有一些学者提出了不同的意见，Davies（1976）和 Dawson（1979）认为中心地理论有很多不足，研究的实践价值不大，Vance（1980）批评此理论中的系统过于封闭，实际上中心大都市更多的是依靠外部力量发展，贸易和批发业对中心地模式和布局也会产生很大的影响。但 Herbert 和 Thomas（1982）则认为中心地理论提供了更多的概念和方法的价值，Daniels（1982）也认为此理论是理解服务业布局的基础。

Daniels（1982）较早地察觉到了服务业在地域间发展的不平衡性，他发现，1960～1970 年美国的人口过百万的城市服务业从业人员比其他城市增长得要快，服务业的从业人员大多集中在美国的大城市中，对于各个地区来说，同样也是地区的中心城市的服务业吸引了大量的劳动者。

Coffey 和 Mcrae（1989）通过实证分析加拿大全国及若干区域（Atlantic、Ouebec、Ontario、Prairies）和 B. C 的 1971～1981 数据发现，非营利性服务如教育、卫生和福利行业呈现出临近其服务对象—家庭的规律；政府公共行政服务行业的分布与人口的分布状况有关，但也存在其他的影响因素；交通、公共事业和通讯行业的分布规律不太明显，但一些例子表明最终需求服务的这些行业的分布与人口有关，其他目的的行业分布与地理特征有关或是临近自然资源，或是临近第一产业和第二产业活动的地点；零售业和消费性服务业的分布规律在很大程度上可以被人口分布或是地区购买力所解释，特别是对于消费性服务业来说，这种规律更加明显；生产性服务业表现出集聚在大城市的现象。

Grubel 和 Walker（1989）通过对加拿大服务业在 20 世纪 80 年代的发展研究，认识到了加拿大服务业发展的区域不平衡性，这种不平衡已经影响到了城乡间和东、西部间收入和经济增长的地区不平衡。服务业的增长大部分是发生在涉及技术专业化的部门，如计算机、工程等方面，这种专业化只有在大城市区域才能存在，因为那里的人口密度和人数可以提供足够大的市场，所以使服务业越来越集中在大城市，这种发展进一步推动了城市化，但却牺牲了农村和小人口中心的就业机会。

二、国内相关研究

当前，中国服务业正处于新的发展时期，全社会日益重视对于服务业发展的空间变化研究，许多专家学者提出了一些有益观点。洪银兴等（2003）认为，相对制造业而言，服务业更依赖本地市场容量，具有更强的空间集聚效应。而申玉铭等（2007）运用数理方法，深入剖析了中国服务业空间差异的影响因素，探讨区域间服务业的空间分异特征。陈建华等（2007）研究认为，随着服务业结构不断升级，高端服务业逐渐占据中心城区空间。马风华等（2006）对中国 11 个服务行业地区性集聚程度的研究表明，经济发达地区是中国主要的服务业集聚地区。赵群毅等（2007）运用空间分布实态模拟等定量方法，对北京都市区生产者服务业空间结构进行了实证研究。吕拉昌等（2005）从服务业地理学的角度出发，对服务活动区位、服务业结构、服务业空间组合与形态、服务业空间差异及服务业的产业空间结合等领域进行了综合性的理论总结。

近年来，我国学者对服务业与经济增长的关系进行了大量的研究。李江帆是服务业问题研究的先行者，他于 1984 年最早提出了服务业创造价值，并提出了服务消费品发展的可能性和必然性。李江帆（2004）通过实证分析揭示了决定第三产业地位的第三产业比重的演变规律，从服务型生产资料、服务消费品、GDP 贡献份额、就业贡献份额、第三产业比重增大趋势和资源限制的程度等方面，阐述了第三产业在中国国民经济中的重要战略地位。

江小娟、李辉（2004）通过对中国各省人均 GDP 与服务业的增加值比重所做的回归分析表明，服务业增加值比重与人均 GDP 之间存在显著的正相关关系，服务业的发展促进了经济增长。程大中（2004）认为服务业在国民经济中起"粘合剂"的作用，是经济增长和效率提高的助推器、经济竞争力提升的牵引力、经济变革与经济全球化的催化剂。

随着服务经济的不断深化，服务业特别是城市服务业已成为重要的经济发展动力和决定城市竞争力的关键因素，越来越多的学者开始关注中国城市服务业的发展。李井奎等以浙江省为例，分析服务业的空间分布、变化趋势与地区差异。胡霞利用分层线性模型检验集聚效应对城市服务业发展差异的影响。吴智刚等研究了广东省生产性服务业的发展与空间差异。方远平等对北京、上海与广州等我国沿海中心城市服务业特征与趋势进行比较研究。张亚斌和刘靓君（2008）利用省区市面板数据实证研究得出我国东、中、西部三大地区的生产性服务对我国经济增长有重要作用的结论。王晓娟（2009）研究了上海服务业的发展特征及其与经济增长的关系，提出未来上海生产性服务业的发展应选择在长三角区域内。

第三节　服务业 500 强的空间分布特征

一、服务业概念及分类

服务业概念在理论界尚有争议。一般认为服务业即指生产和销售服务产品的生产部门和企业的集合。服务产品与其他产业产品相比，具有非实物性、不可储存性和生产与消费同时性等特征。在我国国民经济核算实际工作中，将服务业视同为第三产业，即将服务业定义为除农业、工业之外的其他所有产业部门。服务业视同为第三产业。在国民经济行业分类中包括除了农业、工业、建筑业之外的所有其他十五个产业部门，其分类如表4-1所示。

表4-1　　　　　　　　　　服务业代码及名称

代码	名　称	代码	名　称
A	农、林、牧、渔业	J	金融业
1	农业	66	货币金融服务
2	林业	67	资本市场服务
3	畜牧业	68	保险业
4	渔业	69	其他金融业
5	农、林、牧、渔服务业	K	房地产业
F	批发和零售业	70	房地产业
51	批发业	L	租赁和商务服务业
52	零售业	71	租赁业
G	交通运输、仓储和邮政	72	商务服务业
53	铁路运输业	M	科学研究和技术服务业
54	道路运输业	73	科学和试验发展
55	水上运输业	74	专业技术服务业
56	航空运输业	75	科技推广和应用服务业
57	管道运输业	N	水利、环境和公共设施管理业
58	装卸搬运和运输代理业	76	水利管理
59	仓储业	77	生态保护和环境治理业
60	邮政业	78	公共设施管理业
H	住宿和餐饮业	O	居民服务、修理和其他服务业
61	住宿	79	居民服务业
62	餐饮业	80	机动车、电子产品和日用产品修理业
I	信息传输、计算机服务和软件业	81	其他服务业
63	电信、广播电视和卫星传输服务	P	教育
64	互联网和相关服务	82	教育
65	软件和信息服务业	Q	卫生和社会工作

续表

代码	名　称	代码	名　称
83	卫生	S	公共管理、社会保障和社会组织
84	社会工作	90	中国共产党机关
R	文化、体育和服务业	91	国家机构
85	新闻和出版业	92	人民政协、民主党派
86	广播、电视、电影和影视录音制作业	93	社会保障
87	文化艺术业	94	群众团体、社会团体和其他成员组织
88	体育	T	国际组织
89	娱乐业	95	国际组织

二、我国服务业总体运行情况

1. 服务业对经济增长拉动力稳步增强

据国家统计局统计，2012 年，服务业实现增加值 231627 亿元，比上年增长 8.1%。服务业增加值占 GDP 的比重由 2011 年的 43.4% 上升到 44.6%，提高了 1.2 个百分点。从服务业内部结构情况看，2012 年，批发和零售业增加值 50246 亿元，比上年增长 15.7%，占服务业的 9.7%；交通运输、仓储和邮政业增加值为 24960 亿元，比上年增长 11.3%，占服务业的 4.8%。

另据国家统计局初步核算，2012 年一季度国内生产总值按可比价格计算，同比增长 7.7%。分产业看，第一产业增加值同比增长 3.4%；第二产业增加值增长 7.8%；服务业增加值 56859 亿元，增长 8.3%，分别快于第一产业和第二产业 4.9 个和 0.5 个百分点。一季度，交通运输、仓储和邮政业增加值比上年同期增长 7.0%，批发和零售业增长 10.5%，住宿和餐饮业增长 4.5%，金融业增长 11.5%，房地产业增长 7.8%。

2. 服务业成为吸纳社会就业的主渠道

2012 年年末，服务业从业人员 27690 万人，比上年增长 1.5%，占全社会从业人员比重为 36.1%，比 2011 年提高 0.4 个百分点，这一比重高于第一产业 2.5 个百分点，高于第二产业 5.8 个百分点，是自 1978 年以来就业比重最高的行业。

3. 服务业投资保持高位运行

2012 年，服务业完成固定资产投资比上年增长 20.6%，占全国固定资产投资的比重为 54%。从投资额看，房地产业完成投资比上年增长 22.1%，占投资总额的 25.3%；水利、环境和公共设施管理业完成投资比上年增长 19.5%，占投资总额的 8%；交通运输、仓储和邮政业完成投资比上年增长 9.1%，占投资总额的 8.3%；从投资增长速度看，金融业、租赁和商务服务业增长最快，分别为 46.2% 和 37.4%，其次是文化体育和娱乐业，批发零售业，住宿餐饮业，信息传输、软件和信息技术服务业，增速分别为 36.2%、33%、30.2% 和 30.6%。

三、地域分布特征

"十一五"期间，进入中国服务业 500 强排名的企业每年有 500 家，5 年内共有 973 家企业进入该排名，有 179 家企业连续 5 年入围中国服务业 500 强。中国服务业 500 强在规模、资产、收益、研发投入等多项指标上均呈现出明显的增长态势。服务业 500 强企业的平均营业收入从 2004 年的 21.05 亿元发展到 2012 年的 70.12 亿元，其中，北京市的营业收入一直都排在第一，而且已经从 2004 年的 349.47 亿元增长到 2012 年的 1133.09 亿元，从整体上看，服务业企业经历并且已经基本从金融危机的阴影中走出来，并且体现出分层化、生产性服务业快速成长等明显的特点。

区域经济是国民经济的子系统，以客观存在的经济地域单位为基础并按照地域分工原则建立的具有区域特点的地域性经济，将我国 31 个省区市拆分为东、中、西部三大地区：东部地区包括北京、天津、河北、辽宁、上海、江苏、浙江、福建、山东、广东以及海南等 11 省市，总面积为 106.17 万平方千米，占全国总面积的 10.95%；中部地区包括山西、内蒙古、吉林、黑龙江、安徽、江西、河南、湖北以及湖南等 9 个省区，总面积为 285.29 万平方千米，占全国总面积的 29.43%；西部地区包括重庆、四川、贵州、云南、广西、西藏、陕西、甘肃、青海、宁夏以及新疆等 11 个省区市，该地区总面积为 577.8 万平方千米，占全国总面积的 59.61%。2012 年，我国服务业 500 强仍然呈现出明显的地区集中特点。我国服务业 500 强企业总部分布集聚在 64 个城市，北京同样是最受服务业 500 强企业总部欢迎的城市，有74家服务业500强企业总部，占14.8%，天津、上海、杭州、厦门、宁波、武汉、重庆、广州、苏州等城市作为第二集团吸引了230家服务业500强企业总部，占46%。服务业发展与地区经济发展水平紧密相关，主要集中分布在北京、浙江、上海、天津、广东、江苏等经济发达地区。按照我国三大经济区域，即东部、中部、西部地区的划分。500强地区分布如表4－2所示。

表4－2　　　　2004～2012年中国服务业企业500强地区分布构成　　　单位：家

地区	2004年	2005年	2006年	2007年	2008年	2009年	2010年	2011年	2012年
北京	97	86	91	73	77	69	71	59	61
天津	34	33	29	37	36	33	33	31	29
河北	26	26	21	17	20	20	17	18	20
辽宁	19	16	17	23	15	21	15	14	15
上海	54	45	33	34	33	34	56	43	49
江苏	28	23	34	43	44	33	36	48	45
浙江	34	58	72	68	67	77	70	61	58
福建	11	18	31	33	28	29	24	23	27
山东	37	32	23	29	27	26	23	23	22
广东	60	47	36	33	32	30	35	56	52
海南	0	3	0	0	1	0	3	2	2
东部地区	400	387	387	390	380	372	383	378	380
百分比（%）	80	77.4	77.4	78	76	74.4	76.6	75.6	76
山西	9	7	9	9	13	12	10	11	9
吉林	2	3	3	2	1	1	2	3	2
黑龙江	3	4	1	3	2	2	1	2	0
安徽	10	8	13	11	13	14	14	13	14
江西	9	9	5	6	6	4	2	1	3
河南	6	6	3	1	2	3	2	3	3
湖北	6	10	17	19	24	17	14	16	19
湖南	12	13	10	8	9	13	15	15	14

续表

地区	2004 年	2005 年	2006 年	2007 年	2008 年	2009 年	2010 年	2011 年	2012 年
中部地区	57	60	61	59	69	70	62	65	64
百分比（%）	11.4	12	12.2	11.8	13.8	14	12.4	13	12.8
内蒙古	4	3	3	4	3	3	3	1	2
广西	4	8	8	7	9	13	8	8	13
重庆	11	16	20	17	18	21	21	21	19
四川	5	4	4	4	6	6	9	10	8
贵州	0	0	0	0	0	0	0	0	0
云南	3	5	4	4	3	2	2	3	3
西藏	0	0	0	0	0	0	0	0	0
陕西	6	2	2	2	4	3	3	4	2
甘肃	1	1	1	1	1	1	0	0	0
青海	0	2	0	1	1	1	1	1	2
宁夏	1	1	0	0	0	0	0	0	0
新疆	8	11	10	11	8	8	8	9	7
西部地区	43	53	52	51	53	58	55	57	56
百分比（%）	8.6	10.6	10.4	10.2	10.6	11.6	11	11.4	11.2

四、空间演变

从 2004~2012 年所有进入 500 强名单企业的省区市分布中可以看出，前十名省区市中，除北京、重庆外，其余皆为沿海省份。图 4-1 给出了我国东、中、西三大地区第三产业增加值变化趋势，可以看出东部地区第三产业增加值在逐年上升，从 2004 年的 259.95 亿元增长到 2012 年的 366.67 亿元，

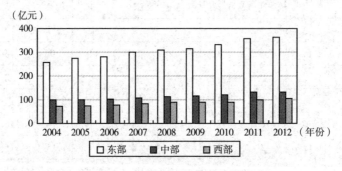

图 4-1 中东西部第三产业增加值分布

增长幅度较大；中、西部地区第三产业增加值虽然也呈上升的趋势，但总体增长的幅度较小。经过以上分析可以看出东部地区的第三产业增加值远远高于中、西部地区。从静态看，31个省区市服务业发展水平存在着明显的空间差异，东部沿海地区明显高于中西部地区；从动态看，中国服务业发展的空间格局总体稳定、略有波动。

从东、中、西部地区来看，服务业对各地区经济的作用比全国整体经济更强，但对各地区经济增长的作用却有不同，其中东部地区的生产性服务业对经济增长的作用最强，西部次之，中部最低。服务业发展对三大地区经济增长影响差异呈现出的特征，首先，与我国的政府优惠政策以及地理位置有关，政府对东部沿海地区加大服务业体制改革的扶持力度，而且东部沿海地区开放的比较早，制定了许多优惠的投资、税收政策，吸引大量的外商投资，促进了东部地区生产性服务业的发展，扩大了东部与中西部地区服务发展水平的差距；地理位置优势也是影响服务业区域发展差异的一个重要因素，地理位置关系到该地区的交通便利程度，对生产服务的供需企业之间的交易成本影响甚大，同时，当外国向中国服务业进行投资时，它们往往业倾向于选择海运条件较好的省份。东部有着明显的地理位置优势，而中西部城市比较偏远，交通不太发达。其次，虽然西部起步较晚，基础薄弱，但自1999年国家实施西部大开发战略以来，加大了对西部地区的政策扶持，加大对西部的投入力度，加强了西部基础设施建设，促进了西部服务业的发展。由于中部经济增速近年来呈放慢趋势，缺乏核心竞争力，产业结构布局不甚合理，城市现代化进程发展缓慢，严重制约了中部服务业的发展，中部崛起政策的提出正是应对这一问题的重要体现。

第四节　空间效应模型设计与检验

一、变量选取

关于经济规模的变化，采用我国各省区市的地区生产总值表示，具体来说，采用各地区的GDP来反映各地经济规模；用在校高中生人数来代表人力资本，反映我国各省受教育的程度，对区域经济增长的影响；全社会固定资产投资总额，它是反映固定资产投资规模、速度、比例关系和使用方向的综合性指标。进出口贸易总额，代表了一国的开放程度；服务业 500 强营业收入和个数，代表我国各省区市服务业企业规模和地域分布特征。GDP 增长率是国内生产总值的增长率，反映一个国家经济发展水平。各地区的 GDP 数据来源于相应各期的《中国统计年鉴》，各类指标的名称、符号和定义如表 4 - 3 所示。

表 4 - 3　　　　　　　　　各类指标名称、符号及定义

变量	名　称	定　义
GDP	地区生产总值	本地区所有常住单位在一定时期内生产活动的最终成果
HUM	人力资本	劳动者受到教育、培训、实践经验、迁移、保健等方面的投资而获得的知识和技能的积累
INV	全社会固定资产投资总额	以货币表现的建造和购置固定资产活动的工作量
OPEN	进出口贸易总额	实际进出我国国境的货物总金额
SALE	服务业营业收入	服务业提供产品或服务所取得的收入
NUM	服务业个数	服务业企业分布在各省的数目
RGDP	服务业增长率	GDP 的年度增长率，需用按可比价格计算的国内生产总值来计算

二、模型设定

为了研究服务业 500 强对区域经济增长的影响，本章采用了 2004～2012 年中国 31 个省区市的面板数据，数据来源于 2004～2012 年的《中国统计年鉴》。本章被解释变量取地区生产总值反映区域经济增长，用 GDP 表示。解释变量取五个指标：人力资本指标、固定资产投资总额指标、进出口贸易总额指标、服务业 500 强营业收入指标和服务业 500 强企业个数指标。

我国服务业实际生产总值 Y 的影响因素是人力资本 HUM、全社会固定资产投资总额 INV、进出口贸易总额 OPEN、服务业 500 强营业收入 SALE 和企业个数 NUM。这样因变量 Y 就与多个自变量 X_{HUM}，X_{INV}，X_{OPEN}，X_{SALE}，X_{NUM} 有关。因此，我们就可以采用多元线性回归进行问题的分析。

多元线性回归模型的基本形式：设随机变量 Y 与一般变量 X_{HUM}，X_{INV}，X_{OPEN}，X_{SALE}，X_{NUM} 的理论线性回归模型为：

$$Y = \beta_0 + \beta_1 X_{HUM} + \beta_2 X_{INV} + \beta_3 X_{OPEN} + \beta_4 X_{SALE} + \beta_5 X_{NUM} + \varepsilon \qquad (4-1)$$

其中，β_0，β_1，…，β_p 是 $p+1$ 个未知参数，β_0 称为回归常数，β_0，β_1，…，β_p 称为回归系数。Y 称为被解释变量（因变量），而 X_{HUM}，X_{INV}，X_{OPEN}，X_{SALE}，X_{NUM} 是 5 个可以精确测量并可控制的一般变量，称为解释变量（自变量）。ε 是随机误差，与一元线性回归一样，对随机误差项我们常假定：

$$\begin{cases} E(\varepsilon) = 0 \\ var(\varepsilon) = \sigma^2 \end{cases} \qquad (4-2)$$

理论回归方程：

$$E(Y) = \beta_0 + \beta_1 X_{HUM} + \beta_2 X_{INV} + \beta_3 X_{OPEN} + \beta_4 X_{SALE} + \beta_5 X_{NUM} + \varepsilon \qquad (4-3)$$

三、数据来源

本章主要以省级行政区为单位进行分析，所选择的东部地区包括：北京、天津、上海、广东、浙江、江苏、山东、辽宁、福建。西部地区包括：陕西、贵州、云南、四川、甘肃、青海、宁夏、新疆、广西、西藏。本章所使用的样本数据为上述各省区市 2004～2012 年的年度面板数据，基础数据来源于《中国统计年鉴》《中国劳动统计年鉴》和《中国区域经济统计年鉴》2004～2012 年 31 个省区市的相关年份统计年鉴和经济年鉴。考虑到西藏和海南服务业发展的规模水平较低，且相关统计数据的收集比较困难，本章不考虑海南和西藏，也不包括港澳台地区。为了消除物价水平的影响，本章以 2000 年为基期，用各个省份的 CPI 指数对相关变量进行平减。

四、描述性统计分析

由于部分年限、部分数据的缺失，西藏、海南的相关指标被剔除。基于数据的可得性，上述几个指标均采用 2004～2012 年的面板数据，结合了时间序列和截面数据两维信息的面板数据能够反映出各指标对区域经济增长的综合影响。各变量的描述性统计分析如表 4-4 所示。

表4-4 各变量的描述性统计分析

地区生产总值 单位：亿元

年份	Max	省份	Min	省份	Aver
2004	11524.86	广东	296.22	青海	3704.23
2005	12077.87	广东	307.75	青海	3880.51
2006	12400.58	广东	324.20	青海	3981.29
2007	12898.91	广东	351.21	青海	4174.21
2008	13529.45	广东	395.30	青海	4440.32
2009	13233.35	广东	381.12	青海	4357.41
2010	13720.79	广东	412.83	青海	4610.39
2011	14424.51	广东	449.83	青海	4920.34
2012	14297.83	广东	454.15	青海	4930.83

人力资本 单位：万人

年份	Max	省份	Min	省份	Aver
2004	189.10	山东	9.21	青海	76.12
2005	196.58	山东	10.05	青海	82.55
2006	201.58	河南	10.31	青海	86.10
2007	212.63	河南	10.75	青海	86.32
2008	207.26	河南	10.81	青海	84.70
2009	201.20	河南	10.78	青海	83.27
2010	208.95	广东	10.77	青海	83.01
2011	220.41	广东	10.69	青海	83.91
2012	225.93	广东	10.60	青海	84.30

全社会固定资产投资总额 单位：亿元

年份	Max	省份	Min	省份	Aver
2004	6970.62	山东	289.18	青海	2372.95
2005	9307.3	山东	329.81	青海	2984.38
2006	11111.42	山东	408.54	青海	3703.30
2007	12537.7	山东	482.84	青海	4621.39
2008	15435.93	山东	583.24	青海	5795.80
2009	19034.53	山东	798.23	青海	7498.36
2010	23280.5	山东	1016.90	青海	9295.97
2011	26749.68	山东	1435.58	青海	10471.04
2012	31255.98	山东	1883.42	青海	12612.84

续表

经营单位所在进出口总额　　　　　　单位：亿美元

年份	Max	省份	Min	省份	Aver
2004	3571.31	广东	5.76	青海	196.88
2005	4279.65	广东	4.13	青海	489.36
2006	5271.99	广东	6.52	青海	605.94
2007	6341.86	广东	6.12	青海	748.21
2008	6849.69	广东	6.89	青海	882.06
2009	6110.94	广东	5.87	青海	759.4
2010	7848.96	广东	7.89	青海	1022.25
2011	9134.67	广东	9.24	青海	1250.95
2012	9840.2	广东	11.57	青海	1327.37

服务业500强营业收入　　　　　　单位：亿元

年份	Max	省份	Min	省份	Aver
2004	34947.34	北京	0	贵州、青海	1960.16
2005	35057.86	北京	0	贵州	2041.58
2006	44957.33	北京	0	贵州、青海、宁夏	2521.68
2007	52604.07	北京	0	贵州、宁夏	3039.83
2008	64052.93	北京	0	贵州、宁夏	3523.71
2009	68808.9	北京	0	贵州、宁夏	3911.73
2010	84498.91	北京	0	贵州、甘肃、宁夏	4798.26
2011	96893.18	北京	0	贵州、甘肃、宁夏	5579.22
2012	113309.15	北京	0	贵州、甘肃、宁夏、黑龙江	6528.64

服务业500强企业数　　　　　　单位：个

年份	Max	省份	Min	省份	Aver
2004	97	北京	0	贵州、青海	17.24
2005	86	北京	0	贵州	17.14
2006	91	北京	0	贵州、青海、宁夏	17.24
2007	73	北京	0	贵州、宁夏	17.24
2008	77	北京	0	贵州、宁夏	17.28
2009	77	浙江	0	贵州、宁夏	17.24
2010	71	北京	0	贵州、甘肃、宁夏	17.14
2011	61	浙江	0	贵州、甘肃、宁夏	17.17
2012	61	北京	0	黑龙江、贵州、甘肃、宁夏	17.17

五、计量结果与分析

为了避免数据的剧烈波动，消除可能存在的异方差，考虑到对时间序列进行对数化不改变时间序列数据的特征，对 2 个被解释变量 GDP、RGDP 和 5 个解释变量 HUM、INV、OPEN、SALE、NUM 分别进行对数化处理，新变量分别命名为 lnGDP、lnRGDP、lnHUM、lnINV、lnOPEN、lnSALE、lnNUM。表 4-5 给出了服务业对经济增长的影响研究，考虑到面板数据分析过程中涉及实证分析模型是固定效应还是随机效应的问题，表 4-5、表 4-6 和表 4-7、表 4-8 分别列出了 LNGDP、LNRGDP 采用随机效应模型和固定效应模型条件下的情况。分析结论使用 STATA 11.0 计量软件完成。

表 4-5 　　　　　　　　　　　LNGDP 随机效应模型

解释变量	(1) LNGDP	(2) LNGDP	(3) LNGDP	(4) LNGDP	(5) LNGDP
LNSALE	6.85 *** (0.000)	8.80 *** (0.000)	0.47 (0.64)	0.32 (0.752)	0.91 (0.364)
LNNUM	—	−4.23 *** (0.000)	0.64 (0.525)	0.49 (0.622)	0.67 (0.503)
LNINV	—	—	25.89 *** (0.000)	8.09 *** (0.000)	6.05 *** (0.000)
LNOPEN	—	—	—	7.18 *** (0.000)	7.49 *** (0.000)
LNHUM	—	—	—	—	4.72 *** (0.000)
R-sq：within	0.1828	0.2678	0.8937	0.9125	0.8807
between	0.4872	0.3239	0.9226	0.869	0.9664
overall	0.3727	0.2063	0.6617	0.7525	0.9102
c	7.522924	7.566214	6.609848	6.731178	6.10079
Number of obs	239	239	239	239	239

注：固定效应分析模型所得结果的括号内为 t 检验值，随机效应分析模型所得结果的括号内为 p 检验值，*** 表示在 1% 水平上显著，** 表示在 5% 水平上显著，* 表示在 10% 水平上显著。

表4-6　　　　　　　　　　　　　　LNRGDP 随机效应模型

解释变量	(1) LNRGDP	(2) LNRGDP	(3) LNRGDP	(4) LNRGDP	(5) LNRGDP
LNSALE	3.51 *** (0.000)	6.66 *** (0.000)	2.77 *** (0.006)	2.59 *** (0.009)	1.31 (0.1890)
LNNUM	—	-5.42 *** (0.000)	-4.84 *** (0.000)	-4.69 *** (0.000)	-3.86 *** (0.000)
LNINV	—	—	41.88 *** (0.000)	24.62 *** (0.000)	32.33 *** (0.000)
LNOPEN	—	—	—	1.17 (0.243)	0.69 (0.492)
LNHUM	—	—	—	—	-11.93 *** (0.000)
R-sq：within	0.2342	0.3158	0.9520	0.9552	0.9583
between	0.1072	0.0292	0.2468	0.241	0.4187
overall	0.035	0.1047	0.5189	0.5023	0.7528
c	5.190842	4.78892	1.384968	1.390699	2.613473
Number of obs	239	239	239	239	239

注：固定效应分析模型所得结果的括号内为 t 检验值，随机效应分析模型所得结果的括号内为 p 检验值，*** 表示在1%水平上显著，** 表示在5%水平上显著，* 表示在10%水平上显著。

表4-7　　　　　　　　　　　　　　LNGDP 固定效应模型

解释变量	(1) LNGDP	(2) LNGDP	(3) LNGDP	(4) LNGDP	(5) LNGDP
LNSALE	6.85 *** (0.000)	8.76 *** (0.000)	0.28 (0.783)	0.25 (0.799)	0.05 (0.959)
LNNUM	—	-5.03 *** (0.000)	-0.98 (0.329)	-1.15 (0.253)	-0.98 (0.326)
LNINV	—	—	35.51 *** (0.000)	13.25 *** (0.000)	13.37 *** (0.000)
LNOPEN	—	—	—	7.15 *** (0.000)	7.22 *** (0.000)

解释变量	（1）LNGDP	（2）LNGDP	（3）LNGDP	（4）LNGDP	（5）LNGDP
LNHUM	—	—	—	—	1. 64 (0. 103)
R-sq: within	0. 1828	0. 2711	0. 8968	0. 9172	0. 9183
between	0. 4872	0. 2225	0. 8902	0. 9228	0. 8512
overall	0. 3727	0. 1285	0. 5868	0. 7538	0. 6655
c	7. 656649	7. 718295	6. 77143	6. 84716	6. 996742
Number of obs	239	239	239	239	239

注：固定效应分析模型所得结果的括号内为 t 检验值，随机效应分析模型所得结果的括号内为 p 检验值，*** 表示在 1% 水平上显著，** 表示在 5% 水平上显著，* 表示在 10% 水平上显著。

表 4－8   **LNRGDP 固定效应模型**

解释变量	（1）LNRGDP	（2）LNRGDP	（3）LNRGDP	（4）LNRGDP	（5）LNRGDP
LNSALE	8. 01 *** (0. 000)	10. 01 *** (0. 000)	3. 27 *** (0. 001)	3. 62 *** (0. 000)	3. 15 *** (0. 002)
LNNUM	—	− 5. 29 *** (0. 000)	− 1. 67 * (0. 097)	− 1. 94 * (0. 054)	− 1. 49 (0. 137)
LNINV	—	—	55. 18 *** (0. 000)	24. 04 *** (0. 000)	26. 29 *** (0. 000)
LNOPEN	—	—	—	7. 51 *** (0. 000)	8. 3 *** (0. 000)
LNHUM	—	—	—	—	− 6. 04 *** (0. 000)
R-sq: within	0. 2342	0. 3247	0. 9568	0. 9661	0. 9712
between	0. 1072	0. 0704	0. 2504	0. 1963	0. 2191
overall	0. 035	0. 0918	0. 4639	0. 3411	0. 4184
c	3. 654733	3. 841554	0. 9935334	1. 149089	2. 119138
Number of obs	239	239	239	239	239

注：固定效应分析模型所得结果的括号内为 t 检验值，随机效应分析模型所得结果的括号内为 p 检验值，*** 表示在 1% 水平上显著，** 表示在 5% 水平上显著，* 表示在 10% 水平上显著。

　　本章在实证分析过程中先采用随机效应模型来进行分析。表 4 – 5、表 4 –6 显示了我国服务业与经济增长关系的回归结果，通过回归我们可以明显看出，服务业对区域经济增长有正面的积极作用。服务业营业收入对经济增长的贡献弹性为 6.85，在 1% 的水平下显著，这意味着服务业营业收入每增加一个百分点，地区生产总值就增长 6.85 个百分点。服务业企业个数对经济增长的影响虽然呈负相关，但在 1% 的水平下也很显著，固定资产投资总额对我国经济发展的影响也为正，回归系数为 25.89，且在 1% 水平下显著。这意味着固定资产总额每提高 1.1 个百分点，就能带来 25.89 个百分点的经济增长。人力资本与我国经济增长也是正相关，这表明人力资本存量越大，对经济的促进作用越大，在 1% 的显著水平下统计显著，反映了人力资本对经济增长的积极影响，在其他条件不变的情况下，人力资本平均水平每增加 1 个百分点，经济增长就提高 4.72 个百分点。经济开放程度对我国经济的发展也起到了正面的积极作用，从进出口贸易与经济增长的关系来看，进出口总额与经济增长的系数为 7.18，并且在 1% 的水平上显著，表明我国经济增长对外贸易的依存度仍然较强。从整体来看，固定资产投资、经济开放程度以及人力资本对经济增长的影响最显著，服务业 500 强的营业收入和企业个数对区域经济经济的发展作用也是不容忽视的。具体来看，服务业对经济增长的贡献最大，这与我国还是一个劳动资源相对丰富，拥有显著劳动力资源优势，劳动力在经济增长中的产出弹性较大，属于劳动密集型的增长方式，而服务业作为劳动密集型产业，具有高度的劳动密集型有关，因此，服务业对经济增长的作用非常显著。

　　为了消除各个省的区域间差异，采取了固定效应模型进行分析。通过表 4 –7 和表 4 –8 分析可以看出服务业对区域经济增长的影响仍然呈正相关。服务业营业收入对区域经济增长产生正向的促进作用，且显示在 1% 水平下显著，服务业企业个数对区域经济的影响为负，但很显著。固定资产投资对我国经济的发展也起到了积极的作用，回归系数为 35.51，且在 1% 水平下显著。这意味着固定资产总额每提高 1.1 个百分点，就能带来 35.51 个百分点的经济增长。对外经济开放与经济发展呈现正相关，在 1% 的水平下显著。人力资本对区域经济发展的贡献不显著。总体来看，固定资产投资和对外开放程度对我国区域经济增长的影响最显著，服务业营业收入与企业个数、人力资本对区域经济的作用不显著。

从表 4-5、表 4-6、表 4-7 和表 4-8 总体来看，区域间的差异是产生区别的主要原因，从消除了区域差异的情况来看，服务业营业收入及企业个数对区域经济影响的系数变小了，说明我国服务业企业规模不够壮大，且地域分布差异仍然存在。固定资产投资和对外开放程度对我国经济发展的影响呈现 1% 水平下的显著，该情况反映了我国对于服务业的投资力度和对外开放程度大大加强。由于消除了我国区域间的差异，人力资本对我国经济发展的影响不显著，说明虽然我国是一个劳动力资源丰富的大国，但我国教育水平和劳动力的素质处于较低的水平，还有待提高。

第五节　结论与建议

本章通过对我国服务业与区域经济增长影响的分析，可以看出各地区服务业的发展与地区经济有着紧密的联系，这也就很好地说明了在目前的知识经济与服务经济飞速发展的时代，一个国家或地区经济的发展已强烈地依赖于服务业发展水平的提高，服务业已经成为一个国家或地区经济发展的增长极。中国已经加入世界贸易组织，将更大程度地参与全球竞争，那么在中国这样地区经济发展并不均衡的背景下，如何促进服务业与地区经济健康发展就成为我们亟待解决的问题。

本章运用统计学和计量经济学知识从理论和实证两个方面对中国服务业发展差异影响区域经济增长差异进行了研究。结合面板数据对中国服务业影响区域经济增长进行了实证分析，结果表明，服务业在全国及各个地区的经济增长中起到了积极的促进作用，在通过 1% 的显著水平下，东部地区的服务业对地区经济增长的拉动作用最明显；同时，服务业营业收入、人力资本水平、开放程度和固定资产投资对经济增长也起到了促进作用，也是造成各地区经济增长差异的重要因素。进一步结合数据，分析了中、东、西部地区服务业与经济增长的关系。主要结论如下：东部地区服务业对经济增长的影响具有绝对优势；相反，中、西部地区却显劣势。

总体而言，服务业对经济增长的促进作用日益凸显，服务业在国民经济中的地位也越来越重要，但东、中、西部服务业的发展确实存在不均衡性，而且各地区服务业内部各行业的发展也具有不均衡的特征。因此，促进东、中、西三大区域，服务业协调发展，调整服务业内部各行业产业结构，对于促进区域经济增长，缩小地区经济差距具有重要的意义。

近年来，我国服务业500强企业的规模、收益率均大幅上升，摆脱了大面积亏损的困境，对GDP增长的贡献也逐渐上升。服务业在快速发展的基础上，体现出总量增加、发展提速、比重提高、结构优化的特点。服务业的发展提速，促进了产业结构升级转型，提升了我国经济的发展质量，为经济平稳较快发展奠定了坚实基础。

但是，服务业发展的地区差异仍然显著。从入围情况来看，服务业企业500强仍然集中分布于东部地区；经济发达地区的服务业企业不仅从企业数量上占据着优势，而且从经济总量上如资产、营业收入、利润等也占据着绝对的优势。西部大开发政策虽然加大了在西部地区的投入，如科研投入明显高于中部和东部地区，但由于时效性和滞后性，目前还没有在经济回报上有所体现。另外，传统服务业快速发展，现代服务业发展仍然滞后；入围服务业500强的企业分布仍然呈现出分散的特点。因此，加快发展现代服务业需要新思路。

一、加大服务业投资力度

一是扩大服务业投资规模，集中资金支持重点项目建设；加强服务业发展的资金引导，调动和吸引银行信贷资金及民间资金投向服务业。对服务业中的薄弱环节，政府采取贴息的办法，积极向服务业项目发放贷款，提高服务业投资的比重。二是优化服务业投资结构。从政策上加以引导，在继续加强对传统服务业改进提升的同时加快新兴服务业发展，积极鼓励和支持金融保险、科技技术服务、信息传输、软件业、旅游、中介服务、物流等行业投资，增强投资的集聚效应，打造具有较强辐射力的投资规模圈。加大创意产业园区和服务外包示范区的投资力度，加快吸引研发设计、文化传媒、网络信息等创意企业，集聚一批具有高增值服务能力的国内外服务外包龙头企业；三是积极引导外商对服务业投资。

二、优先支持生产性服务业发展

一是加快现代物流业发展。加快物流园区建设，建设物流公共信息平台，培育和引进大型物流企业。着重加强与国际知名的大型物流企业的联系，积极引进国内外大型现代物流企业落户，提高物流信息化水平，加强与物流业发达地区物流信息交换中心的对接，形成一个为用户、企业、商业、社区和配送中心服务的区域性现代物流信息体系，把物流业打造成为一个主导性的产业。二是培育壮大科技和信息服务业。发挥政府引导调控作用，建立以政府投入为引导，多元化的科技投入体系和多层次科技企业投入支持体系。全方位改革科技企业，形成多种所有制科技服务业企业并存的局面，支持科研机构向科技服务型企业转化，鼓励科技人员创办独立的科技服务企业。进一步推进工程技术研究中心等科技基础设施建设，形成技术开发平台，加速科技成果转化，提升自主技术开发能力，实现公共科技资源的社会共享。

三、培育壮大服务业企业

一是支持和鼓励现代服务业重点企业和已发展成较大规模的服务企业争创名牌，做大做强。实行跨地区、跨部门、跨所有制的资产重组，组成大型集团公司或股份公司，创建一批创新能力强、信息化应用水平高、在全省乃至全国同行业中具有明显竞争优势的服务业名牌企业。二是积极引导和扶植中小型现代服务业企业的发展。改变服务企业"小、散、弱、差"和经营方式陈旧、技术设备落后、功能单一的被动局面，走"专、精、特、新"的发展路子，逐步做强中小型现代服务企业。

四、积极承接国际服务业的转移

经济全球化推动着服务业国际化的加速发展，服务业国际投资向发展中国家转移加快，为承接国际服务业转移、提升服务业发展水平迎来难得机遇。抓住国际服务业转移、科技不断创新、国内消费升级等战略机遇，坚持以改革开放促进服务业发展，破除行政性垄断、扩大对外开放，形成有利于各类市场主体竞相创业、创新的体制机制和政策环境；逐步开放银行、保险、证券、电信、商贸、旅游、医疗、教育、会计、审计、资产评估、国际贷款代理等领域。同时，加强现代服务业招商引资工作，大力促进国际现代生产服务企业进入，吸引跨国公司地区总部和研发、采购、营销中心等落户。通过对外开放，引进先进服务技术和服务标准，创新服务品种，发展现代服务业，加快提高服务业国际竞争力。

五、提高劳动者素质，培养和引进服务业人才

首先，应加大人力资本投资，尤其是通过财政、税收、信贷等方面的政策倾斜，加大中、西部的人力资本投资力度；同时鼓励东部人才向中、西部流动，促进中、西部人力资本的良性增长。其次，考虑未来服务业发展对从业人员的要求，有针对性地改进有关各级学校的教育，增设专业学校，现有高职学校也应扩大与服务业对口的专业。最后，激励和支持在职培训，扩大对现有服务业从业人员的进修与培训范围，尽快提高人员素质。

第五章 中国企业 500 强
技术溢出效应

大企业是国家经济发展的核心动力，纵观世界经济发展史，无论是发达国家、发展中国家还是新兴国家，大企业都有力地推动国家经济发展。本章以 2002～2013 年中国 500 强企业为样本，采用动态面板数据和系统广义矩方法研究大企业规模对地区经济增长的影响。研究结果表明，中国 500 强企业规模与地区经济增长具有显著的负效应，当选择较为发达的经济省份进行回归时发现这种负效应作用更加明显。本章分析认为大企业通过技术创新和溢出实现地区经济收敛，同时由于组织惯性与技术垄断导致技术锁定而产生"大企业陷阱"，对地区经济增长产生负效应。

第一节 引 言

大企业是国家经济发展的核心动力，纵观世界经济发展史，大企业都有力地推动国家经济发展。大企业利用资金、技术、组织与市场优势扩大规模与经营范围产生规模效应，利用大量产品与企业网络实现技术传播与扩散推动整个国家经济发展。自 20 世纪 90 年代后，培育和造就大型企业集团一直是我国国有经济战略调整与国有企业改革的重要组成部分，《"十五"计划纲要》明确提出，要努力"形成一批拥有著名品牌和自主知识产权、主业突出、核心能力强的大公司和企业集团"。随着中国经济的发展，中国大企业经历了快速成长过程，中国企业联合会 2013 年公布的中国企业 500 强的企业总规模达到了 50.02 万亿元，相当于当年国内生产总值①的 87%，当年进入世界 500 强企业数量也达到 86 家，显然，中国大企业在规模上得到空前的扩张，在世界经济中的地位也显著提升，已成为世界经济中重要的企业群体。本章以中国 500 强企业为样本考察中国大企业对地区经济增长的影响，以下结构为：第二部分是相关理论简要回顾，第三部分是变量、数据与模型设定，第四部分是实证结果与分析，第五部分是研究结论。

第二节　相关理论回顾

创新是经济增长的源泉，大企业是经济系统中创新的重要承担者，大型企业集团凭借竞争优势和有利的组织系统进行创新活动。钱德勒（2004）认为，大型企业在组织资本和劳动力进行大规模技术创新与改进方面有独特的优势与能力，大企业组织比其他组织具有更高的学习潜力。创新是有风险而且需要雄厚的资金支持，大企业在资金方面比任何企业都具有优势，大企业在市场竞争中具有垄断优势，这种垄断优势为其进行技术创新提供了雄厚的资金实力和广泛的创新活力。同时，大企业与小企业相比更富有创新精神，大企业利用自身大量的产品与较高的市场占用率以及较为完善的经营管理网络来降低研究与开发的风险，并大量使用创新技术来提高生产效率，占有创新带来的成果。中国大企业的成长与中国高速发展的经济紧密相连，自 20 世纪 90 年代以来，中国大企业的快速成长为中国经济发展提供了重要的技术进步支撑，大企业利用生产与市场网络产生了技术与知识溢出效应。大企业的技术溢出还在于其能加快企业的集聚，通过集聚实现技术向集聚企业的扩散，同时大企业通过集聚填补不完善市场条件下的制度空间，从而降低交易成本，如韩国大企业对经济增长的贡献是众所周知的。但是大企业区域创新程度本地化存在很大的差异，王伟光（2011）通过中国各地区大中型工业企业截面数据的实证研究发现，大企业的技术创新与本地经济绩效之间存在非对称性，由于创新资源分布、产业关联、政府干预强度不同而出现较大差异，大企业

---

① 这里的国内生产总值是全国各省区市当年的国内生产总值之和，而且使用 2012 年数据，这样做的目的是使数据口径一致，由于 2013 年公布的企业 500 强的指标是 2012 年的实际数据。

在促进经济增长同时由于组织惯性产生技术锁定效应导致大企业陷阱，Kathy（2008）在对 44 个中等以上收入国家大企业稳定性与经济增长进行研究发现稳定的大企业规模与经济增长之间具有显著负效应，存在较为明显的大企业陷阱现象。自改革开放以来，在市场体系不断完善的过程中，我国大企业规模不断扩大，大企业群体相对稳定，大企业在促进经济增长的同时是否也存在大企业陷阱呢？本章借鉴 Kathy（2008）的思路研究改革开放以来中国大企业对地区经济增长的影响。

第三节　模型设定与数据处理

一、指标选择与模型设定

经济增长的影响因素很多，而且有大量文献研究了资本积累、技术进步、人力资本、制度变迁对经济增长的影响，研究大企业规模对经济增长影响的文献并不多见，本章借鉴 Keun Lee 等（2013）的模型检验中国大企业规模对经济增长之间的影响，修正后的模型如下：

$$Y_{it} = \alpha + \beta_1 Sale_{it} + \beta_2 Contral_{it} + \rho_{it} \qquad (5-1)$$

其中，i 表示省份，t 表示时间，Y_{it} 表示 i 省份 t 年的人均 GDP 增长率，$Sale_{it}$ 表示 i 省份 t 时期中国企业 500 强的营业收入，表示大企业规模，以对数形式表示，$Contral_{it}$ 表示 i 省份 t 时期的投资率（以可比价格计算）、人口增长率、开放度、创新能力、通货膨胀率、中小企业数量、各省人均 GDP、人均收入、人力资本（以在校高中生数计算）等变量，ρ_{it} 表示误差项。指标与变量定义如表 5-1 所示。

表 5-1　　　　　　　　　　　　变量含义与说明

变量	定　义	度量指标及说明
grow	人均 GDP 增长率	以 2000 年可比价计算
sale	500 强企业营业收入	各省区市全国 500 入围企业营业收入之和，取对数
popu	人口变化率	各省区市年人口自然增长率，取对数
inves	资本投资率	投资率 = 固定资产/GDP，以 2000 年可比价计算，取对数

续表

变量	定　义	度量指标及说明
inco	人均收入	各省区市年人均收入，取对数
infl	通货膨胀率	各省区市年 CPI 指数
cgdp	各省人均 GDP	取对数，以 2000 年可比价计算
open	各省开放度	各省区市开放度，取对数
pate	区域创新能力	各省区市专利授权量，取对数
smes	中小企业数量	各省区市中小企业数量，取对数
ssgdp	平方项	各省区市年 500 强收入占 GDP 的比重平方项，取对数
snum	500 强企业数量平方项	各省区市年 500 强企业数量平方，取对数
sgdp	500 强收入占 GDP 的比重	各省区市 500 强企业收入占 GDP 的比重，取对数
huma	在校中学生数量	各省区市在校中学生数量，取对数

二、数据来源与处理

本章大企业样本取自中国 500 强企业，数据来源于中国企业联合会企业 500 强数据库、中国统计年鉴、中国科技统计年鉴和中国经济信息网统计数据库。本章选取的变量中用地区人均 GDP 增长率作为被解释变量，人均 GDP 数据来源于中国统计年鉴中各省区市的人均 GDP 数据，2012 年的数据来源于中国经济信息网统计数据库，各省区市的中国企业 500 强企业营业收入为关键解释变量，投资比率、中学生入学率、中小企业数、区域开放度、区域创新能力等指标为控制变量。各省区市内中国企业 500 强的企业数量根据企业的核心业务所在地确定，企业的营业收入是所在地区中国企业 500 强企业营业收入之和。另外，在数据处理过程中根据 500 强企业分布，对于部分省区市 500 企业数据的特殊性也给予了分类处理。

三、参数估计方法

影响经济增长的因素很多，而且往往具有内生性问题和变量遗漏问题，大多文献为了解决内生性问题，采用动态面板数据方法，对于传统的面板数据方法而言，采用固定效应与随机效应模型仍然可能得到有偏的结果，而传统的工具变量方法对于动态面板模型并非有效的方法。有鉴于此，本章主要采用目前普遍用于动态面板数据模型估计方法，即系统广义矩估计（system-GMM）方法来进行参数估计。

Arellano 和 Bond（1991）在动态面板模型中采用了差分广义矩估计的方法（DI-GMM）解决变量的内生性问题，即用解释变量水平值的滞后变量作为工具变量。但是，滞后变量无法解决被解释变量与内生变量之间的随机游走现象，差分广义无法解决弱工具变量的问题。为了解决以上现象，Blundell 和 Bond（1998）提出并建议采用系统广义矩方法（SYS-GMM）。SYS-GMM 在估计有效性与一致性方面得到了很大改进，在估计效率方面也得到了很大提高，系统广义矩可以从变量的变化中选取适当的工具变量，可以在不引入外部工具变量的情况下也可以得到有效的估计结果，这也是系统广义矩方法被广泛采用的优势所在。即便如此，在使用系统广义矩方法估计时还是对工具变量的有效性进行把握，必要时使用 Hansen 检验对工具变量是否存在过度识别问题进行检验，此外，还要对权重矩阵进行选择，根据不同的权重矩阵可以选择一步法（one-step）和两步法（two-step），对于一步估计方法而言两步估计法是渐近有效的。内生性问题在经济增长影响因素研究中是非常重要的，本章通过系统广义矩方法估计参数，同时也采用传统估计方法进行参数估计并与之比较。

第四节 检验结果与分析

一、整体回归结果与分析

根据以上模型与数据采用固定效应模型和系统广义矩方法进行回归，结果如表 5 - 2 所示。为了消除 500 强企业在不同地区分布差异造成的影响，我们把样本分成 4 组进行计量回归，每一组都分别采用固定效应模型与动态系统广义矩进行回归分析。第 1 组包含 31 个省区市，回归结果见模型 1 和模型 2；第 2 组不包含北京，共 30 个省区市，回归结果见模型 3 和模型 4；第 3 组不包含西藏、宁夏、青海，共 28 个省区市，回归结果见模型 5 和模型 6；第 4 组不包含北京、西藏、宁夏、青海，共 27 个省区市，回归结果见模型 7 和模型 8。从回归结果来看，500 强企业规模的系数均为负，而且都通过了 1%

水平的显著性检验，说明大企业规模与经济增长呈负相关。模型1、模型3、模型5、模型7为固定效应模型计量结果，是从静态角度反映500强企业规模与地区经济增长的关系，从结果来看，地区的企业发展与地区经济增长之间可能存在内生关系，由于用固定效应模型可能会产生有偏估计，为了防止内生性影响，模型2、模型4、模型6、模型8采用动态系统广义矩（system-GMM）回归分析，在system-GMM回归中采用滞后一期作为工具变量，从结果可以看出，在消除内生性影响后的500强企业规模弹性远大于固定效应。这种情况的可能解释是一个地区经济快速增长会激发大企业快速投资实现资本的迅速积累，大企业通过兼并实现财富集聚性规模扩大而不是创新发展，而这种投资会快速向不发达地区流动，从而抑制经济发达地区经济增长，拉动不发达地区经济增长，从而产生经济收敛效应。模型1～模型8的投资率系数为正且大部分通过5%以下水平检验，这证明大企业通过集聚性扩张实现规模增长速度远大于创新增长速度，这可能是一种大企业组织惯性而产生的"大企业陷阱"。

表5－2　　　　　　　　　　　整体回归结果

变量	全国所有省区市 (31)		不包括北京 (30)		不包括西藏、宁夏、青海 (28)		不包括北京、西藏、宁夏、青海 (27)	
	模型1	模型2	模型3	模型4	模型5	模型6	模型7	模型8
sale	-0.271 ***	-1.828 ***	-0.324 ***	-1.938 ***	-0.0688 ***	-1.123 ***	-0.120 ***	-1.169 ***
	(-3.54)	(-4.32)	(-3.65)	(-4.43)	(-4.10)	(-5.24)	(-4.18)	(-3.43)
popu	-0.277	-0.246	-0.234	-0.220	-0.207	-0.400	-0.162	-0.536
	(-1.60)	(-0.17)	(-1.28)	(-0.15)	(-1.09)	(-0.29)	(-0.81)	(-0.36)
inve	4.536 ***	6.562	4.609 ***	5.010	4.940 ***	6.508	5.073 ***	5.093
	(4.64)	(0.93)	(4.60)	(0.66)	(4.67)	(1.05)	(4.68)	(0.79)
inco	-8.434 **	-8.588	-8.527 **	-6.402	-9.444 **	-7.273	-9.419 *	-4.446
	(-3.11)	(-1.05)	(-2.88)	(-0.41)	(-2.89)	(-0.55)	(-2.56)	(-0.38)
infl	0.171 ***	0.154	0.183 ***	0.178	0.152 **	0.151	0.164 **	0.172
	(3.82)	(0.84)	(4.09)	(0.54)	(3.04)	(1.23)	(3.31)	(0.80)
cgdp	1.506	3.110	1.469	1.513	1.838	1.317	1.676	0.172
	(0.60)	(0.37)	(0.56)	(0.12)	(0.62)	(0.10)	(0.53)	(0.02)

续表

变量	全国所有省区市（31）		不包括北京（30）		不包括西藏、宁夏、青海（28）		不包括北京、西藏、宁夏、青海（27）	
	模型1	模型2	模型3	模型4	模型5	模型6	模型7	模型8
open	0.368 (0.67)	1.333 (0.54)	0.400 (0.73)	0.762 (0.16)	0.852 (1.26)	1.916 (0.81)	0.917 (1.34)	1.167 (0.23)
pate	−0.0968 (−0.22)	−0.412 (−0.12)	−0.0882 (−0.20)	−0.0260 (−0.01)	−0.190 (−0.35)	−0.695 (−0.32)	−0.223 (−0.41)	−0.908 (−0.44)
smes	1.198* (2.50)	1.028 (0.49)	1.300** (2.63)	1.370 (0.39)	1.090 (1.92)	1.110 (0.55)	1.253* (2.13)	1.260 (0.38)
sgdp	0.225 (0.27)	2.666 (0.28)	0.311 (0.38)	2.836 (0.42)	−0.162 (−0.17)	1.427 (0.21)	−0.0874 (−0.09)	1.431 (0.33)
huma	2.357* (2.21)	1.139 (0.13)	2.249* (2.05)	1.833 (0.17)	2.227 (1.91)	1.563 (0.21)	2.046 (1.69)	1.685 (0.12)
L. grow		0.270 (0.31)		0.240 (0.23)		0.218 (0.55)		0.262 (0.26)
cons	18.70 (1.76)	11.68 (0.11)	19.86 (1.83)	1.827 (0.01)	23.70 (1.88)	9.671 (0.10)	25.20 (1.92)	0.347 (0.00)
估计方法	fe	系统gmm	fe	系统gmm	fe	系统gmm	fe	系统gmm
R^2-within	0.2622	—	0.2461	—	0.2783	—	0.2632	—
R^2-betweeen	0.2627	—	0.1856	—	0.3347	—	0.1949	—
AR (1)	—	−0.85625	—	−0.59935	—	1.2983	—	−0.57093
(P)		(0.392)		(0.549)		(0.1943)		(0.5681)
AR (2)	—	−1.3944	—	−1.78	—	1.4027	—	−1.8202
(P)		(0.1633)		(0.0752)		(0.1608)		(0.0688)
样本容量	341	341	330	330	308	308	297	297

注: t statistics in parentheses, * p < 0.05, ** p < 0.01, *** p < 0.001。

二、分步回归结果与分析

通过表5-2的整体回归分析之后，我们根据本章设定的模型采用动态系统广义矩（system-GMM）分步依次添加控制变量的方法对各个变量进行实证分析以考察500强企业分布与规模对区域经济增长的影响，在分步回归过程中，样本为 27 个省区市，不包括北京、西藏、宁夏、青海，结果如表 5 - 3 所示。根据表 5 - 3 报告的模型 1 ~ 模型 9 结果可知，在依次添加变量后，500 强企业规模的系数均为负且都通过了显著性检验，与表 5 - 2 中报告的结果一致，说明结果是稳健的。首先从滞后一期人均 GDP 增长率、人口变化率、投资率和人力资本 4 个基本控制变量对模型 1 进行分析，其符号与表 5 - 2 一致。对模型 2 ~ 模型 5 依次加入了人均收入、通货膨胀率、人均 GDP、区域开放程度，从报告结果显示 500 强企业的系数为负，区域开放程度系数为正且通过了 1% 的检验，说明开放对区域经济发展具有明显的促进作用。在模型 6 ~ 模型 9 中依次加入区域创新能力、中小企业数量、大企业与 GDP 的比率和大企业与 GDP 比率的平方项，结果表明 500 强企业规模系数仍然为负，模型 9 中平方项的系数为负，这从另一角度验证了大企业规模与其创新动力呈倒 "U" 型特征（高良谋、李宇，2009），也进一步证明了有条件的 "大企业陷阱" 的存在。

表 5 - 3　　　　　　　　　GMM 分步回归结果（1）

变量	模型 1	模型 2	模型 3	模型 4	模型 5	模型 6	模型 7	模型 8	模型 9
sales	-0.693 *** (-3.40)	0.0742 *** (4.33)	-0.0117 ** (-3.06)	-0.110 *** (-4.49)	-0.215 *** (-3.95)	-0.230 ** (-3.03)	-0.292 *** (-5.28)	-0.482 *** (-4.70)	-0.589 *** (-5.67)
L. grow	0.467 *** (7.49)	0.346 *** (5.70)	0.213 ** (3.19)	0.325 *** (4.82)	0.299 *** (4.43)	0.280 *** (4.20)	0.316 *** (4.61)	0.315 *** (4.59)	0.318 *** (4.58)
popu	-0.193 (-0.96)	-0.148 (-0.80)	-0.178 (-1.05)	-0.203 (-1.09)	-0.235 (-1.26)	-0.265 (-1.43)	-0.328 (-1.72)	-0.325 (-1.71)	-0.327 (-1.71)
inve	0.484 (0.56)	3.410 *** (3.41)	4.317 *** (4.50)	4.052 *** (3.96)	6.188 *** (5.45)	6.314 *** (5.63)	6.529 *** (5.73)	6.501 *** (5.71)	6.501 *** (5.71)
huma	1.569 (1.68)	2.625 ** (2.99)	2.693 *** (3.31)	2.050 * (2.42)	1.454 (1.70)	1.199 (1.37)	0.750 (0.83)	0.807 (0.88)	0.814 (0.89)
inco	—	-5.411 *** (-6.21)	-6.073 *** (-7.35)	-9.950 *** (-4.42)	-10.27 *** (-4.57)	-8.807 *** (-3.53)	-8.564 *** (-3.39)	-8.590 *** (-3.40)	-8.621 *** (-3.40)
infl	—	—	0.158 *** (3.67)	0.116 ** (2.60)	0.0970 * (2.16)	0.0982 * (2.20)	0.129 ** (2.74)	0.131 ** (2.75)	0.132 ** (2.74)
cgdp	—	—	—	3.574 * (1.99)	2.401 (1.32)	2.686 (1.48)	1.284 (0.66)	1.503 (0.74)	1.621 (0.76)

续表

变量	模型 1	模型 2	模型 3	模型 4	模型 5	模型 6	模型 7	模型 8	模型 9
open	—	—	—	—	2.172 *** (4.30)	2.456 *** (4.49)	2.166 *** (3.86)	2.102 *** (3.56)	2.076 *** (3.46)
pate	—	—	—	—	—	−0.858 (−1.31)	−0.611 (−0.92)	−0.589 (−0.89)	−0.568 (−0.84)
smes	—	—	—	—	—	—	1.295 * (2.31)	1.295 * (2.30)	1.311 * (2.30)
sgdp	—	—	—	—	—	—	—	0.290 (0.29)	2.619 (0.22)
ssgdp	—	—	—	—	—	—	—	—	−1.061 (−0.19)
cons	−6.462 (−0.59)	10.14 (0.98)	13.81 (1.43)	25.10 * (2.38)	33.30 ** (3.12)	21.83 (1.61)	27.42 * (1.98)	25.50 (1.64)	24.45 (1.48)
N	297	297	297	297	297	297	297	297	297
估计方法	GMM	GMM	GMM	GMM	GMM	GMM	GMM	GMM	GMM

注: t statistics in parentheses, * $p < 0.05$, ** $p < 0.01$, *** $p < 0.001$。

为了进一步探讨在发达经济条件下是否存在"大企业陷阱",我们选择较为发达而且中国500强企业分布数量较多和规模较大的9个省市,即北京、天津、河北、辽宁、上海、江苏、浙江、山东、广东的样本数据进行分布回归实证分析。实证结果如表5-4和表5-5所示,表5-4是采用面板数据固定效应模型分步回归的结果,表5-5是采用动态系统广义矩方法分步回归的结果,从表5-4和表5-5的报告结果来看,500强企业的规模变量系数为负而且大部分通过了1%的显著性检验,只有模型5通过10%的显著性检验,模型4没有通过显著性检验但是其系数为负,由此说明在发达地区大企业的规模并没有我们想象的那样促进了地区经济增长,反而对抑制了区域经济增长,这也验证了Kathy(2008)在对44个中等以上收入100强稳定大企业的规模与经济增长呈相关的结论。由此进一步说明在发达的经济体中存在"大企业陷阱"现象。另外,模型1~模型9显示投资率的系数为正,除了模型1和模型2都通过了5%水平的检验,而且控制变量的逐步增加弹性也增大,这也说明地区经济增长具有明显的投资拉动效应。

表 5 - 4　　　　　　　　　　固定效应分步回归结果（2）

变量	模型 1	模型 2	模型 3	模型 4	模型 5	模型 6	模型 7	模型 8	模型 9
sale	-2. 461 ***	-2. 612 ***	-4. 414 ***	-3. 612	-7. 956 *	-7. 079 ***	-6. 707 ***	-6. 687 ***	-6. 165 ***
	(-3. 60)	(-5. 07)	(-7. 59)	(-1. 17)	(-2. 39)	(-5. 94)	(-4. 79)	(-3. 77)	(-4. 50)
popu	-0. 985 **	-0. 518	-0. 252	-0. 118	-0. 103	-0. 163	-0. 199	-0. 197	-0. 189
	(-3. 06)	(-1. 70)	(-0. 94)	(-0. 45)	(-0. 41)	(-0. 60)	(-0. 72)	(-0. 70)	(-0. 67)
inve	1. 306	2. 370	3. 882 **	3. 972 **	4. 435 ***	4. 812 ***	4. 557 **	4. 536 **	4. 688 **
	(0. 69)	(1. 53)	(2. 92)	(3. 09)	(3. 64)	(3. 50)	(3. 11)	(3. 04)	(3. 05)
huma	—	0. 880	1. 549	1. 979	2. 425	1. 882	1. 902	1. 880	1. 803
		(0. 51)	(1. 08)	(1. 32)	(1. 74)	(1. 13)	(1. 13)	(1. 08)	(1. 01)
sgdp	—	—	5. 728 ***	4. 766	8. 828 *	7. 470	7. 275	7. 243	21. 72
			(4. 56)	(1. 37)	(2. 45)	(1. 75)	(1. 68)	(1. 67)	(0. 52)
inco	—	—	—	-1. 236	5. 420	4. 015	4. 356	4. 273	3. 415
				(-0. 24)	(1. 00)	(0. 68)	(0. 72)	(0. 70)	(0. 51)
infl	—	—	—	—	0. 200 *	0. 163	0. 158	0. 158	0. 153
					(2. 51)	(1. 60)	(1. 54)	(1. 53)	(1. 45)
open	—	—	—	—	—	1. 157	1. 034	1. 062	1. 246
						(0. 60)	(0. 53)	(0. 54)	(0. 62)
pate	—	—	—	—	—	—	-0. 412	-0. 417	-0. 418
							(-0. 53)	(-0. 53)	(-0. 53)
smes	—	—	—	—	—	—	0. 0941	0. 0885	
							(0. 12)	(0. 11)	
ssgdp	—	—	—	—	—	—	—	—	-7. 361
									(-0. 35)
cons	32. 63 ***	16. 14	-7. 394	-5. 346	-55. 41	-43. 08	-45. 85	-45. 75	-41. 84
	(10. 14)	(1. 26)	(-0. 62)	(-0. 16)	(-1. 54)	(-1. 09)	(-1. 15)	(-1. 12)	(-0. 98)
R^2-within	0. 2426	0. 3374	0. 4902	0. 5152	0. 5610	0. 5630	0. 5626	0. 5650	0. 5695
R^2-between	0. 2562	0. 6167	0. 0493	0. 0050	0. 1076	0. 0938	0. 1012	0. 0980	0. 1062
N	99	99	99	99	99	99	99	99	99
估计方法	FE	FE	FE	FE	FE	FE	FE	FE	FE

注：t statistics in parentheses，* $p < 0. 05$，** $p < 0. 01$，*** $p < 0. 001$。

为了控制内生性问题，用动态系统广义矩进行分步回归分析，采用人均GDP增长率滞后一期作为工具变量，回归结果如表5-5所示。根据表5-5的报告，500强企业规模系数为负，而且都通过了显著性检验，模型1~模型4与表5-4的报告结果一致，投资变量系数为正，说明对区域经济增长有积极作用，人力资本、初始人均收入、人均GDP变量的系数符号与前面一致，模型5~模型9开放度对地区经济增长有积极作用，进一步说明在开放地区外向型经济拉动效应，地区的创新能力变量系数为负也表明了大企业陷入熊彼特破坏性创造"陷阱"。

表5-5　　　　　　　　　　GMM分步回归结果（3）

变量	模型1	模型2	模型3	模型4	模型5	模型6	模型7	模型8	模型9
sale	-1.632*** (-6.25)	-0.202*** (-4.39)	-0.203*** (-4.38)	-0.187*** (-5.34)	-1.110*** (-5.02)	-1.121*** (-4.06)	-0.99*** (-4.55)	-0.135*** (-5.05)	-0.492*** (-6.18)
L.grow	0.430*** (6.05)	0.358*** (4.96)	0.355*** (4.42)	0.402*** (4.60)	0.130 (1.26)	0.0637 (0.60)	0.0696 (0.64)	0.0808 (0.72)	0.0826 (0.73)
popu	-0.436** (-2.75)	-0.288 (-1.81)	-0.290 (-1.80)	-0.511* (-2.22)	-0.163 (-0.70)	-0.192 (-0.83)	-0.242 (-0.91)	-0.283 (-1.00)	-0.286 (-1.01)
inve	1.191 (1.04)	1.894 (1.71)	1.896 (1.66)	2.006 (1.74)	5.549*** (4.11)	5.259*** (3.90)	5.176*** (3.76)	5.301*** (3.75)	5.489*** (3.54)
huma	0.182 (0.28)	0.536 (0.85)	0.535 (0.83)	0.421 (0.64)	1.737* (2.50)	2.109** (2.93)	1.900* (2.07)	1.320 (0.86)	1.156 (0.70)
inco	—	-3.685** (-3.14)	-3.700** (-3.13)	2.015 (0.45)	-1.684 (-0.39)	-0.330 (-0.08)	-0.0960 (-0.02)	-1.918 (-0.33)	-2.735 (-0.42)
infl	—	—	0.00782 (0.11)	0.0164 (0.22)	0.0371 (0.52)	0.0426 (0.60)	0.0477 (0.66)	0.0183 (0.19)	0.0149 (0.15)
cgdp	—	—	—	-4.842 (-1.32)	-3.217 (-0.92)	-0.941 (-0.26)	-1.449 (-0.37)	-1.299 (-0.33)	-1.001 (-0.25)
open	—	—	—	—	4.364*** (4.49)	4.760*** (4.85)	4.656*** (4.50)	5.117*** (3.56)	5.355*** (3.38)
pate	—	—	—	—	—	-1.933 (-1.83)	-1.977 (-1.91)	-2.022 (-1.93)	-2.060* (-2.00)

续表

变量	模型 1	模型 2	模型 3	模型 4	模型 5	模型 6	模型 7	模型 8	模型 9
smes	—	—	—	—	—	—	0.319 (0.39)	0.311 (0.37)	0.316 (0.38)
sgdp	—	—	—	—	—	—	—	−1.172 (−0.47)	12.14 (0.30)
ssgdp	—	—	—	—	—	—	—	—	−6.791 (−0.33)
cons	15.72 * (2.15)	31.09 *** (3.62)	31.27 *** (3.48)	26.83 ** (2.81)	5.738 (0.56)	−27.32 (−1.31)	−24.81 (−1.10)	−8.458 (−0.21)	−5.499 (−0.13)
N	99	99	99	99	99	99	99	99	99
估计方法	GMM	GMM	GMM	GMM	GMM	GMM	GMM	GMM	GMM

注：t statistics in parentheses，* p < 0.05，** p < 0.01，*** p < 0.001。

三、稳健性检验

为了进一步巩固实证结果，我们对以上结果进行稳健性检验。对本章设计的模型用 31 个省区市的观测值用面板数据随机效应模型进行回归分析，回归结果如表 5 - 6 所示，从结果看 500 强企业规模的参数符号与表 5 - 2 ~ 表 5 - 5 的结果一致，但是由于没有考虑地区之间的制度与创新等方面异质性，没有考虑内生性，500 强企业规模变量的系数显著性明显降低，模型 1、模型 2 和模型 5 仅仅通过了 10% 的显著性水平检验，只有模型 3 通过了 1% 水平的显著性检验。由此说明本章设计的模型与方法是稳健的，能较好地解释变量关系。

表 5 - 6　　　　　　　　　　随机效应回归结果

变量	模型 1	模型 2	模型 3	模型 4	模型 5
sale	−0.186 * (−2.16)	−0.211 * (−2.02)	−0.373 *** (−4.11)	−0.294 ** (−3.00)	−0.247 * (−2.25)
popu	−0.331 *** (−4.32)	−0.280 *** (−3.63)	−0.266 *** (−3.96)	−0.291 *** (−4.28)	−0.325 *** (−4.60)

续表

变量	模型 1	模型 2	模型 3	模型 4	模型 5
inve	3.095 *** (6.31)	3.286 *** (6.48)	3.101 *** (6.71)	2.838 *** (5.89)	3.211 *** (5.90)
huma	—	—	1.121 *** (5.00)	1.482 *** (5.15)	1.367 *** (4.17)
infl	0.186 *** (5.06)	—	—		—
cgdp					−0.499 (−1.24)
smes	—	0.266 (1.22)		−0.510 * (−2.03)	−0.391 (−1.43)
cons	1.615 (0.78)	−1.028 (−0.37)	−11.63 *** (−3.61)	−11.44 *** (−3.55)	−7.674 (−1.63)
N	372	372	372	372	372
R^2-within	= 0.2280	0.1821	0.2331	0.2524	0.2710
R^2-between	0.2883	0.3391	0.5241	0.5249	0.4968
估计方法	RE	RE	RE	RE	RE

注: t statistics in parentheses, $* p < 0.05$, $** p < 0.01$, $*** p < 0.001$。

第五节 研究结论

本章以 500 强企业样本研究中国大企业规模对经济增长的影响，研究发现大企业规模对地区经济增长具有消极作用，这与大企业发展应该有利于经济增长的经验性常识完全相反。对本章的研究结果可能有两种可能的解释：第一，大企业对经济增长存在收敛的效应，对于一个区域或者一个经济体而言，大企业对其经济发展肯定是非常重要的，大企业通过其产品与生产网络实现技术溢出，促进大企业数量较少而且经济较为落后地区较快发展。一个地区大企业的产生过程中是对区域内生产要素的快速集聚过程，即大企业生产过程中通过企业网络对区域内的生产要素重新配置，在企业内部进行投资，产生投资效应，这种投资在相对落后地区产生的效果会更加明显。第二，大企业市场垄断产生的技术锁定而导致的"大企业陷阱"。大企业在发展初期为了快速地占领市场和扩大自己的产品范围会投入大量的人力物力进行创新，以便在技术上领先，这时企业进入快速发展期，当企业成为某区域或某产品领域垄断者时凭借垄断势力获得垄断利润便进入稳定发展阶段，企业创新的动力就会减小，在组织结构上也会变得臃肿而失去活力，形成技术与产品锁定，当大企业规模达到一定的阈值后效率反而下降，对区域经济的增长产生消极影响。本章是基于中国企业 500 强样本在中国转型经济背景下的初步研究，在中国转型背景下大企业对区域经济增长的影响是复杂的，内在的机理与规律有待进一步探索，如大企业行业分布、大企业的产权结构等对地区经济增长的影响等。

第六章　中国大型企业绩效的
经济效应

本章以全国31个省区市（不包括港、澳、台）的大型企业作为研究对象，研究大型企业绩效及其变化与区域经济增长之间的相互关系。合理选择解释变量，构建绩效变量和经济增长变量之间的计量检验分析模型，利用2003～2012年31个省区市大型企业的财务数据，借助Stata 11.0软件分析样本企业绩效变化与经济增长的关系。研究表明，产权比率、总资产周转率与GDP增长率呈现一定程度的负相关，销售增长率与GDP增长率呈现正相关，净资产收益率、应收账款周转率、总资产增长率等变量与GDP增长率未能通过显著性检验。在分析基础上提出改善大企业绩效促进区域经济增长。

第一节　引　言

一、研究背景

我国目前处在社会主义市场经济建设的重要时期。市场经济主体有很多，如家庭、政府、组织等，但是企业是市场经济中最活跃的主体，企业也处在转型的重要时期。在这个时期中市场对企业提出了更高的要求：一是企业要想在激烈的市场中更好的发展就必须寻找到一条适合自己发展的道路；二是企业必须关注自身的可持续发展。这就要求企业准确、完整地对企业财务指标进行评价，可以使企业发现自身的优势、劣势、机遇和风险，并有助于管理者从中汲取教训、总结经验，为它们决策提供依据。本章主要从五个方面阐述了大型企业绩效变化对经济增长的影响，分别是偿债状况、盈利状况、营运状况、发展状况以及绩效指标均值与 GDP 增长率。同时借鉴了国内外优秀研究成果，对上述问题进行分析，并作出总结。

二、研究意义

本章的研究目的是通过 Stata 11 软件建模，对大型企业绩效指标与经济增长之间的关系进行具体分析，并通过两种模型十二个指标来分析绩效指标对经济增长的影响，在此基础上，不断完善大型企业的内部结构，提高企业的财务指标，加快企业的经济发展，优化企业的财务结构，并促进我国经济的持续、健康发展。

本章通过对大型企业绩效与经济增长关系的计量分析研究，弥补对企业绩效变化与经济增长关系研究的空缺，更重要的是有助于企业认识到自身的优势、劣势、机遇和风险，为企业的内部和外部使用者提供有用的信息，使使用者更加了解到企业生产经营状况和货币资金使用状况，提高企业的绩效指标，这对企业的进一步发展具有重要的意义。

三、方法与内容

本章采用的主要研究方法有：（1）文献研究法。文献资料的主要来源是相关馆藏资源和网上数据库，如中国经济和社会发展数据库、中国知网、国家统计局、万方数据库以及新浪等。通过对这些资料进行查阅、选取和整理，以此作为研究的基础和论证的依据。（2）比较分析法，本章中将全国大型企业各个种类的绩效变化进行差异分析。（3）数据模型法，通过搜集全国大型企业各个种类的绩效变化对经济增长的相关数据，作出相关模型，相互比较，得到两者之间的差别，以便发现问题、提出建议。

本章包括五个部分：第一，引言，主要描述的是研究背景、研究目的、研究意义、研究内容以及研究方法；第二，相关的理论文献，主要是大型企业与绩效相关的国内外理论总结，同时也汇总国内外的相关文献；第三，我国大型企业的发展现状，主要是对我国大型企业的地区分布状况和行业分布状况进行具体分析；第四，计量分析，主要是以 31 个省区市的大型企业为研究对象，选择合适的样本数据，确定衡量企业绩效与经济增长的指标变量，对所选择的样本企业的绩效变化和经济增长之间的关系进行全面深入的描述性统计分析；第五，计量回归分析，主要是选择自变量和因变量，构建绩效变量和经济增长变量之间的计量回归分析模型对理论分析进行计量检验，并提出相应的政策建议。

第二节　相关文献回顾

Lbeas（1995）认为"绩效"是对企业执行其经营目标最客观、最公正的评价。杨国彬（2001）认为企业的绩效评价，是对企业某个时点财务状况和一定经营期间的经营成果，进行客观、公正、及时的评价。我国财政部提出了关于绩效较为全面的概念，即经过一定经营期间的努力，企业所达到的经营效益水平和经营者所实现的业绩。

本章主要从以下 5 个方面进行分析：偿债能力、盈利能力、营运能力、后续发展能力以及绩效指标对 GDP 增长率的影响。偿债能力可以用流动比率、产权比率来衡量；盈利能力可以用净资产收益率、销售增长率等来衡量；营运能力可以用应收账款周转率、总资产周转率等来衡量；后续发展能力可以用总资产增长率来衡量。

Russel Smyth（2000）在比较日本和韩国的情况之后，利用 1980～1997 年中国工业产出数据，讨论了大型企业发展对中国发展的促进作用，提出了大型企业发展对我国经济发展的重要意义。Xian feng Huang, Ping Li 和 Richard Lotspeich（2010）认为，为了预防在农村劳动力向城市转移过程中导致的大规模失业状况，大型企业对我国经济发展起了重要的作用，采用我国各省区市的数据，1992～1997 年和 1998～2007 年两阶段，阐述了大型企业发展对我国经济增长的影响。姚洋、章奇（2001）从我国全国 39 个行业中抽取了 37769 个样本企业，采取多元化回归分析的方法，得出研究的结论是，大企业对经济增长的促进作用要大于中型企业和小型企业，说明大企业拥有高素质人才、较先进的生产设备、更快获取资金的能力、较强的竞争力，并且大型企业拥有高素质管理人才，其管理水平也较高，因而大型企业对整个经济发展的贡献也就更大。邵雷（2007）指出，大型企业是经济增长的最基础、最重要的经济组织，是经济增长的关键力量。

第三节　大企业分布与绩效

一、大企业地区分布

由于大型企业的概念范围很广泛，因此我们很难对大型企业的概念进行很明确的界定。通常大企业的"大"是指其规模巨大、人数多、销售额大。本章从从业人数、销售额、资产总额三个方面入手，对大企业的含义与范围进行说明。钱得勒（2004）将"大型企业，特别是大型工业企业看作经济增长的核心部门"。衡量大型企业的标准有很多，但是最主要的有销售收入、利润、资产、负债、所有者权益等。其中，销售收入是最为重要的衡量指标。2003 年 5 月，国家统计局发布公告对大型工业企业做了明确的规定：大型工业企业是指从业人数在 2000 人及以上，销售额在 30000 万元及以上，资产总额在 10000 万元及以上。

从表 6-1 可以看出，我国大型企业的地区分布呈现这样的特点：大部分大型企业分布在珠三角、长三角以及山东半岛等经济较发达地区。从东西方向看，超过 1/3 集中在广东、江苏和山东等地，然而西北内陆地区占的比重非常小，广西、内蒙古以及西藏大型企业所占比重不到 4%。从南北方向看，超过 36% 集中在江苏、浙江、广东等地，然而北方地区所占的比重非常小，北京、天津、辽宁等地区所占比重不到 6%。大型企业地区分布不均衡暴露出我国各省区市经济发展的不均衡，西北大开发以及东部带动西部战略尚未得到充分的发挥。

表 6-1　　　　　　　　　我国大型企业地区分布状况

分布地区	企业单位数	分布地区	企业单位数
北京	776	福建	3393
天津	993	江西	1759
河北	2183	山东	5349
山西	1184	河南	4070
内蒙古	840	广西	1350
辽宁	2208	湖南	2082

分布地区	企业单位数	分布地区	企业单位数
吉林	666	广东	10450
黑龙江	638	湖北	2014
上海	1822	青海	121
江苏	7128	重庆	1171
浙江	5240	四川	2767
安徽	1656	贵州	578
云南	830	西藏	12
陕西	921		

二、大企业行业分布

从表6-2可以看出，我国大型企业的种类很多，但总的概括起来主要是制造业、采矿业、娱乐业、零售业等。其中制造业所属的单位最多，表中显示行业所占的比重比较均衡，这表明我国并不拘泥于传统的制造业，新兴产业开始崛起。但是从表6-2中也可以发现，开采业所占比重不是很大，所以政府应鼓励开采业的发展。

表6-2   我国大型企业行业分布情况

行　业	单位数	行　业	单位数
煤炭开采和洗选业	2280	水的生产和供应业	329
黑色金属矿采选业	443	化学原料和化学制品业	3218
有色金属矿采选业	445	医药制造业	1465
非金属矿采选业	294	化学纤维制造业	301
开采辅助活动	49	橡胶和塑料制品业	2241
其他采矿业	5	黑金属矿冶炼和压延业	1776
农副食品加工业	2765	有色金属冶炼和压延业	1211
食品制造业	1494	金属制品业	2419
酒、饮料和制茶业	1010	通用设备制造业	3101
烟草制品业	91	专用设备制造业	2266
纺织业	3780	汽车制造业	2593
纺织服装、服饰业	4001	非金属矿物制品业	4110
皮革、毛皮及其制鞋业	2369	铁路、船舶和其他运输业	1121

行　　业	单位数	行　　业	单位数
家具制造业	914	电气机械和器材制造业	4202
造纸和纸制品业	1035	计算机和其他电子设备	4676
印刷和复制业	600	仪器仪表制造业	833
文教、体育和娱乐用品	1629	其他制造业	330
金属制品和设备修理业	130	废弃资源综合利用业	101
燃气生产和供应业	181	电力、热力生产和供应	1954

三、大企业绩效

本章借鉴前人研究成果，结合我国大型企业的实际，分别从大型企业的偿债能力、盈利能力、营运能力、后续发展能力等四个方面选取财务指标对我国大型企业的经营绩效进行分析。

表 6-3　　　　　　　　　各个变量的计算公式

偿债能力变量	流动比率	流动资产÷流动负债
	产权比率	负债总额÷所有者权益总额×100
盈利能力变量	销售增长率	本年主营业务收入增长额÷上年主营业务收入总额×100
	净资产收益率	净利润÷平均净资产×100
营运能力变量	应收账款周转率	期末销售收入净额÷平均应收账款
	总资产周转率	期末销售收入÷平均资产总额
发展能力变量	总资产增长率	（期末总资产－期初总资产）÷期初总资产×100

（一）偿债能力分析

1. 流动比率描述性分析

流动比率是流动资产除以流动负债的比率，这个指标是用来衡量企业短期偿债能力的。通常流动比率越高，说明企业资产的变现能力越强，短期偿债能力越强；反之则弱。求得流动比率的方法和步骤：首先，折算 2002～2012 年各省区市大型企业工业生产者出厂价格指数数据，以 2002 年各省区市大型企业工业生产者出厂价格指数为基数，然后求得环比工业生产者出厂价格指数。其次，折算 2002～2012 年各省区市大型企业流动资产、流动负债数据，原始流动资产、流动负债除以每年的工业生产者出厂价格指数。再次，计算 2003~2012 年各省区市大型企业流动比率。最后，计算 2003~2012 年各省区市每年流动比率的最大值、最小值、均值、标准差，使用函数计算。

由表 6－4、图 6－1 可发现 31 个省区市的流动比率平均值在 97%~104% 之间波动，波动不大。然而，流动比率的标准值是 2，所以各个省区市短期偿债能力相对较弱。我们还可以发现：流动比率在 2 个省份间存在较大差距，流动比率最高的省份是海南省，其比例高达 130%，流动比率最低的省份是青海省，其比例只有 75%。海南省流动比率大有两个原因：一是流动资产中货币资金、应收账款较大；二是流动负债较小，占负债的比率低。青海省流动比率较低有两个原因：一是流动负债规模大，特别是短期借款、应付账款规模大；二是流动资产中的货币资金、应收账款小。

表 6－4 各省区市大型企业流动比率数据

年份	数量	最大值	最小值	均值	标准差
2003	30	1.30	0.81	1.03	0.11
2004	30	1.24	0.79	1.00	0.1
2005	30	1.24	0.81	0.99	0.11
2006	30	1.24	0.85	1.00	0.1
2007	30	1.22	0.82	0.99	0.09
2008	30	1.14	0.85	0.98	0.09
2009	30	1.18	0.75	0.97	0.12
2010	30	1.24	0.84	1.03	0.1
2011	30	1.26	0.89	1.04	0.1
2012	30	1.29	0.79	1.02	0.12

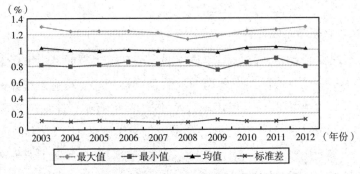

图 6－1 流动比率的折线图

2. 产权比率描述性分析

产权比率是衡量企业长期偿债能力最重要的指标之一。求得产权比率的方法和步骤：首先，折算 2002 ~ 2012 年各省区市大型企业工业生产者出厂价格指数数据，以 2002 年各省区市大型企业工业生产者出厂价格指数为基数，然后求得环比工业生产者出厂价格指数。其次，折算 2002 ~ 2012 各省区市大型企业负债总额、所有者权益总额数据，原始负债总额、所有者权益总额除以每年的工业生产者出厂价格指数。再次，计算 2003 ~ 2012 各省区市大型企业的产权比率。最后，计算 2003 ~ 2012 年各省区市每年产权比率的最大值、最小值、均值、标准差，使用函数进行计算。

如表 6 - 5、图 6 - 2 所示，产权比率的均值在 141% ~ 154% 之间，十年的产权比率接近正常值 1，稍偏高，财务结构相对较稳定。三年产权比率的标准差都在 40% 以下，说明各省区市产权比率之间差距不大，其中产权比率最高的是青海省，其比率高达 257%，究其原因可能是青海省大型企业负债资金过多而自有资金过少。产权比率最低的是北京市，其比率是 42%，究其原因可能是北京市的大型企业负债资金过少而自有资金过多。

表 6 – 5　　　　　　　　　各省区市大型企业产权比率数据

年份	数量	最大值	最小值	均值	标准差
2003	30	229.99	91.48	148.70	32.52
2004	30	257.03	41.78	148.42	39.04
2005	30	222.03	47.38	147.37	36.40
2006	30	218.36	54.21	144.59	33.70
2007	30	204.58	57.64	141.30	27.99
2008	30	205.10	84.80	144.55	28.19
2009	30	211.30	96.37	152.66	28.85
2010	30	190.63	90.26	148.47	26.86
2011	30	205.97	97.22	150.64	25.20
2012	30	225.25	100.48	154.03	29.84

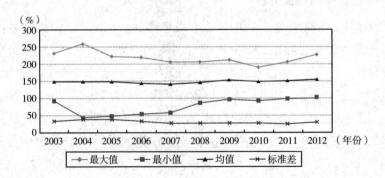

图 6 - 2　产权比率的折线图

（二）盈利能力分析

1. 销售增长率描述性分析

销售增长率是衡量盈利能力重要指标之一。求得销售增长率的方法和步骤：首先，折算 2002 ~ 2012 年各省区市大型企业工业生产者出厂价格指数数据，以 2002 年各省区市大型企业工业生产者出厂价格指数为基数，然后求得环比工业生产者出厂价格指数。其次，折算 2002 ~ 2012 年各省区市大型企业主营业务收入增长额数据，原始主营业务收入增长额、本年主营业务收入除以每年的工业生产者出厂价格指数。再次，计算 2003 ~ 2012 年各省区市大型企业的销售增长率。最后，计算 2003 ~ 2012 年各省区市每年销售增长率的最大值、最小值、均值、标准差，使用函数进行计算。

如表 6 - 6、图 6 - 3 所示，销售增长率的均值在 112% ~ 141% 之间，十年间的销售增长率都接近正常值 1 且稍高。2003 ~ 2012 年十年间销售增长率的标准差都在 30% 以下，说明各个省区市整体的差距不大，然而，从局部来看，销售增长率最大的是浙江省，比率高达 120%，说明浙江省大型企业本年销售收入有所增长而且增长速度快，企业的发展前景好。增长率最低的是青海省 – 2.99%，说明产品销售不畅，市场份额萎缩，青海省大型企业应该提高产品质量和拓宽产品的销售渠道，争取市场更大的份额。

表6-6 各省区市大型企业的销售增长率

年份	数量	最大值	最小值	均值	标准差
2003	30	120.20	8.13	37.63	23.14
2004	30	59.40	7.40	25.58	10.22
2005	30	36.94	5.57	18.68	6.95
2006	30	40.48	11.22	22.11	6.03
2007	30	73.32	4.58	22.84	11.07
2008	30	29.27	3.65	13.51	6.61
2009	30	26.01	0.12	13.37	6.63
2010	30	34.89	5.63	23.35	7.28
2011	30	44.53	-2.99	19.59	10.46
2012	30	30.83	-1.14	12.60	7.68

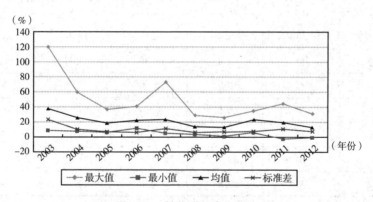

图6-3 销售增长率折线图

2. 净资产收益率描述性分析

净资产收益率是衡量盈利能力又一个重要性指标。求得净资产收益率的方法和步骤：首先，折算2002～2012年各省区市大型企业工业生产者出厂价格指数数据，以2002年各省区市大型企业工业生产者出厂价格指数为基数，然后求得环比工业生产者出厂价格指数。其次，折算2002～2012年各省区市大型企业净利润、平均净资产数据，原始净利润、平均净资产除以每年的工业生产者出厂价格指数。再次，计算2003～2012年各省区市大型企业的净资产收益率。最后，计算2003～2012年各省区市每年净资产收益率的最大值、最小值、均值、标准差，使用函数进行计算。

　　表6-7、图6-4表明，大型企业2003~2012年一方面，净资产收益率的均值在波动中整体呈现上升趋势，其中状态最好的应属2011年，净资产收益率达到10年来的最好状态，净资产收益率十年来维持在15%左右，表明公司的盈利能力中等。另一方面，深入观察各省区市大型企业的财务数据可知，盈利能力指标在各省区市间存在较大差距：净资产收益率最高的是黑龙江省，净资产收益率最低的是甘肃省，其间的绝对差额到达50%，这说明甘肃省大型企业的投资报酬率低，不善于利用闲置资金。

表6-7　　　　　　　　各省区市大型企业的净资产收益率数据

年份	数量	最大值	最小值	均值	标准差
2003	30	30. 61	2. 79	9. 79	5. 50
2004	30	36. 76	4. 08	11. 98	6. 22
2005	31	48. 21	2. 21	12. 99	9. 13
2006	30	54. 48	4. 88	15. 36	10. 34
2007	30	49. 45	5. 56	17. 53	8. 73
2008	30	50. 90	2. 10	14. 06	9. 34
2009	30	26. 62	6. 14	14. 15	4. 66
2010	30	28. 69	7. 43	18. 15	5. 14
2011	30	29. 99	7. 26	18. 30	5. 67
2012	30	29. 54	7. 20	16. 14	5. 46

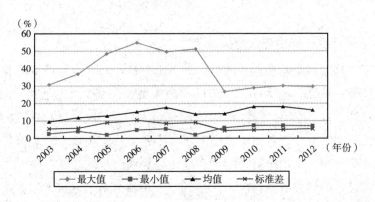

图6-4　净资产收益率折线图

（三）营运能力分析

1. 应收账款周转率描述性分析

应收债款周转率是衡量营运能力的重要指标之一。求得应收账款周转率的方法和步骤：首先，折算 2002～2012 年各省区市大型企业工业生产者出厂价格指数数据，以 2002 年各省区市大型企业工业生产者出厂价格指数为基数，求得环比工业生产者出厂价格指数。其次，折算 2002～2012 各省区市大型企业主营业务收入、平均应收账款数据，原始主营业务收入、平均应收账款除以每年的工业生产者出厂价格指数。再次，计算 2003～2012 年各省区市大型企业的应收账款周转率。最后，计算 2003～2012 年各省区市每年应收账款周转率的最大值、最小值、均值、标准差，使用函数进行计算。

应收账款周转率越高表明企业收款越迅速，越可节约营运资金、减少坏账损失、可减少收账费用、提高资产流动性。表 6-8、图 6-5 显示，30 个省区市大型企业在 2003～2012 年十年来应收账款周转率的均值都远高于标准值 3，表明 30 个省区市大型企业在经营过程中，建立了完善的制度，提高了应收账款的回收速度。应收账款收回后，职工的工资得以正常发放，也有利于刺激消费，促进经济发展。

表 6-8　　　　　各省区市大型企业的应收账款周转率的数据

年份	数量	最大值	最小值	均值	标准差
2003	30	13.88	3.47	8.54	2.23
2004	30	15.82	6.80	10.52	2.44
2005	30	19.75	8.06	11.79	2.96
2006	30	23.30	8.17	12.93	3.56
2007	30	23.03	8.31	13.77	3.81
2008	30	21.90	8.42	14.15	3.79
2009	30	21.83	8.01	13.89	3.92
2010	30	21.98	8.28	14.27	4.04
2011	30	24.90	8.20	14.99	4.54
2012	30	26.32	7.03	14.15	4.78

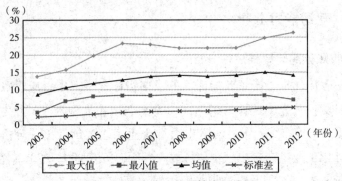

图 6 – 5　应收账款周转率折线图

2. 总资产周转率描述性分析

总资产周转率是衡量营运能力的又一重要指标。求得总资产周转率的方法和步骤：首先，折算 2002 ~ 2012 年各省区市大型企业工业生产者出厂价格指数数据，以 2002 年各省区市大型企业工业生产者出厂价格指数为基数，求得环比工业生产者出厂价格指数。其次，折算 2002 ~ 2012 年各省区市大型企业主营业务收入、平均资产总额数据，原始主营业务收入、平均资产总额除以每年的工业生产者出厂价格指数。再次，计算 2003 ~ 2012 年各省区市大型企业总资产周转率。最后，计算 2003 ~ 2012 年各省区市每年总资产周转率的最大值、最小值、均值、标准差，使用函数进行计算。

如表 6 – 9、图 6 – 6 显示，大型企业 2003 ~ 2012 年十年间总资产周转率的最小值、最大值和平均值都呈现上升的趋势，特别是总资产周转率的均值大部分高于 0.8 这一标准值，说明各省区市大型企业的资产利用率有所上升。总资产周转率最大的是江西省的大型企业，其值达 1.72；总资产周转率最低的是青海省的大型企业，其值为 0.32。究其原因可能是青海省大型企业总资产中固定资产占比重大而流动资产占比中小，所以企业应采取措施提高各项资产的利用效率。

表 6 – 9　　　　　　　各省区市大型企业的总资产周转率数据

年份	数量	最大值	最小值	均值	标准差
2003	30	1.33	0.32	0.73	0.24
2004	30	1.37	0.36	0.81	0.23
2005	30	1.41	0.41	0.87	0.25
2006	30	1.45	0.51	0.93	0.25

续表

年份	数量	最大值	最小值	均值	标准差
2007	30	1.44	0.50	0.99	0.25
2008	30	1.42	0.51	0.98	0.25
2009	30	1.33	0.49	0.94	0.24
2010	30	1.37	0.52	0.99	0.26
2011	30	1.56	0.51	1.06	0.29
2012	30	1.72	0.51	1.05	0.30

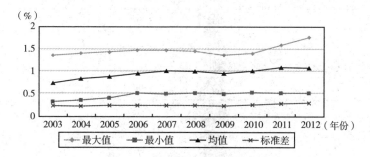

图 6－6　总资产周转率折线图

（四）发展能力分析

1. 总资产增长率描述性分析

总资产增长率是衡量发展能力的一个重要指标。求得总资产增长率的方法和步骤：首先，折算 2002～2012 年各省区市大型企业工业生产者出厂价格指数数据，以 2002 年各省区市大型企业工业生产者出厂价格指数为基数，求得环比工业生产者出厂价格指数。其次，折算 2002～2012 各省区市大型企业总资产增长额、本年资产总额数据，原始资产增长额、本年资产总额除以每年的工业生产者出厂价格指数。再次，计算 2003～2012 各省区市大型企业总资产增长率。最后，计算 2003～2012 年各省区市每年总资产增长率的最大值、最小值、均值、标准差，使用函数进行计算。

从表 6－11、图 6－7 的数据可以看出，2003～2012 年十年间，大型企业的总资产增长率从 2003 年的 13.99% 上升到 2012 年的 15.78%，总体上总资产增长率呈上升的趋势，这表明大型企业的发展速度较快，经营情况可以展望，具有较大的发展潜力。

表 6-10　　　　　　　　各省区市大型企业总资产增长率数据

年份	数量	最大值	最小值	均值	标准差
2003	30	76.12	−17	13.99	16.47
2004	30	152.40	−6.47	14.90	27.92
2005	30	59.32	−4.83	12.21	11.39
2006	30	29.01	2.12	14.70	6.55
2007	30	25.14	4.58	16.09	5.20
2008	30	21.84	−0.37	12.01	5.33
2009	30	46.08	3.56	23.38	8.19
2010	30	26.91	−2.51	13.62	7.13
2011	30	22.45	−12.20	10.77	7.27
2012	30	40.60	1.98	15.78	6.90

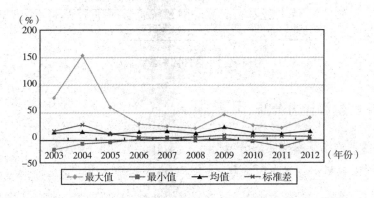

图 6-7　总资产增长率折线图

四、绩效指标均值与 GDP 均值关联性描述

首先，将 2003~2012 年十年间各省区市大型企业的 GDP 增长率进行折算。其次，计算 GDP 增长率的均值。最后，将 7 个指标的均值和 GDP 增长率均值整合到一张表中。

表 6-11、图 6-8 表明，6 个指标均值与 GDP 增长率的均值变化幅度不大。产权比率均值整体上呈现上升的趋势，但是 GDP 增长率呈现下降的趋势，说明产权比率指标与 GDP 增长率呈现负相关关系。销售增长率整体呈现下降趋势，说明企业产品市场占有率在下降，产品销售前景不好。这也就导

致了 GDP 增长率的下降，销售增长率与 GDP 增长率呈现正相关关系。总资产周转率整体呈现上升的趋势，然而 GDP 增长率呈现下降的趋势，说明总资产周转率与 GDP 增长率呈负相关。流动比率、净资产收益率、应收账款周转率、总资产增长率变化幅度不大，所以流动比率、净资产收益率、应收账款周转率、总资产增长率与 GDP 增长率的相关程度不强。

表 6 − 11　　　　　　　　　　绩效指标均值与 GDP 均值

年份	流动比率均值	产权比率均值	销售增长率均值	净资产收益率均值	应收账款周转率均值	总资产周转率均值	总资产增长率均值	GDP 增长率均值
2003	1.03	148.70	37.63	9.79	8.54	0.73	13.99	1.26
2004	1.00	148.42	25.58	11.98	10.52	0.81	14.90	1.26
2005	0.99	147.37	18.68	12.99	11.79	0.87	12.21	− 0.30
2006	1.00	144.59	22.11	15.36	12.93	0.93	14.70	0.67
2007	0.99	141.30	22.84	17.53	13.77	0.99	16.09	1.06
2008	0.98	144.55	13.51	14.06	14.15	0.98	12.01	− 2.20
2009	0.97	152.66	13.37	14.15	13.89	0.94	23.38	− 0.44
2010	1.03	148.47	23.35	18.15	14.27	0.99	13.62	1.65
2011	1.04	150.64	19.59	18.30	14.99	1.06	10.77	− 1.04
2012	1.02	154.03	12.60	16.14	14.15	1.05	15.78	− 1.54

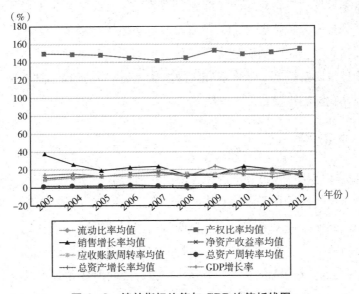

图 6 − 8　绩效指标均值与 GDP 均值折线图

第四节　计量检验与分析

一、样本选取

为研究大型企业绩效变化与经济增长两者之间相互关系，本章以全国 31 个省区市（不包括港、澳、台）的大型企业作为研究对象。样本数据选自 2003~2012 年的《中国统计年鉴》和中国统计局、中国经济和社会发展数据库、新浪等网站上下载的全国各地的大型企业年度数据。

因为选择样本期时要注意同一样本期内的数据具有一定的稳定性，为保证样本期不能太长也不能太短。在有限样本条件下，样本容量越小，误差就越严重，这就需要样本容量要有多个自变量，这样通过软件计算时才不至于产生误差。经综合考量后，选择的样本期为 2003~2012 年，这样才能使样本容量满足统计软件计算要求。研究所需的数据均来源于《中国统计年鉴》和中国统计局、中国商务部、中国经济和社会发展数据库等公布大型企业相关资料数据的网站。所有数据的整理统计分析借助 Excel 软件和 Stata11 软件。

本章的第四节选取了我国 31 个省区市大型企业的财务数据，借助 Excel 软件的数据处理功能，对我国大型企业绩效变化对经济增长进行了全面系统的描述性分析，分析结果揭示了我国大型企业绩效与经济增长状况，但还没有具体反映大型企业的绩效变化与经济增长之间的关系。在描述性分析基础上，建立计量回归模型，深入研究绩效变化究竟如何影响经济增长、怎样才能确定提高我国经济增长的企业绩效。

二、变量选择

本部分通过计量回归分析研究我国大型企业绩效与经济增长之间的关系。从国际上通用的指标并从我国大型企业实际综合考虑，最终选择 GDP 增长率为经济增长的评价指标来作为被解释变量。本部分选取了流动比率、产权比率、销售增长率、净资产收益率、应收账款周转率、总资产周转率、总资产增长率、社会消费品零售总额、工业增加值、经营所在地出口总额、经营所在地进口总额以及居民消费水平十二个变量作为解释变量来解释公司绩效。

三、模型设计

本部分研究的根本目的在于验证我国大型企业绩效与经济增长的相关性，来构建我国经济增长率和公司绩效变量之间的计量回归模型如下：

$$Y = a_0 + a_1 x_1 + a_2 x_2 + a_3 x_3 + a_4 x_4 + a_5 x_5 + a_6 x_6 + a_7 x_7$$
$$+ a_8 x_8 + a_9 x_9 + a_{10}x_{10} + a_{11}x_{11} + a_{12}x_{12} + c \quad (6-1)$$

其中，Y 表示 GDP 增长率，x_1 表示流动比率，x_2 表示产权比率，x_3 表示净资产收益率，x_4 表示销售增长率，x_5 表示应收账款周转率，x_6 表示总资产周转率，x_7 表示总资产增长率，x_8 表示社会消费品零售总额，x_9 表示工业增加值，x_{10} 表示经营所在地出口总额，x_{11} 表示经营所在地进口总额，x_{12} 表示居民消费水平；a_1、a_2 表示自变量系数，c 表示残差量，如表 6-12 所示。

表 6-12		各个变量的计算方法
Y	GDP 增长率	本年 GDP 指数 - 上一年 GDP 指数
x_1	流动比率	流动资产 ÷ 流动负债
x_2	产权比率	所有者权益 ÷ 负债总额
x_3	净资产收益率	净利润 ÷ 平均净资产
x_4	销售增长率	（本年销售收入 - 上一年销售收入）÷ 上一年销售收入
x_5	应收账款周转率	销售收入 ÷ 平均应收账款
x_6	总资产周转率	销售收入 ÷ 平均总资产
x_7	总资产增长率	（本年资产总额 - 上一年资产总额）÷ 上一年资产总额

第五节 计量结果与分析

一、固定效应

取各省区市大型企业 2003～2012 年的流动比率、产权比率、销售增长率、净资产收益率、应收账款周转率、总资产周转率、总资产增长率、社会消费品零售总额、工业增加值、经营所在地出口总额、经营所在地进口总额以及居民消费水平导入 Stata11 软件分析得到下列结果，如表 6-13 所示。

表 6 - 13　　　　　　　　　　固定效应回归模型

GDP 增长率	模型一	模型二	模型三	模型四
流动比率	0.6069 (0.552)	1.3217 (0.183)	0.6820 (0.224)	—
产权比率	- 1.4120 (0.013) **	- 0.9211 (0.085) *	—	- 1.2750 (0.008) ***
净资产收益率	0.1795 (0.463)	0.1502 (0.528)	—	—
销售增长率	0.4327 (0.000) ***	0.3561 (0.000) ***	0.3581 (0.000) ***	0.4194 (0.000) ***
应收账款周转率	0.1642 (0.780)	0.4999 (0.372)	- 0.1870 (0.302)	—
总资产周转率	- 1.9827 (0.041) **	- 1.7565 (0.024) **	—	- 1.6848 (0.006) ***
总资产增长率	0.009 (0.862)	0.0071 (0.893)	- 0.0045 (0.923)	0.0079 (0.879)
社会消费品零售总额	- 1.0536 (0.237)	—	- 0.0745 (0.325)	—
工业增加值	- 0.5324 (0.473)	—	0.0244 (0.774)	—
经营所在地出口额	- 0.3542 (0.406)	—	—	- 0.5189 (0.179)
经营所在地进口额	0.5143 (0.344)	—	—	0.9882 (0.029) **
居民消费水平	4.3082 (0.021) **	—	—	—
C（常数）	- 23.2357 (0.020)	1.2788 (0.708)	- 0.6202 (0.319)	- 3.4264 (0.491)
R^2_within	0.1680	0.1314	0.0928	0.1385
R^2_between	0.0379	0.0011	0.3437	0.0011
R^2_overall	0.0117	0.0495	0.1019	0.0213

注：* 、** 、*** 分别表示 10%、5%、1% 上显著。

从表 6-13 可以看出，在模型一中把流动比率、产权比率、销售增长率、净资产收益率、应收账款周转率、总资产周转率、总资产增长率、社会消费品零售总额、工业增加值、经营所在地出口总额、经营所在地进口总额以及居民消费水平一并考虑对 GDP 增长率的影响，其中流动比率的 P 值大于 0.1 即没有通过 10% 的显著性检验，所以流动比率与 GDP 增长率关系不明显。产权比率的 P 值小于 0.1 即通过 10% 的显著性检验，说明这个变量对 GDP 增长率有影响且呈负相关，即产权比率每增加 1% 则 GDP 增长率会减少 1.4120。主要原因是企业产权比率增加说明企业长期偿债能力越弱，企业财务风险越大，可能存在流动性风险，企业资金周转困难，资金周转困难就不会促进经济的增长。销售增长率的 P 值小于 0.1 即通过 10% 的检验，说明这个变量对 GDP 增长率有影响且呈正相关，即销售增长率每增加 1% 则 GDP 增长率会增加 0.4327。主要原因是销售增长率高就意味着企业产品市场占有率高，市场前景好，对经济增长有促进作用，所以经济会增长。总资产周转率的 P 值小于 0.1 即通过 10% 的显著检验，说明这个变量对 GDP 增长率有影响且呈负相关，即总资产周转率每增加 1% 则 GDP 增长率会减少 1.9827。居民消费水平 P 值小于 0.1 即通过 10% 的显著检验，说明这个变量对 GDP 增长率有影响且呈正相关，即居民消费水平每增加 0.1 则 GDP 增长率会增加 4.3082。主要原因是居民消费水平对 GDP 增长的作用，居民消费是国民收入的一部分，两者之间相关的关系，所以可以通过居民消费水平来拉动变量的发生。其余 8 个变量 P 值大于 0.1 及没有通过 10% 的显著检验，所以其余 8 个变量与 GDP 增长率的关系不强。

而在模型二中，即把流动比率、产权比率、销售增长率、净资产收益率、应收账款周转率、总资产周转率、总资产增长率组合考虑与 GDP 增长率的关系。其中产权比率、总资产周转率通过了 10% 的显著性检验，说明这两个变量对 GDP 增长率有影响且呈负相关，即产权比率每增加 1% 则 GDP 增长率会减少 0.9211，总资产周转率每增加 1% 则 GDP 增长率会减少 1.7565。主要原因是企业产权比率增加说明企业长期偿债能力越弱，企业财务风险越大，可能存在流动性风险，企业资金周转难，资金周转困难就不会促进经济的增长。销售增长率的 P 值小于 0.1 即通过 10% 的检验，说明这个变量对 GDP 增长率有影响且呈正相关，即销售增长率每增加 1% 则 GDP 增长率会增加 0.3561。其余 4 个变量的 P 值大于 10% 即没有通过显著检验，所以其余 4 个变量与 GDP 增长率的相关性不大。同时我们可以发现，在模型一中增加了 5 个变量后销售增长率的变量系数的绝对值变大，这表明增加了 5 个变量后销售增长率对于 GDP 增长率的影响更加显著。

在模型三中，是将流动比率、销售增长率、应收账款周转率、总资产增长率、工业增加值、社会消费品零售总额进行组合与 GDP 增长率进行分析。其中销售增长率的 P 值小于 0.1 即通过 10% 的检验，说明这个变量对 GDP 增长率有影响且呈正相关，即销售增长率每增加 1% 则 GDP 增长率会增加 0.3581。流动比率、应收账款周转率、总资产增长率、社会消费品零售总额、工业增加值比例无论怎么重组，P 值都大于 0.1，未能通过 10% 的显著性检验。同时我们可以发现，在模型一中增加了 6 个变量后销售增长率的变量系数的绝对值变大，这表明增加了 6 个变量后销售增长率对于 GDP 增长率的影响更加显著。

在模型四中，是直接将产权比率、销售增长率、总资产周转率、总资产增长率、经营所在地出口总额、经营所在地进口总额与 GDP 增长率进行分析，销售增长率的 P 值小于 0.1 即通过 10% 的检验，说明这个变量对 GDP 增长率有影响且呈正相关，即销售增长率每增加 1% 则 GDP 增长率会增加 0.4194。产权比率、总资产周转率的 P 值依然小于 0.1，通过了显著性检验，即产权比率每增加 1% 则 GDP 增长率会减少 1.2750。总资产周转率每增加 1% 则 GDP 增长率会减少 1.6848。经营所在地进口总额的 P 值小于 1% 通过了显著检验，说明这个变量对 GDP 增长率有影响且呈正相关，即经营所在地进口额每增加 1% 则 GDP 增长率会增加 0.9882。主要原因是进口能够填补国内供给空缺，劳动耗费较多的产品促使资源重新分配，从而在增加民间投资和消费的同时，获得两者所带来的差额利润，带动整体经济的持续繁荣。而总资产增率、经营所在地出口的 P 值大于 1%，因此总资产增长率、经营所在地出口额与 GDP 增长率相关性不大。同时我们可以发现，在模型一中增加了 6 个变量后销售增长率的变量系数的绝对值变大，这表明增加了 6 个变量后销售增长率对于 GDP 增长率的影响更加显著。

综上所述，利用 2003 ~ 2012 年十年的财务数据分别重组进行相关回归分析，产权比率、总资产周转率与 GDP 增长率呈现一定程度的负相关，销售增长率与 GDP 增长率呈正相关，但是净资产收益率、应收账款周转率、总资产增长率等变量与 GDP 增长率未能通过 10% 的显著性检验，表明在全样本中净资产收益率、应收账款周转率、总资产增长率对 GDP 增长率没有很强的关系。

二、GMM 分析

取样本公司 2003~2012 的 12 个指标导入 Stata11 软件分析得到如图 6-14 所示的结果。

表 6-14   GMM 回归模型

GDP 增长率	模型一	模型二	模型三	模型四
流动比率	2.5558 (0.106)	2.2255 (0.143)	1.2519 (0.175) ***	—
产权比率	-1.9640 (0.036) **	-2.2034 (0.015) **	—	-2.6231 (0.002) ***
净资产收益率	-0.6060 (0.071) *	0.5265 (0.116)		
销售增长率	0.4189 (0.000) ***	0.4374 (0.000) ***	0.4100 (0.000) ***	0.5287 (0.000) ***
应收账周转率	0.7181 (0.536)	-0.2374 (0.826)	-0.1220 (0.774)	—
总资产周转率	-3.7552 (0.026) **	-2.7487 (0.046) **	—	-3.1091 (0.004) ***
总资产增长率	0.0533 (0.484)	0.0144 (0.852)	-0.0139 (0.794)	0.02698 (0.719)
社会消费品零售总额	-2.011 (0.162)	—	0.5177 (0.302)	—
工业增加值	-1.5837 (0.265)	—	-0.6017 (0.343)	—
经营所在地出口总额	-0.7092 (0.291)	—	—	-0.7359 (0.231)
经营所在地进口额	1.5020 (0.060) *	—	—	1.4093 (0.037) **
居民消费水平	4.1839 (0.159)	—	—	—
C（常数）	-18.1588 (0.2932)	8.1746 (0.176)	-0.6008 (0.841)	0.7178 (0.928)

注：* 、** 、*** 分别表示在 10%、5%、1% 上显著。

从表 6-14 可以看出，在模型一中把流动比率、产权比率、销售增长率、净资产收益率、应收账款周转率、总资产周转率、总资产增长率、社会消费品零售总额、工业增加值、经营所在地出口总额、经营所在地进口总额以及居民消费水平一并考虑对 GDP 增长率的影响，其中流动比率的 P 值大于 0.1 即没有通过 10% 的显著性检验，说明流动比率与经济增长率关系不强。产权比率的 P 值小于 0.1 即通过 10% 的显著性检验，说明这个变量对 GDP 增长率有影响且呈负相关，即产权比率每增加 1% 则 GDP 增长率会减少 1.9640。销售增长率的 P 值小于 0.1 即通过 10% 的检验，说明这个变量对 GDP 增长率有影响且呈正相关，即销售增长率每增加 1% 则 GDP 增长率会增加 0.4189。总资产周转率的 P 值小于 0.1 即通过 10% 的显著检验，说明这个变量对 GDP 增长率有影响的且呈负相关，即总资产周转率每增加 1% 则 GDP 增长率会减少 3.7552。经营所在地进口额的 P 值小于 0.1 即通过 10% 的显著检验，说明这个变量对 GDP 增长率有影响且呈正相关，即经营所在地进口额每增加 1% 则 GDP 增长率会增加 1.5020。应收账款周转率、总资产增长率、社会消费品零售总额、工业增加值、经营所在地出口额以及居民消费水平 P 值大于 0.1 即没有通过 10% 的显著检验，所以这些变量与 GDP 增长率的关系不强。

而在模型二中，把流动比率、销售增长率、应收账款周转率、总资产增长率、工业增加值、社会消费品零售总额一并组合考虑与 GDP 增长率的关系。其中产权比率、总资产周转率通过了 10% 的显著性检验，说明这两个变量对 GDP 增长率有影响且呈负相关，即产权比率每增加 1% 则 GDP 增长率会减少 2.2034。总资产周转率每增加 1% 则 GDP 增长率会减少 2.7487。销售增长率的 P 值小于 0.1 即通过 10% 的检验，说明这个变量对 GDP 增长率有影响且呈正相关，即销售增长率每增加 1% 则 GDP 增长率会增加 0.4374。流动比率、净资产收益率、应收账款周转率、总资产增长率的 P 值大于 10% 即没有通过显著检验，所以说这 4 个变量与 GDP 增长率的相关性不大。同时我们可以发现，在模型一中增加了 5 个变量后销售增长率的变量系数的绝对值变小，这表明增加了 5 个变量后销售增长率对于 GDP 增长率的影响更加不明显。

在模型三中，把流动比率、销售增长率、应收账款周转率、总资产增长率、工业增加值、社会消费品零售总额一并进行组合与 GDP 增长率进行分析。其中销售增长率的 P 值小于 0.1 即通过 10% 的检验，说明这个变量对 GDP 增长率有影响且呈正相关，即销售增长率每增加 1% 则 GDP 增长率会增加0.4100。流动比率、应收账款周转率、总资产增长率、社会消费品零售总额、工业增加值比例无论怎么重组，P值都大于0.1，未能通过10%的显著性检验。同时我们可以发现，在模型一中增加了6个变量后销售增长率的变量系数的绝对值变大，这表明增加了6个变量后销售增长率对于GDP增长率的影响更加显著。

在模型四中，把产权比率、销售增长率、总资产周转率、总资产增长率、经营所在地出口总额、经营所在地进口总额一并进行组合与GDP增长率进行分析，产权比率、总资产周转率的P值依然小于0.1，通过了显著性检验，即产权比率每增加1%则GDP增长率会减少2.6231，总资产周转率每增加1%则GDP增长率会减少3.1091。经营所在地进口总额的P值小于1%通过了显著检验，说明这个变量对GDP增长率有影响且呈正相关，即经营所在地进口额每增加1%则GDP增长率会增加1.40923。销售增长率的P值小于0.1即通过10%的检验，说明这个变量对GDP增长率有影响且呈正相关，即销售增长率每增加1%则GDP增长率会增加0.5287。而经营所在地出口额、总资产增率的P值大于10%，所以说总资产增长率与GDP增长率相关性不大。同时我们可以发现，在模型一中增加了6个变量后销售增长率的变量系数的绝对值变小，这表明增加了6个变量后销售增长率对于GDP增长率的影响更加不明显。

综上所述，利用2003~2012年十年间的财务数据分别重组进行相关回归分析，即产权比率、总资产周转率与GDP增长率呈一定程度的负相关，销售增长率与GDP增长率呈正相关。但是净资产收益率、应收账款周转率、总资产增长率等变量与GDP增长率未能通过10%的显著性检验，表明在全样本中净资产收益率、应收账款周转率、总资产增长率对GDP增长率没有很强的关系。

第六节 结论与建议

通过对我国31个省区市大型企业绩效对经济增长的影响分析发现，我国各省区市大型企业绩效之间存在差距，每个行业之间绩效存在差距。例如，东部沿海城市发达地区长期偿债能力强，而西部地区长期偿债能力较弱。同时还发现我国大型企业的盈利能力中等偏下，在不同公司间存在较大的差距，主要表现在公司的净资产收益率整体偏低，只有 2010 年达到公认的 10% 的一般水平。销售增长率极差很大，部分公司的销售增长率甚至为负值。而应收账款周转率达到标准水平，公司的应收账款周转速度较快，主要是因为债务人付款及时。产权比率与 GDP 增长率之间存在着一定的负相关关系。主要原因是企业产权比率增加说明企业长期偿债能力越弱，企业财务风险越大，可能存在流动性风险，企业资金周转困难，资金周转困难就不会促进经济的增长。经营所在地进口额与 GDP 增长率呈现正相关关系。主要原因是进口能够填补国内供给空缺，劳动耗费较多的产品促使资源重新分配，从而在增加民间投资和消费的同时，获得两者所带来的差额利润，带动整体经济的持续繁荣。居民消费水平与 GDP 增长率呈正相关关系，主要原因是居民消费水平对 GDP 增长的作用，居民消费是国民收入的一部分，两者之间相关的关系可以通过居民消费水平来拉动变量的发生。流动比率、总资产增长率、社会消费品零售总额等因素对 GDP 增长率的影响不大。因此我国大型企业在加快发展步伐的同时，更应该注意本企业的产权比率、总资产周转率、居民消费水平、经营所在地进口额努力提高本单位的绩效指标，从而改变现状，为我国经济发展提供便利。

第七章 中国服务业企业绩效的经济效应

我国正处在建设社会主义市场经济体系的关键时期，现代产业体系处在不断完善进程中，产业结构也在不断优化，服务业在国民经济中的比重逐步提升，对区域发展差异影响越来越大。本章选取了服务业四个行业 31 个省区市的财务数据，借助 Excel 软件的数据处理功能，对服务业企业经营绩效和经济增长进行了全面系统的描述性分析，分析结果揭示了服务业经营绩效状况、服务业经营绩效和经济增长之间的关系。在描述性分析基础上，建立计量回归模型，深入研究服务业经营绩效究竟如何影响经济增长的问题。研究表明，服务业企业总资产增长率、销售增长率与 GDP 增长率呈现一定程度的正相关；服务业不同行业对区域经济增长存在差异；不同区域的服务业对地区增长影响不同。

第一节 引　言

一、研究背景

随着经济发展水平的不断提高，服务业在国民经济中所占份额不断增加，并发挥着越来越重要的作用。2000 年全球服务业增加值占 GDP 比重 63%，主要发达国家占了 71%。近年来，中国经济快速腾飞，2013 年经济总量位居世界第二。但由于经济发展过程中产业结构不合理，大量燃烧煤、石油等化石能源，造成了全国大范围的雾霾现象。这一现象启示我们，在未来中国经济的发展过程中，亟须大力发展服务业，促进产业结构优化升级，转变经济发展方式。正如《国家关于加快发展服务业若干意见》中强调的，要积极发展服务业，到 2020 年，我国服务业增长值将占到国内生产总值的 50% 以上。通过发展服务业来实现国家和地区的经济增长的途径越来越受到人们的重视。人们迫切地想了解服务业企业绩效变化会对经济增长产生怎样的影响？本章在借鉴国内外优秀研究成果的基础上，运用现代经济学常用的研究方法，建立相关模型，对上述问题进行分析，并提出相关的优化建议。

二、研究目的

本章研究目的在于通过对服务业企业绩效变化与经济增长之间的关联性进行计量分析，并对服务业下属的不同行业、地区的绩效与经济增长之间的关系进行差异对比分析，分析服务业企业绩效指标的变化及其对经济增长的影响，在此基础上，不断完善服务企业的内部结构，提高其经营业绩，加快转变经济发展方式，优化产业结构，促进国民经济健康发展。

本章通过对服务业企业绩效与经济增长关系的计量分析研究，弥补对服务业企业绩效变化与经济增长关系研究的空缺，同时也有助于服务业企业认识到自身的优劣势，为决策者提供有效的信息，这对国内所有企业的发展都具有重要的现实意义。

三、内容与方法

本章以 1999 ~ 2013 年的服务业企业为研究对象，运用 Stata 11 统计软件对服务业企业绩效变化对经济增长的影响进行实证研究。本章包括五个部分：第一节为引言；第二节为相关的理论概述，是服务业与绩效相关的国内外理论总结；第三节为我国服务业的发展现状，主要分析服务业企业的行业和地区的分布状况；第四节为样本数据的描述性分析，主要是以 31 个省区市的服务业企业为研究对象，选择合适的样本公司，确定衡量企业绩效与经济增长的指标变量，最后对所选择的样本企业的绩效变化和经济增长之间的关系进行全面深入的描述性统计分析。第五节为计量回归分析；构建绩效变量和经济增长变量之间的计量回归分析模型，利用 1999 ~ 2013 年 31 个省区市服务业企业的财务数据，借助 Stata 11 软件对样本省份绩效变化与经济增长的关系进行计量回归分析。

第二节 相关概念与文献

一、服务业概述

截至目前，国内外学术界对"服务"的定义仍是众说纷纭，没有形成统一的定义。巴蒂斯特·萨伊（1963）认为，无形产品（服务）也是人类的劳动成果，劳动、资本和土地都为其提供了"服务"。谢尔普（1981）认为服务是不可触、不可见和不可存的，具有暂时性，且生产者与消费者之间必须直接接触。陶纪明（2007）在总结西方已有文献的基础上，重新定义了"服务"的含义。他认为服务满足的是消费者的个性化需求，而商品满足的则是消费者的共性需求。服务要求供需双方的共同参与，但并不强调同时同地，也不要求服务是无形的，且其效用要通过"事后检验"才能确定。综上所述，服务的定义可以认为，服务是存在于供需双方之间，并通过活动来体现其使用价值。服务的概念包括以下三个要点：第一，服务是一种具有使用价值的无形产品；第二，服务反映了不同主体间所存在的经济利益关系；第三，服务是运动形态的客观使用价值，一般表现为动态。

由于服务业与服务内涵紧密相关，对服务内涵的争议一定会影响对服务业的研究。因此，迄今为止，服务业在概念和内涵上都没有形成一个能被公众普遍接受的定义。

英国经济学家费雪（1935）在《安全与进步的冲突》一书中首次提出了对产业经济学和国民经济核算理论具有重大影响的"三次产业"理论，用于国民经济产业结构的划分。他认为第三产业泛指旅游、娱乐、文化、艺术、教育、科学和政府活动等以提供非物质性产品为主的部门。柯林·克拉克（1951）在《经济进步的条件》中，把国民经济分成第一产业、第二产业和第三产业。并用三次产业分类法来统计经济指标。按照排他法，他认为不属于第一产业也不属于第二产业的部门则为服务业。随后丹尼尔斯又按照排他法，将服务业划分为生产性服务业和消费性服务业，其认为只要是不属于消费性服务业的都属于生产性服务业，如房屋租赁、科学研究等都属于生产性服务业。黄少军（2000）认为，服务业与第三产业只是侧重点有所不同，第三产业这一概念侧重于从就业角度描述经济结构的变动，而服务业这一概念则侧重于从生产技术角度描述经济结构的变动。

本章把服务业的内涵定义为生产和销售服务产品的生产部门和企业的集合。服务产品与其他产品相比，具有无形、不可储存和生产与消费同时等特征。在我国国民经济核算实际工作中，将服务业视同第三产业，即按照排他法将服务业定义为除农业、工业之外的其他所有产业部门。

二、企业绩效

对于绩效的定义，理论界存在多种不同的解析。我国的财政部统计评价司提出了企业经营绩效较为全面的概念，即经过一定经营期间的努力，企业所达到的经营效益水平和经营者所实现的业绩。企业经营效益水平主要表现在企业的盈利能力、营运能力、偿债能力和发展能力。而经营者业绩表现为经营者在企业经营管理过程中所实现的价值，主要表现为在企业经营、成长、发展过程中所做出的贡献以及由此而取得的成果。

目前对企业绩效考评主要从以下四个方面进行：偿债能力、盈利能力、营运能力和发展能力。偿债能力可以用资产负债率、流动比率、已获利息倍数等来衡量。盈利能力可以用主营业务利润率、净资产收益率等来衡量。营运能力可以用存货周转率、应收账款周转率、总资产周转率等来衡量。发展能力可以用总资产增长率、销售增长率来衡量。考虑到计算的简便问题，本章拟从资产负债率、主营业务利润率、总资产周转率、总资产增长率等方面来衡量服务业企业绩效的变化。

三、相关研究

William Baumol（1967）、V. Fuchs（1968）从宏观经济学的角度对服务产业对 GDP 的贡献、服务业就业容量、服务业拉动经济增长等进行了分析，形成了比较系统的服务经济理论分析框架，为后人的研究奠定了基础。Denurguc-Kunt，Detragiache（1998）运用 53 个国家 1980～1995 年数据发现，利率自由化衡量的金融自由化与经济增长之间存在正向关系。梁剑、丁洁、周俊在《宏观经济发展对上市公司企业经营绩效影响的实证分析》一文中指出，从金融财务理论出发，采用趋势分析和计量模型检验的方法，通过计量实证分析的回归结果可以看出，国民经济的增长会直接反映在我国上市公司的业绩指标中，这表明消费需求拉动、投资需求拉动和净出口拉动的经济增长会提高我国上市企业的营业收入，改善上市公司的经营绩效。袁成英在《中小企业经营绩效的宏观经济影响因素研究》一文中通过 1993～2008 年中国宏观经济数据进行实证研究后发现，在宏观经济影响因素研究中，中小企业经营绩效与 CPI 和货币供给量及贷款利率负相关，与 GDP 正相关。陶虎、李金荣、洪功翔等认为新时期我国国有企业已摆脱效率低下和软预算约束，对经济增长具有显著的正向效应。

第三节　服务业绩效分析

一、服务业总量分析

自改革开放以来，国家充分重视服务业（第三产业）的发展。目前，服务业在国民经济中的地位不断提高，并发挥着十分重要的作用。这主要体现在服务业对国民经济的贡献份额不断增加，服务业的规模不断扩大，发展势头良好，如表 7-1 所示。

表 7-1　　　　　　　　1980～2013 中国国内生产总值的构成

年份	国内生产总值（亿元）	第一产业（亿元）	第二产业（亿元）	第三产业（亿元）	第一产业占GDP的比重（%）	第二产业占GDP的比重（%）	第三产业占GDP的比重（%）
1980	4545.6	1371.6	2192.0	982.0	30.2	48.2	21.6
1985	9016.0	2564.4	3866.6	2585.0	28.4	42.9	28.7
1990	18667.8	5062.0	7717.4	5888.4	27.1	41.3	31.5
1995	60793.7	12135.8	28679.5	19978.5	20.0	47.2	32.9
2000	99214.6	14944.7	45555.9	38714.0	15.1	45.9	39.0
2001	109655.2	15781.3	49512.3	44361.6	14.4	45.2	40.5
2002	120332.7	16537.0	53896.8	49898.9	13.7	44.8	41.5
2003	135822.8	17381.7	62436.3	56004.7	12.8	46.0	41.2
2004	159878.3	21412.7	73904.3	64561.3	13.4	46.2	40.4

年份	国内生产总值（亿元）	第一产业（亿元）	第二产业（亿元）	第三产业（亿元）	第一产业占GDP的比重（%）	第二产业占GDP的比重（%）	第三产业占GDP的比重（%）
2005	184937.4	22420.0	87598.1	74919.3	12.1	47.4	40.5
2006	216314.4	24040.0	103719.5	88554.9	11.1	47.9	40.9
2007	265810.3	28627.0	125831.4	111351.9	10.8	47.3	41.9
2008	314045.4	33702.0	149003.4	131340.0	10.7	47.4	41.8
2009	340902.8	35226.0	157638.8	148038.0	10.3	46.7	43.4
2010	401512.8	40533.6	187383.2	173596.0	10.1	46.7	43.2
2011	473104.0	47486.2	220412.8	205205.0	10.0	46.6	43.4
2012	519470.1	52373.6	235162.0	231934.5	10.1	45.3	44.6
2013	568845.2	56957.0	249684.4	262203.8	10.0	43.9	46.1

表7-1反映了1980~2013年国内生产总值的构成，从三次产业角度看，第一产业的总金额不断增加，但其所占GDP的比重却呈现逐年下跌趋势，从1980年的30.2%下降到2013年的10.0%。与此相同，第二产业从整体上来看也呈现逐年减少的态势，从1980年的48.2%下降到2013的43.9%，但减少幅度较为缓慢，并且期间几年伴有微弱增长。但自改革开放以来，整个服务业得以迅速恢复并得到了全面发展，整体呈现逐年增长态势，从1980年的21.6%上升到2013年的46.1%，增长幅度较大。其中20世纪80年代前期整个服务业呈现出明显的增长态势，发展速度较快。但80年代后期至90年代中后期，服务业的增长值和增长率呈现下降趋势，发展速度有所放缓。进入21世纪，国家多次在重要的经济会议上提出要加快转变经济发展方式，促进产业结构优化升级，大力发展服务业，建成资源节约型、环境友好型社会。在国家的大力扶持下，服务业得到了充分发展，其占GDP的比重不断上升，规模不断扩大，发展势头良好，截至2013年，第三产业（服务业）增加值占GDP的比重上升到46.1%，首次超过第二产业（工业）成为国民经济第一大产业。

二、服务业内部分析

表7-2反映了1980~2013年第三产业增加值的构成，从内部构成来看，

交通运输、邮政、仓储业所占第三产业增加值的比重呈现逐年下降趋势，从1980年的21.7%直线下降到10.4%。与此相同，住宿、餐饮业总体占第三产业增加值的比重呈现出先升后降趋势，但是幅度较为缓慢。批发、零售业总体占第三产业增加值的比重总体上较为稳定，围绕20%上下浮动。而与之相反，金融业和房地产业占第三产业增加值的比重逐年上升，已经成为影响服务业发展的重要因素之一，但是其比例还是低于批发零售业。从中我们得到启示，我国需要继续优化升级服务业的产业结构，促进服务业的健康高效发展。

表7-2 　　　　　　　　　　　　　第三产业增加值构成　　　　　　　　　单位：%

年份	第三产业	交通运输、邮政、仓储业	批发和零售业	住宿和餐饮业	金融业	房地产业	其他
1980	100.0	21.7	19.7	4.8	7.6	9.8	36.3
1985	100.0	16.3	31.0	5.3	10.1	8.3	28.9
1990	100.0	19.8	21.5	5.1	17.3	11.2	25.0
1995	100.0	16.2	23.9	6.0	14.0	11.8	28.0
2000	100.0	15.9	21.1	5.5	10.6	10.7	36.2
2001	100.0	15.5	20.6	5.4	9.8	10.6	38.1
2002	100.0	15.0	20.0	5.5	9.2	10.7	39.5
2003	100.0	14.1	19.9	5.6	8.9	11.0	40.4
2004	100.0	14.4	19.3	5.7	8.4	11.1	41.2
2005	100.0	14.2	18.6	5.6	8.1	11.4	42.0
2006	100.0	13.8	18.7	5.4	9.1	11.7	41.3
2007	100.0	13.1	18.8	5.0	11.1	12.4	39.6
2008	100.0	12.5	19.9	5.0	11.3	11.9	40.0
2009	100.0	11.3	19.6	4.8	12.0	12.6	39.7
2010	100.0	11.0	20.6	4.6	12.1	13.1	38.5
2011	100.0	10.9	21.2	4.5	12.2	13.1	38.2
2012	100.0	10.6	21.3	4.5	12.4	12.7	38.5
2013	100.0	10.4	21.2	4.4	12.8	12.7	38.5

三、服务业绩效变化

本章拟以批发业、零售业、住宿业、餐饮业为服务业行业的代表，将31个省区市反映服务企业绩效变化的变量数据经过 Excel 软件分析，得到如下的分析结果。

1. 偿债能力分析

本章采用了资产负债率对服务业企业进行偿债能力分析。资产负债率反映的是企业借入资金占全部资金的比重，也被称为举债经营比率。该比率越低，表明企业长期偿债能力越强，债权人的权益保障越高，但是其无法通过财务杠杆效应取得较高利润。反之，则有较高的财务风险，但在企业经营状况良好的情况下，可以通过财务杠杆作用，取得较多的利润。当资产负债率大于1时，表明公司已经资不抵债，达到破产的红线。

（1）批发业的资产负债率。

如表7－3、图7－1所示，2000～2013年，各省区市限额以上批发业资产负债率的最小值呈现下降趋势且在2000～2010年10年间降幅较大，但之后又呈上升趋势，最大值和平均值呈下降趋势。均值大致保持在72%的水平。在研究的31个省区市中，部分省份资产负债率过高，例如，吉林省的资产负债率2000～2005年都在92%以上，但是也发现有些省份的资产负债率较低，如2011年的西藏，这说明批发业的资产负债率在不同省区市存在着明显差异，这种现状与批发业企业所处的地域和发展阶段都有一定的关系，吉林省2000～2005年批发业资产负债率较高，说明其批发业可能正处于快速发展扩张时期，高负债经营有其必然性。而西藏经济相对落后，抗风险能力低，低负债经营可以降低其债务风险。

表7－3　　　　　　　　　全国批发业资产负债率数据　　　　　　　　单位：%

年份	数量	最大值	最小值	平均值	标准差
2000	31	99.12	67.46	86.49	8.41
2001	31	97.36	66.02	83.20	8.99
2002	31	97.46	63.86	79.89	8.12
2003	31	96.18	51.60	76.68	8.71

续表

年份	数量	最大值	最小值	平均值	标准差
2004	31	97.81	56.16	72.62	9.11
2005	31	92.67	46.82	70.85	10.05
2006	31	80.80	47.62	69.24	7.45
2007	31	82.56	51.08	68.34	8.64
2008	31	81.64	42.03	67.66	8.52
2009	31	77.52	44.98	68.04	7.85
2010	31	81.40	38.49	68.84	9.09
2011	31	82.52	29.51	69.18	10.15
2012	31	82.47	44.44	69.76	8.88
2013	31	83.02	50.12	70.37	8.30

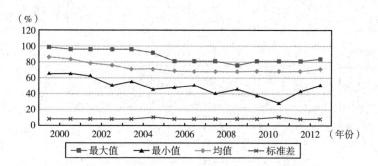

图7-1　批发业资产负债率的散点折线图

（2）零售业资产负债率。

如表7-4、图7-2所示，零售业资产负债率（2000~2013年），各省区市限额以上零售业资产负债率的均值较为稳定，在72%左右，最大值呈现逐年下降的趋势，最小值在60%左右上下波动。这说明全国各省区市零售业的负债率不断下降，并趋于稳定，有利于零售业的稳健发展。

表7-4　　　　　　　　　　全国零售业资产负债率　　　　　　　　单位：%

年份	数量	最大值	最小值	平均值	标准差
2000	31	95.05	63.80	74.84	7.56
2001	31	90.10	54.72	72.96	8.13

续表

年份	数量	最大值	最小值	平均值	标准差
2002	31	88.67	52.02	71.79	7.09
2003	31	89.57	59.57	73.52	6.23
2004	31	81.52	57.35	71.88	5.24
2005	31	83.58	60.86	72.75	5.62
2006	31	85.53	62.83	73.58	5.39
2007	31	84.32	57.09	72.57	5.83
2008	31	80.57	47.90	69.35	5.92
2009	31	79.02	57.77	70.06	5.02
2010	31	81.02	59.59	70.80	4.93
2011	31	77.28	62.12	70.88	4.52
2012	31	80.99	61.32	72.01	5.10
2013	31	79.30	63.20	71.46	4.96

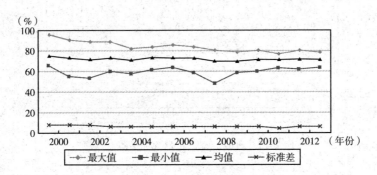

图7-2　零售业资产负债率散点折线图

（3）餐饮业资产负债率。

如表7-5、图7-3所示，餐饮业的资产负债率（1999~2013年），各省区市限额以上餐饮业资产负债率均值较为平稳，在63%左右。最小值在45%上下波动。但值得注意的是最大值，2000~2001年青海省连续两年出现了100%的资产负债率，说明这两年青海省的餐饮业是负债经营，且有很多餐饮企业都是资不抵债的，但是2003年以后其资产负债率一直维持在较为稳健的状态，这显示青海省零售企业已经意识到了高负债经营的危害，逐步调整债务资本与自由资本的结构，优化资本结构，减少财务风险，保持企业持续经营。

表7-5　　　　　　　　　　全国餐饮业资产负债率　　　　　　　　单位：%

年份	数量	最大值	最小值	均值	标准差
1999	31	88.34	47.83	66.44	9.28
2000	31	100.00	43.93	67.24	11.39
2001	31	100.00	46.15	64.92	11.00
2002	31	76.19	50.00	64.00	7.68
2003	31	90.29	41.57	66.57	9.40
2004	31	74.12	36.67	61.18	9.51
2005	31	76.89	43.33	63.02	7.81
2006	31	77.61	42.86	64.11	8.63
2007	31	77.61	48.61	63.52	8.95
2008	31	78.44	45.63	61.46	8.19
2009	31	74.92	40.00	60.82	9.57
2010	31	76.47	42.15	62.68	9.37
2011	31	77.07	46.02	63.32	9.33
2012	31	80.91	41.16	64.38	10.21
2013	31	83.49	46.13	65.34	9.30

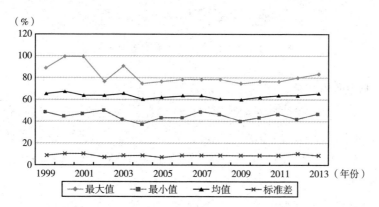

图7-3　餐饮业资产负债率的散点折线图

（4）住宿业资产负债率。

如表7-6、图7-4所示，由于国家统计局从2008年才开始统计住宿业的相关数据，因此本章选取了2009～2013这一时间段的数据。2009～2013年，均值比较稳定，在67%左右。最小值呈逐年下降的趋势。说明住宿业的长期偿债能力较好，财务风险适中，并能在保障债权人的权益的同时不妨碍自身的经营发展。

表7-6　　　　　　　　　全国住宿业资产负债率　　　　　　　单位：%

年份	数量	最大值	最小值	均值	标准差
2009	31	83.39	43.22	65.32	8.39
2010	31	77.00	40.28	64.64	9.15
2011	31	77.40	36.41	65.37	9.30
2012	31	80.65	37.87	66.81	9.20
2013	31	81.67	33.45	68.08	10.61

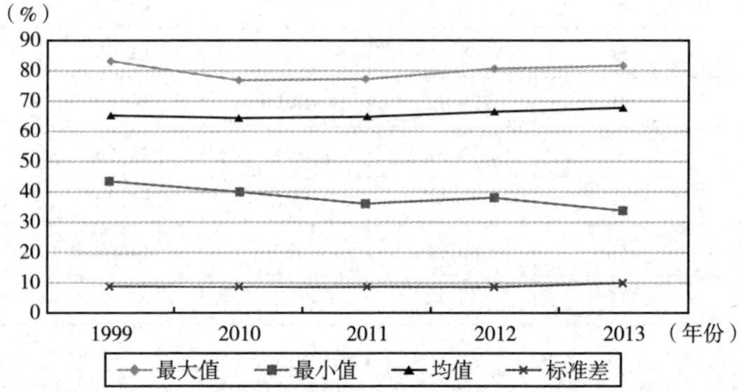

图7-4　住宿业资产负债率的散点折线图

2. 盈利能力分析

主营业务利润率是收入和利润率指标中比较重要的一种。该指标是一个正指标，一般来说，指标值越高越好。该指标越高，说明企业产品或商品定价科学，附加值高，营销策略得当，主营业务市场竞争力强，发展潜力大，获利水平高。

（1）批发业主营业务利润率。

如表7-7、图7-5所示，批发业主营业务利润率（2000~2013年），从其出现发展到现在，最大值除在个别年段起伏较大外，整体保持着平稳增长的态势。均值从近十年来看逐步稳定在7.5%的水平，较为正常。因此说明批发业行业的盈利水平较低，企业主要收入以大宗产品的买卖赚取差价和收取佣金为主。受上、下游市场影响较大，经营毛利水平普遍较低。

表 7 - 7 　　　　　　　　　全国批发业主营业务利润率数据　　　　　　　单位:%

年份	数量	最大值	最小值	平均值	标准差
2000	31	7.66	-2.47	3.30	1.67
2001	31	6.63	-1.93	3.24	1.61
2002	31	9.62	-5.05	4.30	2.67
2003	31	43.52	-2.91	5.71	7.37
2004	31	13.96	2.60	7.10	2.74
2005	31	17.50	3.40	7.79	3.24
2006	31	16.75	3.74	7.57	2.76
2007	31	14.66	3.51	7.61	2.45
2008	31	20.05	4.31	9.14	3.87
2009	31	29.36	3.31	9.09	5.03
2010	31	21.56	3.21	7.69	3.89
2011	31	21.67	3.14	7.49	4.11
2012	31	25.39	-0.04	7.21	4.76
2013	31	33.04	2.68	7.51	5.71

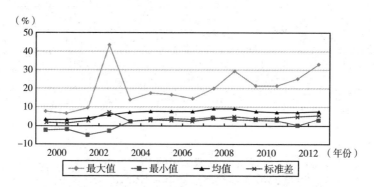

图 7 - 5　批发业主营业务利润率散点折线图

（2）零售业主营业务利润率。

如表 7 - 8、图 7 - 6 所示，零售业主营业务利润率（2000～2013 年），即从其萌芽成长到现在，最小值和均值呈现逐年上升的趋势，自 2005 年之后其均值一直在 9% 以上，超出了零售行业的标准 4%～9%。虽然最大值起伏变化较大，最高峰在 2005 年达到了 22.45%，峰谷是在 2002 年是 8.25%，但自 2006 年后都在 15% 上下轻微浮动。这说明了零售业的主营业务竞争力强，盈利能力在稳定的发展中不断增长。通过与批发业的对比，零售业的主营业务利润率要高于批发业，盈利空间更大。

表7-8　　　　　　　　全国零售业主营业务利润率数据　　　　　单位：%

年份	数量	最大值	最小值	平均值	标准差
2000	31	13.33	3.49	6.41	1.92
2001	31	9.40	3.27	5.88	1.58
2002	31	8.25	3.18	5.49	1.37
2003	31	17.76	2.64	5.19	2.59
2004	31	15.38	3.60	8.36	2.07
2005	31	22.45	5.70	9.36	2.80
2006	31	12.92	6.12	9.35	1.42
2007	31	17.26	6.32	9.44	1.98
2008	31	18.78	8.18	11.75	2.47
2009	31	15.04	7.96	10.69	1.94
2010	31	16.47	7.05	10.27	2.05
2011	31	14.70	8.29	10.52	1.55
2012	31	17.25	6.85	10.55	2.31
2013	31	15.49	7.82	11.21	1.62

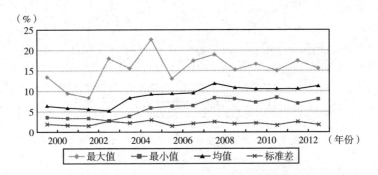

图7-6　零售业主营业务利润率散点折线图

（3）餐饮业主营业务利润率。

如表7-9、图7-7所示，餐饮业主营业务利润率（1999~2013年），贯穿餐饮业的成长，其最小值和平均值呈现逐年上升的趋势，从2008年以来逐步稳定在40%的水平。最大值整体来说呈现明显的逐年递增趋势，值得注意的是，在2010年江西的餐饮业达到了97.68%的高利润率，但在2010年之前与之后的江西利润率都不是特别的突出（通过查找了2010年中国餐饮业年鉴，发现在 2010 年江西省餐饮业中有 30 人被评定为中国烹饪大师，41 人被评定为中国烹饪名师，这对江西省在 2010 年餐饮业的发展有极大的促进作用）。综上所述，近年来餐饮业的主营业务竞争力不断增强，获利能力远远超过了传统的批发零售业，其发展前景更为广阔，潜力更为巨大。

表 7-9　　　　　　　全国餐饮业主营业务利润率数据　　　　　单位：%

年份	数量	最大值	最小值	平均值	标准差
1999	31	25.10	1.67	13.18	5.16
2000	31	26.62	3.01	13.49	4.33
2001	31	20.64	6.52	13.39	3.58
2002	31	24.44	5.66	13.66	4.05
2003	31	60.55	0.00	15.25	10.37
2004	31	44.31	10.56	34.01	8.49
2005	31	47.90	17.42	36.85	6.62
2006	31	48.43	10.29	36.14	7.39
2007	31	49.14	17.65	36.79	6.59
2008	31	49.42	32.15	41.15	4.07
2009	31	50.52	25.80	41.10	5.48
2010	31	97.68	25.59	43.70	11.57
2011	31	49.37	32.77	42.23	4.07
2012	31	50.75	31.78	43.21	4.42
2013	31	58.15	35.73	41.43	5.08

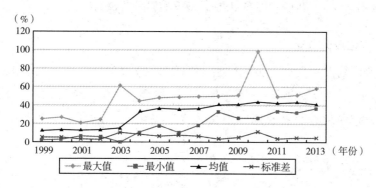

图 7-7　餐饮业主营业务利润率散点折线图

（4）住宿业主营业务利润率。

如表7-10、图7-8所示，住宿业属于近几年才出现的新兴产业。2009~2013年，住宿业主营业务利润率的最大值一直保持在70%上下；最小值出现了快速增长，之后都一直平稳在44%的水平；其均值也都一直稳定在55%。综上所述，住宿业这个新行业的市场竞争力很强，盈利能力较强，发展的前景广阔，是一个朝阳行业。

表7-10   全国住宿业主营业务利润率数据

年份	数量	最大值	最小值	平均值	标准差
2009	31	69.44	24.77	55.81	8.41
2010	31	70.76	27.01	54.89	8.91
2011	31	71.26	45.32	57.30	6.45
2012	31	73.04	45.18	57.80	6.07
2013	31	68.14	44.24	53.01	6.66

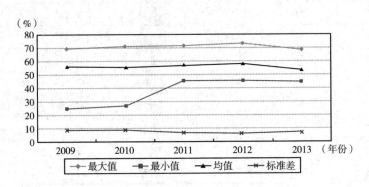

图7-8 住宿业主营业务利润率散点折线图

3. 营运能力分析

总资产周转率是指企业在一定时期销售收入净额同平均资产总额的比率，是综合评价企业营运效率的重要指标。一般企业设置的参考值为0.8。该比率越大，说明总资产周转速度越快，资产利用效率越高，反映出销售能力越强。

（1）批发业总资产周转率。

如表7-11、图7-9所示，批发业总资产周转率2000~2013年波动较大，但整体周转效率都在3次以上，最小值和均值增长较为平稳，均值稳定在 2.4 次上下。批发业的总资产周转率远高于一般企业的 0.8，有这个行业的特殊性。所谓批发业就是指向再销售者、产业和事业用户销售商品和服务的商业，其频繁通过产品的买卖赚取差价和佣金，这就要求其资产周转速度要快，资产的使用效率要高，批发业企业才能获取更多的利润。

表 7 - 11　　　　　　　　　全国批发业总资产周转率

年份	数量	最大值	最小值	平均值	标准差
2000	31	3.48	0.79	1.64	0.53
2001	31	3.32	0.80	1.65	0.54
2002	31	3.08	0.90	1.78	0.52
2003	31	3.16	1.06	1.95	0.48
2004	31	3.79	1.27	2.73	0.68
2005	31	3.46	1.23	2.33	0.54
2006	31	3.74	1.28	2.52	0.68
2007	31	4.55	0.88	2.70	0.75
2008	31	6.30	1.63	3.27	0.93
2009	31	3.54	1.39	2.50	0.53
2010	31	3.98	1.63	2.83	0.63
2011	31	4.01	1.55	2.86	0.63
2012	31	4.13	1.59	2.70	0.62
2013	31	4.19	1.56	2.66	0.62

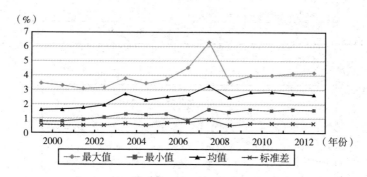

图 7 - 9　批发业总资产周转率散点折线图

（2）零售业总资产周转率。

如表 7 - 12、图 7 - 10 所示，零售业总资产周转率（2000 ~ 2013 年），最

大值和均值总体呈现逐年递增的趋势，均值周转率都在 1 次以上，平均在
1.5 次左右。说明零售业的营运能力较好，资产使用率较高。企业可以通过
薄利多销的办法，加速资产的周转，带来利润绝对额的增加。这里解释一下
最小值的问题，从图表中可以看出最小值在 0.2 左右，偏低，这是因为最小
值的数据都来自西藏，西藏地区地广人稀，购买力不大，零售业发展较为迟
缓，总资产周转率不高。

表 7－12　　　　　　　　　全国零售业总资产周转率数据

年份	数量	最大值	最小值	平均值	标准差
2000	31	1.62	0.06	1.01	0.30
2001	31	1.69	0.06	1.12	0.34
2002	31	2.03	0.09	1.32	0.39
2003	31	2.31	0.11	1.40	0.44
2004	31	2.44	0.10	1.80	0.38
2005	31	2.20	0.07	1.69	0.40
2006	31	2.46	0.07	1.86	0.45
2007	31	3.03	0.13	1.98	0.46
2008	31	2.92	0.17	2.30	0.47
2009	31	2.88	0.14	2.18	0.47
2010	31	3.02	0.13	2.29	0.50
2011	31	2.79	0.12	2.23	0.47
2012	31	2.74	0.12	2.08	0.44
2013	31	2.76	0.09	2.04	0.46

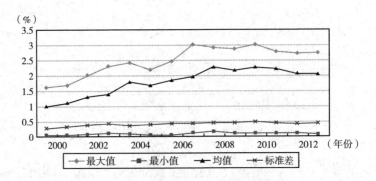

图 7－10　零售业总资产周转率

（3）餐饮业总资产周转率。

如表7-13、图7-11所示，餐饮业总资产周转率（1999~2008年），最小值和均值出现逐年平稳增长的趋势，2009~2013年出现了下滑的趋势，说明2008年的金融危机对餐饮业产生了一定程度的影响。最大值都在1次以上小于批发业、零售业的周转速度，这也是由于特定的行业特点决定的，餐饮业房屋等固定资产占着较大份额和流动资产占比较少，且餐饮业存货较少，几乎没有存货积压现象，导致总资产周转率不高。

表7-13　　　　　　　全国餐饮业总资产周转率数据

年份	数量	最大值	最小值	平均值	标准差
1999	31	1.65	0.21	0.64	0.35
2000	31	1.15	0.15	0.59	0.26
2001	31	1.28	0.15	0.68	0.32
2002	31	1.73	0.24	0.78	0.37
2003	31	1.57	0.19	0.78	0.33
2004	31	2.05	0.22	0.95	0.36
2005	31	1.69	0.55	0.99	0.26
2006	31	1.78	0.63	1.12	0.28
2007	31	1.70	0.68	1.15	0.28
2008	31	1.77	0.76	1.26	0.26
2009	31	1.74	0.66	1.13	0.29
2010	31	2.13	0.53	1.17	0.34
2011	31	1.71	0.46	1.12	0.33
2012	31	1.60	0.44	1.07	0.31
2013	31	1.63	0.36	0.92	0.35

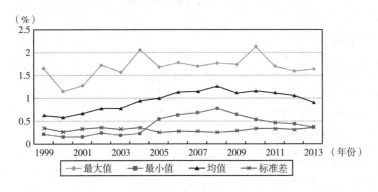

图7-11　餐饮业总资产周转率散点折线图

（4）住宿业总资产周转率。

如表7－14、图7－12所示，住宿业总资产周转率（2009～2013年），最大值、最小值和平均值都较为平稳，没有较大的起伏。住宿业全行业总资产周转率的平均值为0.4，而图表所示的平均值与行业均值相差较少，是合理的。住宿业的总资产周转率远低于其他三个行业，也远小于一般企业0.8的参考值，这是与行业的特性有关的，住宿业固定资产较多，而流动资产较少，流动资产占总资产的比重较低，从而导致总资产周转率较其他行业低。

表7－14　　　　　　　　全国住宿业总资产周转率数据

年份	数量	最大值	最小值	平均值	标准差
2009	31	0.47	0.16	0.34	0.06
2010	31	0.50	0.19	0.38	0.07
2011	31	0.52	0.21	0.39	0.06
2012	31	0.51	0.23	0.39	0.06
2013	31	0.45	0.21	0.34	0.06

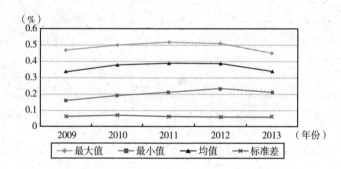

图7－12　住宿业总资产周转率散点折线图

4. 发展能力分析

本节将选取总资产增长率和销售增长率两个指标对企业的发展能力进行分析。

（1）总资产增长率。总资产增长率是用来考核企业资产投入增长幅度的财务指标。若该项指标为正，则说明企业本期资产规模的扩大，该指标越大，说明资产经营的规模扩张速度也越快。

①批发业总资产增长率。

如表7－15、图7－13所示，批发业总资产增长率（2000～2013年），最大值、最小值和均值都有一定的波动，标准差的离散程度较高，且最大值和最小值之间的差距相差很大，特别是在 2000 年、2004 年、2008 年和 2012 年最大值都超过了 100%，总资产增长速度过快，资产大规模增加，这其中包含着一定的危险。而最小值也出现了一定年份的负增长，企业本期资产规模缩减。说明批发业的资产规模发展结构不是很稳定，发展潜力有限。

表 7 – 15　　　　　　　　全国批发业总资产增长率数据

年份	数量	最大值	最小值	平均值	标准差
2000	31	131.00	– 12.21	9.81	28.40
2001	31	21.57	– 47.73	– 5.84	14.71
2002	31	44.93	– 17.22	10.11	14.53
2003	31	89.67	– 12.46	6.46	18.89
2004	31	145.03	1.61	55.30	36.98
2005	31	45.07	– 37.13	– 0.47	15.54
2006	31	47.32	– 39.98	7.02	15.01
2007	31	31.20	– 44.74	10.60	15.09
2008	31	104.00	10.66	42.34	25.18
2009	31	32.27	– 33.57	11.38	13.31
2010	31	45.46	– 6.05	23.94	10.76
2011	31	62.59	– 2.77	21.00	13.05
2012	31	104.28	4.44	23.71	18.54
2013	31	72.66	1.65	19.11	14.15

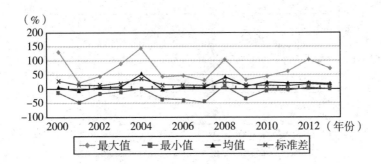

图 7 – 13　批发业总资产增长率散点折线图

②零售业总资产增长率。

如表 7 – 16、图 7 – 14 所示，零售业总资产增长率（2000 ~ 2013 年），最小值、均值、标准差有一定的起伏，最大值波动明显，尤其是 2005 年最大的总资产增长率为 20.6%，与 2004 年和 2006 年形成了较大差距，说明这一年整个国家零售业的销售额不是太理想。综上所述，零售业的经营业务在 2000 ~ 2008 年并不稳定，之后经过国家的一系列努力与市场的规范才渐渐趋于稳定。

表 7 - 16　　　　　　　全国零售业总资产增长率数据　　　　　单位：%

年份	数量	最大值	最小值	平均值	标准差
2000	31	43.64	- 11.89	6.13	11.06
2001	31	30.77	- 17.26	4.03	9.49
2002	31	33.08	- 15.26	12.11	10.12
2003	31	77.89	- 20.54	17.70	18.59
2004	31	75.04	1.44	32.25	18.05
2005	31	20.60	- 24.38	4.20	10.99
2006	31	77.81	- 19.30	13.28	17.62
2007	31	71.27	- 13.90	13.03	14.61
2008	31	90.82	4.70	36.46	21.38
2009	31	62.06	- 2.89	24.34	12.89
2010	31	41.82	- 6.65	26.24	10.22
2011	31	44.66	4.73	21.68	8.84
2012	31	47.53	- 3.36	19.13	11.25
2013	31	40.17	0.17	18.50	9.50

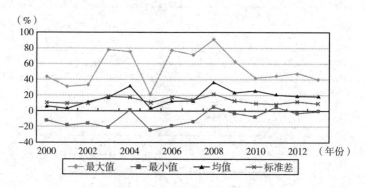

图 7 - 14　零售业总资产增长率

③餐饮业总资产增长率。

如表 7 - 17、图 7 - 15 所示，餐饮业总资产增长率（1999 ~ 2013 年），标准差的离散程度较大，说明大部分数值和其平均值之间差异较大，最小值都为负的且最大值的起伏最为明显，1999～2004 年总资产增长率的最大增长都超过了 100%，有的甚至直达 600%，而且都是发生在不同的省区市之间，这些省份大规模扩大资产规模后都迎来了较大规模的资产缩减。综上所述，我国餐饮业发展并不稳定，这需要引起重视。

表 7 - 17　　　　　　　　　全国餐饮业总资产增长率数据　　　　　　　单位: %

年份	数量	最大值	最小值	平均值	标准差
1999	31	585. 48	− 60. 84	66. 27	116. 11
2000	31	193. 41	− 49. 75	12. 13	44. 34
2001	31	109. 66	− 67. 46	8. 17	34. 85
2002	31	141. 77	− 34. 87	26. 70	34. 78
2003	31	218. 63	− 26. 03	27. 32	50. 47
2004	31	286. 71	− 86. 05	31. 78	90. 62
2005	31	34. 59	− 48. 69	− 1. 97	19. 05
2006	31	79. 53	− 47. 51	16. 60	25. 39
2007	31	99. 16	− 26. 74	17. 93	25. 88
2008	31	88. 15	− 6. 27	33. 65	23. 04
2009	31	86. 46	− 27. 12	9. 86	21. 18
2010	31	105. 62	− 23. 30	24. 91	23. 70
2011	31	66. 73	− 19. 86	16. 44	17. 22
2012	31	84. 15	− 14. 31	22. 50	21. 55
2013	31	144. 14	− 20. 90	14. 30	27. 46

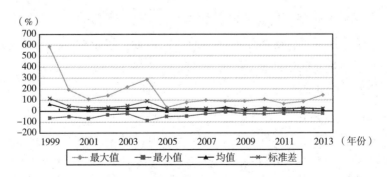

图 7 - 15　餐饮业总资产增长率散点折线图

④住宿业总资产增长率。

如表 7－18、图 7－16 所示，住宿业总资产增长率（2009～2013 年），其最大值呈现逐年增长的趋势，尤其是 2011～2012 年总资产大幅增长，增长了 54%，2013 年仍然延续了这个增长幅度，我们可以推测住宿业将要进入快速发展时期。

表 7－18　　　　　　　　　　　全国住宿业资产负债率数据　　　　　　　　　　单位：%

年份	数量	最大值	最小值	平均值	标准差
2009	31	25.79	－11.16	4.37	8.66
2010	31	29.00	－18.21	11.13	10.74
2011	31	29.75	－17.51	7.02	9.54
2012	31	54.81	－18.99	10.90	14.57
2013	31	52.34	－3.05	10.57	12.01

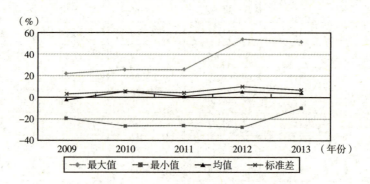

图 7－16　住宿业总资产增长率散点折线图

（2）销售增长率。销售增长率是本期销售收入增加额与上期销售收入之比，是评价企业成长状况和发展能力的重要指标。该指标越大，增长速度越快，企业生存和发展的市场空间也就越大。

①批发业销售增长率。

如表 7－19、图 7－17 所示，批发业销售增长率（2000～2013 年），其最小值、最大值、均值和标准差起伏都比较明显。其中最为突出的是最大值从 328.25% 下降到 34.70%，但销售额增长率呈现上升趋势，这表明全国批发业经营情况可以展望，有一定的潜力。

表 7 - 19　　　　　　　　　全国批发业销售增长率数据　　　　　　　单位：%

年份	数量	最大值	最小值	平均值	标准差
2000	31	241.52	- 24.44	30.67	48.63
2001	31	31.26	- 40.70	0.71	14.90
2002	31	54.37	- 15.01	10.21	14.81
2003	31	105.84	- 5.14	19.94	18.57
2004	31	328.25	21.37	87.48	59.84
2005	31	34.70	- 24.29	3.01	14.08
2006	31	65.12	- 54.45	11.45	18.85
2007	31	63.92	- 49.96	16.58	19.19
2008	31	212.47	3.06	57.09	41.55
2009	31	33.40	- 59.56	- 3.15	15.94
2010	31	84.96	3.42	32.81	14.24
2011	31	69.80	- 1.68	24.23	14.96
2012	31	81.72	- 4.33	15.75	15.65
2013	31	74.70	0.71	19.31	16.04

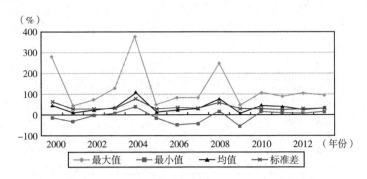

图 7 - 17　批发业销售增长率散点折线图

②零售业销售增长率。

如表 7 - 20、图 7 - 18 所示，零售业销售增长率（2000 ~ 2013 年），其最大值的起伏最为明显，从 161.71% 下降到 31.88%，但是销售额增长率仍是呈现上升的趋势，自 2010 年之后，销售额增长较为平稳。表明全国零售业的经营发展情况可以展望。

表 7-20 全国零售业销售增长率数据 单位：%

年份	数量	最大值	最小值	平均值	标准差
2000	31	41.66	-43.69	12.47	17.03
2001	31	50.86	-17.28	17.02	16.68
2002	31	84.47	-5.48	29.16	18.67
2003	31	67.32	-8.35	22.96	16.54
2004	31	161.71	6.47	63.92	32.33
2005	31	31.88	-17.48	8.08	13.19
2006	31	53.79	-7.30	19.15	14.08
2007	31	164.72	-15.83	24.20	31.78
2008	31	111.40	-9.77	48.01	24.25
2009	31	70.78	-4.65	21.96	15.77
2010	31	47.20	9.30	30.41	10.45
2011	31	32.42	4.86	20.37	7.34
2012	31	29.96	-5.38	12.85	7.62
2013	31	40.23	-6.01	15.12	9.66

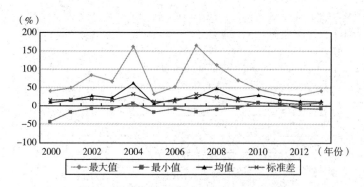

图 7-18 零售业销售增长率散点折线图

③餐饮业销售增长率。

如表 7-21、图 7-19 所示，餐饮业销售增长率（1999～2013 年），其最大值起伏最大，从 729.15% 到 62.35% 降幅明显，但是自 2005 年以后销售额的增长比较平稳。值得注意的是，2013 年销售增长率均值出现了负增长，说明销售规模减小，销售额出现负增长，餐饮业销售可能出现了饱和或者是受经济大环境影响。

表 7 – 21　　　　　　　全国餐饮业销售增长率数据

年份	数量	最大值	最小值	平均值	标准差
1999	31	729.15	-30.79	65.62	137.24
2000	31	62.35	-39.09	13.22	23.97
2001	31	87.95	-49.53	24.61	31.25
2002	31	105.62	-42.66	33.59	28.00
2003	31	298.49	-9.97	29.87	54.10
2004	31	311.97	-28.83	54.32	66.13
2005	31	64.03	-27.16	7.76	18.80
2006	31	56.82	-13.64	19.05	15.09
2007	31	45.57	-10.65	18.07	13.38
2008	31	74.25	9.99	37.07	16.82
2009	31	22.25	-19.69	5.15	10.77
2010	31	46.50	-0.94	20.50	11.32
2011	31	32.97	-29.15	12.84	15.12
2012	31	44.14	-11.59	14.46	14.64
2013	31	30.25	-26.26	-2.14	15.78

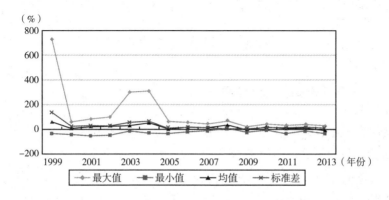

图 7 – 19　餐饮业销售增长率散点折线图

④住宿业销售增长率。

如表 7 - 22、图 7 - 20 所示，住宿业销售增长率（2009～2013 年），其最小值、最大值和均值整体呈现下降的态势。值得注意的是，均值在 2013 年为负数，即销售增长率出现了负增长，说明住宿业的销售规模出现了缩减，这应该引起关注，结合以后年度的销售增长率，来进行进一步的分析。

表 7 - 22　　　　　　全国住宿业销售增长率数据

年份	数量	最大值	最小值	平均值	标准差
2009	31	30. 18	－ 11. 74	6. 29	9. 21
2010	31	34. 80	－ 5. 12	19. 27	8. 97
2011	31	30. 18	－ 16. 01	13. 83	8. 73
2012	31	39. 46	－ 14. 11	7. 12	11. 94
2013	31	14. 55	－ 17. 43	－ 2. 41	7. 96

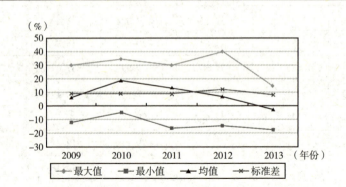

图 7 - 20　　住宿业销售增长率散点折线图

第四节　绩效与经济增长

一、GDP 增长率与批发业绩效

批发业绩效指标均值与 GDP 增长率均值，2000～2013 年，资产负债率与 GDP 增长率呈正相关，销售增长率与 GDP 增长率呈正相关，即 GDP 增长率随资产负债率、销售增长率的减少而减少。主营业务利润率、总资产周转率、总资产增长率与 GDP 增长率呈负相关，即 GDP 增长率随其增长而下降，如表 7 - 23 和图 7 - 21 所示。

表 7 - 23　　　　　批发业绩效指标均值与 GDP 增长率均值数据　　　　　单位: %

年份	资产负债率均值	主营业务利润率均值	销售增长率均值	总资产周转率均值	总资产增长率均值	GDP 增长率均值
2000	86. 49	3. 30	30. 67	1. 64	9. 81	0. 62
2001	83. 20	3. 24	0. 71	1. 65	- 5. 84	0. 19
2002	79. 89	4. 30	10. 21	1. 78	10. 11	1. 01
2003	76. 68	5. 71	19. 94	1. 95	6. 46	1. 19
2004	72. 62	7. 10	87. 48	2. 73	55. 30	1. 22
2005	70. 85	7. 79	3. 01	2. 33	- 0. 47	- 0. 29
2006	69. 24	7. 57	11. 45	2. 52	7. 02	0. 68
2007	68. 34	7. 61	16. 58	2. 70	10. 60	1. 05
2008	67. 66	9. 14	57. 09	3. 27	42. 34	- 2. 25
2009	68. 04	9. 09	- 3. 15	2. 50	11. 38	- 0. 35
2010	68. 84	7. 69	32. 81	2. 83	23. 94	1. 59
2011	69. 18	7. 49	24. 23	2. 86	21. 00	- 0. 99
2012	69. 76	7. 21	15. 75	2. 70	23. 71	- 1. 52
2013	70. 37	7. 51	19. 31	2. 66	19. 11	- 1. 07

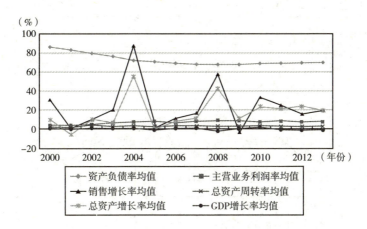

图 7 - 21　批发业绩效指标均值与 GDP 增长率均值散点折线图

二、GDP 增长率与零售业绩效

零售业绩效指标均值与 GDP 增长率均值, 2000 ~ 2013 年, 资产负债率与 GDP 增长率呈正相关; 销售增长率、主营业务利润率、总资产周转率、总资产增长率与 GDP 增长率呈负相关, 如表 7 - 24 和图 7 - 22 所示。

表7-24		零售业绩效指标均值与GDP增长率均值数据				单位：%
年份	资产负债率均值	主营业务利润率均值	销售增长率均值	总资产周转率均值	总资产增长率均值	GDP增长率均值
2000	74.84	6.41	12.47	1.01	6.13	0.62
2001	72.96	5.88	17.02	1.12	4.03	0.19
2002	71.79	5.49	29.16	1.32	12.11	1.01
2003	73.52	5.19	22.96	1.40	17.70	1.19
2004	71.88	8.36	63.92	1.80	32.25	1.22
2005	72.75	9.36	8.08	1.69	4.20	-0.29
2006	73.58	9.35	19.15	1.86	13.28	0.68
2007	72.57	9.44	24.20	1.98	13.03	1.05
2008	69.35	11.75	48.01	2.30	36.46	-2.25
2009	70.06	10.69	21.96	2.18	24.34	-0.35
2010	70.80	10.27	30.41	2.29	26.24	1.59
2011	70.88	10.52	20.37	2.23	21.68	-0.99
2012	72.01	10.55	12.85	2.08	19.13	-1.52
2013	71.46	11.21	15.12	2.04	18.50	-1.07

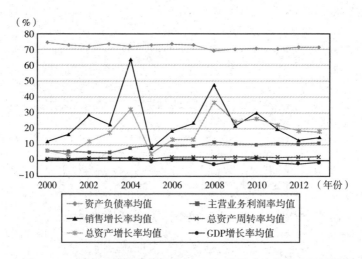

图7-22 零售业绩效指标均值与GDP增长率均值散点折线图

三、GDP增长率与餐饮业绩效

餐饮业绩效指标均值与GDP增长率均值，1999～2013年，销售增长率、总资产增长率与 GDP 增长率呈正相关；主营业务利润率、总资产周转率与 GDP 增长率呈负相关；资产负债率与 GDP 增长率呈弱相关，如表 7 - 25 和图 7 - 23 所示。

表 7 - 25　　　　　餐饮业绩效指标均值与 GDP 增长率均值的数据　　　　单位：%

年份	资产负债率均值	主营业务利润率均值	销售增长率均值	总资产周转率均值	总资产增长率均值	GDP 增长率均值
1999	66.44	13.18	65.62	0.64	66.27	- 0.58
2000	67.24	13.49	13.22	0.59	12.13	0.62
2001	64.92	13.39	24.61	0.68	8.17	0.19
2002	64.00	13.66	33.59	0.78	26.70	1.01
2003	66.57	15.25	29.87	0.78	27.32	1.19
2004	61.18	34.01	54.32	0.95	31.78	1.22
2005	63.02	36.85	7.76	0.99	- 1.97	- 0.29
2006	64.11	36.14	19.05	1.12	16.60	0.68
2007	63.52	36.79	18.07	1.15	17.93	1.05
2008	61.46	41.15	37.07	1.26	33.65	- 2.25
2009	60.82	41.10	5.15	1.13	9.86	- 0.35
2010	62.68	43.70	20.50	1.17	24.91	1.59
2011	63.32	42.23	12.84	1.12	16.44	- 0.99
2012	64.38	43.21	14.46	1.07	22.50	- 1.52
2013	65.34	41.43	- 2.14	0.92	14.30	- 1.07

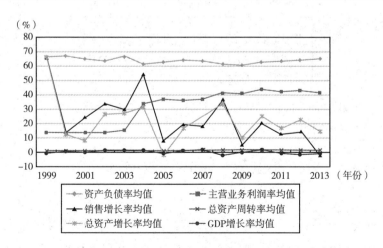

图 7 - 23　餐饮业绩效指标均值与 GDP 增长率均值散点折线图

四、GDP 增长率与住宿业绩效

住宿业绩效指标均值与 GDP 增长率均值，2009～2013 年，销售增长率、主营业务利润率与 GDP 增长率呈正相关，资产负债率、总资产增长率与 GDP 增长率呈负相关，总资产周转率与 GDP 增长率不相关，如表 7 - 26 和图 7 - 24 所示。

表 7 - 26　　　　　住宿业绩效指标均值与 GDP 增长率均值数据　　　　单位：%

年份	资产负债率均值	主营业务利润率均值	销售增长率均值	总资产周转率均值	总资产增长率均值	GDP 增长率均值
2009	65.32	55.81	6.29	0.34	4.37	- 0.35
2010	64.64	54.89	19.27	0.38	11.13	1.59
2011	65.37	57.30	13.83	0.39	7.02	- 0.99
2012	66.81	57.80	7.12	0.39	10.90	- 1.52
2013	68.08	53.01	- 2.41	0.34	10.57	- 1.07

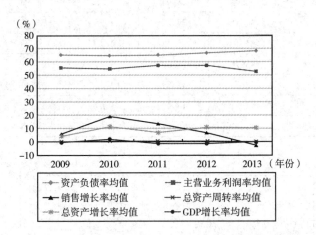

图 7 - 24　住宿业绩效指标均值与 GDP 增长率均值散点折线图

第五节　计量检验与分析

本章的第四节选取了服务业四个行业 31 个省区市的财务数据，借助 Ex-cel 软件的数据处理功能，对服务业企业经营绩效和经济增长进行了全面系统的描述性分析，分析结果揭示了服务业经营绩效状况、服务业经营绩效和经济增长之间的关系。第五节将在第四节描述性分析基础上，建立计量回归模型，深入研究服务业经营绩效究竟如何影响经济增长的问题。

一、样本选取

为研究服务业企业绩效变化与经济增长两者之间相互关系，本节以全国31个省区市（不包括港、澳、台）的服务业企业作为研究对象。样本数据选取中国统计局、中国经济网统计数据库等网站上下载的全国各省区市服务业1998～2014年年度数据。

首先简单介绍实证研究部分会涉及的变量，被解释变量是经济增长，自变量则选用能反映服务业企业绩效的相关财务指标。

二、数据来源与处理

本章研究所需的数据均来源于中国统计局、中国经济和社会发展数据库等公布服务业相关资料数据的网站。所有数据的整理统计分析借助 Excel 软件和 Stata 11 软件。

为了服务业数据的可取得性与可比性，消除物价、通货膨胀等因素的影响，本章以居民消费价格指数作为折算指数，把1998年作为基期对服务业进行分行业折算统计。选取了1999～2013年共15年间4个服务行业的数据作为样本，批发、零售、住宿的样本数为31个，而零售业则因为西藏的数据不全，没有放入其中，样本数只有30个。

三、变量选取及定义

1. 服务业企业绩效变量

在第二节相关理论概述的基础上，本节将选取较为直观的财务指标来反映企业绩效，自变量在偿债能力方面选取资产负债率；在盈利能力方面选取主营业务收益率；营运能力方面选取总资产周转率；发展能力方面选取总资产增长率、销售增长率等指标，如表7-27所示。

表 7 – 27 各变量的计算公式

偿债能力变量	资产负债率	负债总额÷资产总额
盈利能力变量	主营业务利润率	主营业务利润÷主营业务收入
营运能力变量	总资产周转率	销售收入总额÷平均资产总额
发展能力变量	总资产增长率	本年总资产增长额÷年初资产总额
	销售增长率	本期销售收入增长额÷上期销售收入

2. 经济增长变量

本章借鉴前人研究成果，并且结合本国经济发展的实际，选用的反映经济增长的最适宜指标是国内生产总值（GDP）增长率。

GDP 增长率是指国内生产总值的增长率，反映一个国家经济发展水平。需用按可比价格计算的国内生产总值来计算。所谓增长率是指一个时期到下一个时期百分比的变动。

GDP 增长率的计算公式为：

$$GDP 增长率 = (本期 GDP - 上期 GDP)/上期 GDP \times 100\% \qquad (7-1)$$

可比价 GDP 增长率与现价 GDP 增长率的关系为：

$$可比价 GDP 增长率 = (1 + 现价 GDP 增长率)/(价格指数 - 1) \qquad (7-2)$$

四、模型的建立

本部分研究的根本目的在于验证服务业企业绩效变化与经济增长的相关性，在前面假设建立及变量选择的基础上，来构建公司绩效变量和资本结构变量之间的计量回归模型：

$$Y = a_0 + a_1 X_1 + a_2 X_2 + a_3 X_3 + a_4 X_4 + a_5 X_5 + a_6 X_6 + a_7 X_7 + a_8 X_8 + c \qquad (7-3)$$

其中，Y 表示 GDP 增长率，X_1 表示资产负债率，X_2 主营业务利润率，X_3 表示总资产周转率，X_4 表示总资产增长率，X_5 表示销售增长率，X_6 表示社会零售消费品总额，X_7 表示经营单位所在地进口额，X_8 经营单位所在地出口额，a_1、a_2、a_3、a_4、a_5、a_6、a_7、a_8 表示自变量系数，c 表示残差量，如表 7 – 28 所示。

表 7 - 28   各个变量的计算方法

变量名称	代码	含义	计算方法
GDPzengzhanglv	Y	GDP 增长率	GDP 增长率 =（本期 GDP – 上期 GDP）／上期 GDP × 100%
zichanfuzhailv	X_1	资产负债率	负债总额÷资产总额
zhuyingyewulirunlv	X_2	主营业务利润率	主营业务利润÷主营业务收入
zongzichangzhouzhuanlv	X_3	总资产周转率	销售收入总额÷平均资产总额
zongzichanzengzhanglv	X_4	总资产增长率	本年总资产增长额÷年初资产总额
xiaoshouzengzhanglv	X_5	销售增长率	本期销售收入增加额 ÷上期销售收入

五、计量结果与分析

1. 批发业总体样本回归结果分析

对于批发业采用随机分析和 GMM 分析两种方法，取样本省份批发业 2000～2013 年的资产负债率、主营业务利润率、总资产周转率、总资产增长率、销售增长率以及国家的 GDP 增长率、社会零售消费品总额、经营单位进口额与出口额导入 Stata 11 软件分析得到下列结果。

（1）随机分析。

从表 7 - 29 可以看出，在模型一中，把资产负债率、主营业务利润率、总资产周转率、总资产增长率、销售增长率、社会零售消费品总额、经营单位进口额与出口额一并考虑对 GDP 增长率的影响，其中销售增长率的 P 值小于 0.1 即通过 10% 的显著性检验，说明这个变量对 GDP 增长率是有影响的，而且呈正相关，即销售增长率每增加 1% 则 GDP 增长率会增加 0.09。总资产增长率的 P 值小于 0.05 即通过 5% 的显著性检验，说明这个变量对 GDP 增长率是有影响的，而且呈正相关，即总资产增长率每增加 1% 则 GDP 增长率会增加 0.09。而其他因素没有通过 10% 的显著性检验，所以其与 GDP 增长率及经济增长的关系不大。

表 7 - 29   批发业整体回归模型

GDPzengzhanglv	模型一	模型二	模型三	模型四
zichanfuzhailv	– 0.6725432 (0.115)	– 0.4846407 (0.137)	– 0.5666015 * (0.086)	—

GDPzengzhanglv	模型一	模型二	模型三	模型四
zhuyingyewulirunlv	− 0. 0744425 (0. 487)	—	—	—
zongzichanzhouzhuanglv	0. 1772165 (0. 309)	—	—	0. 2358208 (0. 155)
zongzichanzengzhanglv	0. 0936664 ** (0. 046)	0. 1084823 ** (0. 018)	0. 1037129 ** (0. 024)	0. 1056033 ** (0. 022)
xiaoshouzengzhanglv	0. 0876089 * (0. 070)	0. 0868084 * (0. 059)	0. 0993674 ** (0. 034)	0. 0789328 * (0. 098)
shehuilingshouxiaofeipinzonge	0. 1320199 (0. 172)		0. 1265716 (0. 150)	0. 0778535 (0. 377)
Jingyingdanweisuozdjingkoue	0. 0474963 (0. 547)	0. 0861639 (0. 233)	0. 0553099 (0. 462)	0. 0470767 (0. 532)
Jingyingdanweisuozaidchukoue	− 0. 0781049 (0. 364)	− 0. 0342946 (0. 668)	− 0. 0736775 (0. 382)	—
R^2-within	0. 0688	0. 0600	0. 0625	0. 0648
R^2-between	0. 1166	0. 1097	0. 1296	0. 0926
R^2-overall	0. 0713	0. 0627	0. 0674	0. 0653

注：*** 、** 、* 分别表示1%、5%、10%水平上显著。

　　而在模型二中，把资产负债率、总资产增长率和销售增长率、经营单位进出口额组合考虑与 GDP 增长率的关系。其中销售增长率和总资产增长率通过了10% 的显著性检验，说明这个变量对 GDP 增长率是有影响的，而且呈正相关。

　　在模型三中，去掉了资产负债率、主营业务利润率和经营单位出口额，综合考虑其他因素对 GDP 增长率的影响。其中总资产增长率和销售增长率的 P 值小于 0. 05 即通过了显著性检验，与资产负债率、主营业务利润率、社会零售消费品总额与经营单位进出口额无论怎么重组的 P 值都大于 0. 1，未能通过 10% 的显著性检验，说明这两个变量对 GDP 增长率是有影响的，但不显著。

　　在模型四中，把总资产周转率、总资产增长率、销售增长率、社会零售消费品总额与经营单位出口额进行组合与 GDP 增长率进行分析，总资产增长率、销售增长率的 P 值依然小于 0. 1，通过了显著性检验，这两个变量与

GDP 增长率是有影响的，且呈正相关。

　　综上所述，利用 2000~2013 年 14 年的财务数据分别重组进行相关回归分析，相关分析结果三种重组方式具有一致性，也较好地验证了总资产增长率、销售增长率与 GDP 增长率呈现一定程度的正相关，但是其他指标与 GDP 增长率的关系未能通过 10% 的显著性检验，表明在全样本中这些指标对 GDP 增长率没有很强的关系。

　　（2）GMM 分析。

　　从表 7-30 可以看出，纵观以上四个模型，不管变量如何变化，销售增长率的 P 值都小于 0.1 即通过 10% 的显著性检验，说明这个变量对 GDP 增长率是有影响的，而且呈正相关，与随机分析得出的销售增长率的结论一致。但是在 GMM 分析中，总资产增长率没有通过 10% 的显著性检验，这与随机分析得出总资产增长率的结论有一定的差距，这可能是两个分析运用的标准，侧重点不同形成的差异。

表 7-30　　　　　　　　　　　批发业总体回归模型（GMM）

GDPzengzhanglv	模型一	模型二	模型三	模型四
zhichanfuzhailv	0.2477499 (0.813)	0.4715737 (0.636)	—	—
zhuyingyewulirunlv	−0.1133997 (0.501)	—	—	—
zongzichanzhouzhuanglv	0.1051799 (0.818)	0.0748759 (0.869)	0.0191688 (0.965)	0.0059034 (0.989)
zongzichanzengzhanglv	−0.011222 (0.862)	−0.0151819 (0.812)	−0.0136652 (0.830)	−0.0120541 (0.850)
xiaoshouzengzhanglv	0.1294397 * (0.051)	0.128813 * (0.051)	0.1354357 ** (0.035)	0.1367659 (0.032)
shehuilingshouxiaofeipinzonge	−0.396911 (0.386)	−0.3903217 (0.392)	−0.3524758 (0.432)	−0.3505136 (0.343)
Jingyingdanweisuozdjingkoue	0.0635696 (0.834)	0.0640424 (0.833)	0.022173 (0.939)	—
Jingyingdanweisuozaidchukoue	0.5756359 * (0.073)	0.5636201 * (0.078)	0.5562203 * (0.081)	0.5804888 (0.054)

　　注：***、**、*分别表示 1%、5%、10% 水平上显著。

2. 零售业总体样本结果分析

取样本省份零售业 2000～2013 的资产负债率、主营业务利润率、总资产周转率、总资产增长率、销售增长率以及国家的 GDP 增长率、社会零售消费品总额、经营单位进口额与出口额导入 Stata 11 软件分析得到下列结果。

（1）随机分析。

从表 7-31 可以看出，在模型一中，把所有指标合在一起综合考虑对 GDP 增长率的影响，其中总资产增长率的 P 值小于 0.5 即通过 5% 的显著性检验，说明这个变量对 GDP 增长率是有影响的，而且呈正相关，即总资产增长率每增加 1% 则 GDP 增长率会增加 0.11。而其他因素没通过 10% 的显著性检验，所以这些因素与 GDP 增长率的关系不强，即与经济增长的关系不强。

表 7-31　　　　　　　　零售业整体回归模型

GDPzengzhanglv	模型一	模型二	模型三	模型四
zhichanfuzhailv	−0.0038977 （0.995）	−0.1038939 （0.869）	−0.0167782 （0.978）	—
zhuyingyewulirunlv	0.1102498 （0.457）	—	0.1131911 （0.426）	—
zongzichanzhouzhuanglv	0.1858688 （0.153）	0.1872508 （0.153）	0.2276356 ** （0.012）	0.2061824 ** （0.099）
zongzichanzengzhanglv	0.1097272 ** （0.027）	0.1158973 ** （0.018）	0.1107606 ** （0.025）	0.1422272 ** （0.001）
xiaoshouzengzhanglv	0.0733169 （0.180）	0.0693433 （0.202）	0.0670603 （0.215）	—
shehuilingshouxiaofeipinzonge	−0.0240487 （0.819）	−0.0109385 （0.917）	—	−0.0161043 （0.870）
Jingyingdanweisuozdjingkoue	0.0435397 （0.619）	0.0347284 （0.690）	—	0.0239834 （0.779）
Jingyingdanweisuozaidchukoue	−0.0054575 （0.955）	0.0010432 （0.991）	—	0.0093913 （0.921）
R^2_within	0.0683	0.0677	0.0670	0.0632
R^2_between	0.0537	0.0637	0.0418	0.0680
R^2_overall	0.0623	0.0611	0.0604	0.0575

注：*** 、 ** 、 * 分别表示 1%、5%、10% 水平上显著。

在模型二中，即去掉了主营业务利润率，综合考虑了其他因素与 GDP 增长率的关系。其中总资产增长率通过了 5% 的显著性检验，说明这个变量对GDP 增长率是有影响的，而且呈正相关，总资产增长率每增加 1% 则 GDP 增长率会增加 0.12。同时我们可以发现，在模型一中去掉了一个主营业务利润率这一变量后，总资产负债率的变量系数的绝对值变大，这表明去掉了主营业务利润率之后总资产增长率对于 GDP 增长率的影响更加显著。

在模型三中，只考虑服务业企业财务指标与 GDP 增长率的关系。其中总资产增长率与总资产周转率的 P 值小于 0.05 即通过了显著性检验，对 GDP增长率是有影响的，而且呈正相关，说明这样的变量组合可以使总资产周转率也通过显著性检验，这样的组合有其合理性。

在模型四中，是将总资产周转率、总资产增长率、社会零售消费品总额、经营单位进出口额与 GDP 增长率进行分析，总资产增长率的 P 值依然小于0.1，通过了显著性检验，对 GDP 增长率是有影响的，而且呈正相关。同时在此组合中总资产周转率同样也通过了显著性检验，对 GDP 增长率是有影响的，而且呈正相关，即总资产周转率每增加 1% 则 GDP 增长率会增加 0.20。

综上所述，利用 2000～2013 年 14 年的财务数据分别重组进行相关回归分析，相关分析结果三种重组方式具有一致性，也较好地验证了总资产增长率与 GDP 增长率呈现一定程度的正相关，但是其他指标与 GDP 增长率的关系只能在一种模型下通过 10% 的显著性检验，表明在全样本中这些指标对GDP 增长率没有很强的关系。

（2）固定分析。

从表 7－32 可以看出，纵观以上四个模型，不管变量发生何种变化，总资产增长率的 P 值都小于 0.1，都通过了 10% 的显著性检验，即总资产增长率对 GDP 增长率是有影响的，而且呈正相关的。固定分析得出的结论与随机分析得出的结论是一致的，这就更加证明了总资产增长率对 GDP 增长率的正向影响。

表 7－32　　　　　　　　　零售业整体回归模型

GDPzengzhanglv	模型一	模型二	模型三	模型四
zhichanfuzhailv	−0.1823072 (0.812)	−0.1167195 (0.879)	−0.1220672 (0.873)	—

GDPzengzhanglv	模型一	模型二	模型三	模型四
zhuyingyewulirunlv	− 0. 2275271 (0. 299)	—	− 0. 1597489 (0. 409)	—
zongzichanzhouzhuanglv	0. 0606851 (0. 246)	0. 0640172 (0. 221)	0. 0631493 (0. 223)	0. 0811598 * (0. 099)
zongzichanzengzhanglv	0. 5922208 * (0. 067)	0. 5426138 * (0. 090)	0. 8309172 *** (0. 001)	0. 6741034 ** (0. 020)
xiaoshouzengzhanglv	0. 0536431 (0. 384)	0. 0588021 (0. 338)	0. 0341932 (0. 554)	—
shehuilingshouxiaofeipinzonge	0. 0200136 (0. 943)	− 0. 0291852 (0. 915)	—	− 0. 0892529 (0. 738)
Jingyingdanweisuozdjingkoue	0. 1767939 (0. 315)	0. 1702513 (0. 333)	—	0. 1546351 (0. 376)
Jingyingdanweisuozaidchukoue	− 0. 0054575 (0. 677)	− 0. 0901755 (0. 573)	—	− 0. 0783086 (0. 620)
R^2_within	0. 0853	0. 0827	0. 0817	0. 0804
R^2_between	0. 0548	0. 0485	0. 0454	0. 0464
R^2_overall	0. 0378	0. 0444	0. 0388	0. 0413

注: ***、**、*分别表示 1%、5%、10% 水平上显著。

3. 餐饮业总体样本结果分析

对于餐饮业采用随机分析和固定分析两种的方法。取样本省份餐饮业 1999 ~ 2013 年的资产负债率、主营业务利润率、总资产周转率、总资产增长率、销售增长率以及国家的 GDP 增长率、社会零售消费品总额、经营单位进口额与出口额导入 Stata 11 软件分析得到下列结果。

（1）随机分析。

从表 7 - 33 可以看出，在模型一中，把所有因素都并在一起考虑对 GDP 增长率的影响，其中资产负债率、主营业务利润率、总资产周转率、销售增长率的 P 值小于 0.1 即通过 10% 的显著性检验，说明这几个变量对 GDP 增长率是有影响的，而且呈正相关。其中资产负债率最为显著，它每增加 1% 则 GDP 增长率会增加 0.62，而其他因素没通过 10% 的显著性检验，所以这些因素与 GDP 增长率的关系不强。

表 7 – 33   餐饮业整体回归模型

GDPzengzhanglv	模型一	模型二	模型三	模型四
zhichanfuzhailv	0. 6249486 * (0. 080)	0. 6039222 * (0. 075)	0. 5729634 * (0. 093)	0. 6183664 * (0. 081)
zhuyingyewulirunlv	0. 2142877 ** (0. 030)	0. 2536146 *** (0. 006)	0. 2264722 ** (0. 021)	0. 2129161 ** (0. 031)
zongzichanzhouzhuanglv	0. 2395295 * (0. 069)	0. 2478004 ** (0. 044)	0. 2224124 * (0. 079)	0. 2335722 * (0. 073)
zongzichanzengzhanglv	– 0. 0146278 (0. 747)	– 0. 0177563 (0. 691)	– 0. 0114722 (0. 800)	—
xiaoshouzengzhanglv	0. 0995154 ** (0. 039)	0. 0924396 * (0. 054)	0. 0961076 ** (0. 046)	0. 0921302 ** (0. 039)
shehuilingshouxiaofeipinzonge	0. 0867068 (0. 385)	—	0. 0493522 (0. 381)	0. 0891641 (0. 368)
Jingyingdanweisuozdjingkoue	0. 1113585 (0. 227)	—	—	0. 113174 (0. 216)
Jingyingdanweisuozaidchukoue	– 0. 1427641 (0. 169)	—	—	– 0. 1424533 (0. 167)
R^2_within	0. 0589	0. 0531	0. 0554	0. 0580
R^2_between	0. 0856	0. 0700	0. 0691	0. 0916
R^2_overall	0. 0606	0. 0545	0. 0561	0. 0603

注：*** 、** 、* 分别表示 1% 、5% 、10% 水平上显著。

在模型二中，即去掉了社会零售消费品总额、经营单位进出口额，综合考虑了其他因素与 GDP 增长率的关系。其中资产负债率、主营业务利润率、总资产周转率、销售增长率的 P 值小于 0.1 即通过 10% 的显著性检验，说明这几个变量对 GDP 增长率是有影响的，而且呈正相关。去掉社会零售消费品总额等三个变量对其他变量影响不大，对 GDP 增长率也无大影响。

在模型三中，去掉了经营单位进出口额，综合考虑其他因素与 GDP 增长率的关系。其中资产负债率、主营业务利润率、总资产周转率、销售增长率的 P 值小于 0.1 即通过 10% 的显著性检验，说明这几个变量对 GDP 增长率是有影响的，而且呈正相关。但是可以发现因为把社会零售消费品总额放入其中考虑，使资产负债率对 GDP 增长率的贡献出现了减弱。而模型四去掉了总资产增长率，发现结果与模型三得出的结论类似。

综上所述，利用 1999～2013 年 15 年的财务数据分别重组进行相关回归分析，相关分析结果三种重组方式具有一致性，也较好地验证了资产负债率、主营业务利润率、总资产周转率、销售增长率与 GDP 增长率呈现一定程度的正相关，但是其他指标与 GDP 增长率的关系未能通过 10% 的显著性检验，表明在全样本中这些指标对 GDP 增长率没有很强的关系。

（2）固定分析。

从表 7-34 可以看出，纵观以上四个模型，不管变量发生何种变化，销售增长率每次的 P 值都小于 0.1 即都能通过 10% 的显著性检验，即销售增长率对 GDP 增长率是有影响的，而且呈正相关，这与随机分析得出的销售增长率的结论是一致的。但是在上述模型一中资产负债率、主营业务利润率、总资产周转率没有通过 10% 的显著性检验，而在模型二、模型三、模型四中，通过变量的增减变化，使资产负债率、主营业务利润率、总资产周转率陆续通过了 10% 的显著性检验，固定分析得出的结论与随机分析得出的结论有一定的差异，可能是由分析方法和权重带来的。

表 7-34　　　　　　　　　　餐饮业整体回归模型

GDPzengzhanglv	模型一	模型二	模型三	模型四
zhichanfuzhailv	0.3690861 (0.400)	0.3584174 (0.413)	0.300274 (0.493)	0.6183664 * (0.081)
zhuyingyewulirunlv	0.0038209 (0.979)	0.2273512 ** (0.023)	0.067265 (0.619)	—
zongzichanzhouzhuanglv	0.1984933 (0.207)	0.3065172 ** (0.038)	0.2492626 * (0.098)	0.1929823 (0.211)
zongzichanzengzhanglv	− 0.027593 (0.551)	− 0.0314164 (0.498)	− 0.0248323 (0.592)	− 0.0275029 (0.552)
xiaoshouzengzhanglv	0.1006786 ** (0.043)	0.0921342 * (0.063)	0.1008691 ** (0.043)	0.1004609 ** (0.042)
shehuilingshouxiaofeipinzonge	− 0.0519153 (0.850)	—	0.2534832 * (0.081)	− 0.0588884 (0.829)
Jingyingdanweisuozdjingkoue	0.3373545 * (0.075)	—	—	0.342171 * (0.062)

续表

GDPzengzhanglv	模型一	模型二	模型三	模型四
Jingyingdanweisuozaidchukoue	−0. 074675 (0. 670)	—	—	−0. 071046 (0. 681)
R²_within	0. 0694	0. 0545	0. 0618	0. 0692
R²_between	0. 0244	0. 0290	0. 0203	0. 0241
R²_overall	0. 0277	0. 0520	0. 0376	0. 0269

注：*** 、** 、*分别表示1%、5%、10%水平上显著。

4. 住宿业总体样本结果分析

对于住宿业采用随机分析和固定分析两种方法。取样本省份住宿业 2009～2013 年的资产负债率、主营业务利润率、总资产周转率、总资产增长率、销售增长率以及国家的 GDP 增长率、社会零售消费品总额、经营单位进口额与出口额导入 Stata 11 软件分析得到下列结果。

（1）随机分析。

从表 7 - 35 可以看出，在模型一中，去掉了总资产周转率和经营单位进出口额，综合考虑其他因素与 GDP 增长率的关系。其中资产负债率通过了 10% 的显著性检验，说明这个变量对 GDP 增长率是有影响的，而且呈正相关。社会零售消费品总额的 P 值小于 0.1 即通过 10% 的显著性检验，说明这个变量对 GDP 增长率是有影响的，而且呈负相关，即社会零售消费品总额每增加 1% 则 GDP 增长率会减少 0.16。

表 7 - 35　　　　　　　　住宿业整体回归模型

GDPzengzhanglv	模型一	模型二	模型三	模型四
zhichanfuzhailv	1. 376396 * (0. 020)	1. 262764 (0. 036)	1. 259809 (0. 036)	1. 401668 (0. 016)
zhuyingyewulirunlv	0. 0645952 (0. 905)	0. 1488554 (0. 786)	—	—
zongzichanzhouzhuanglv	—	0. 4775114 (0. 350)	0. 4546485 (0. 365)	—
zongzichanzengzhanglv	0. 022555 (0. 722)	0. 0133416 (0. 835)	0. 0144966 (0. 820)	—

续表

GDPzengzhanglv	模型一	模型二	模型三	模型四
xiaoshouzengzhanglv	0.0402368 (0.600)	0.0229366 (0.772)	0.0215886 (0.784)	0.0451402 (0.543)
shehuilingshouxiaofeipinzonge	−0.168610 (0.057)	−0.2045332 (0.034)	−0.2065373 (0.032)	−0.1732099 (0.046)
Jingyingdanweisuozdjingkoue	—	—	—	—
Jingyingdanweisuozaidchukoue	—	—	—	—
R^2_within	0.0131	0.0135	0.0141	0.0059
R^2_between	0.1743	0.2028	0.2019	0.1970
R^2_overall	0.0469	0.0527	0.0522	0.0460

注: ***、**、* 分别表示1%、5%、10%水平上显著。

在模型二中,把资产负债率、总资产周转率、总资产增长率、销售增长率、社会零售消费品总额一并考虑对 GDP 增长率的影响。资产负债率的 P 值小于0.1 即通过10% 的显著性检验,说明这个变量对 GDP 增长率是有影响的,而且呈正相关。社会零售消费品总额的 P 值小于0.1 即通过10% 的显著性检验,说明这个变量对 GDP 增长率是有影响的,而且呈负相关。而其他因素则没通过10% 的显著性检验,所以这些因素与 GDP 增长率的关系不强,即与经济增长的关系不强。

在模型三中,去掉了经营单位进出口额,综合考虑其他因素与 GDP 增长率进行分析。得出的结论与模型二类似,说明主营业务利润率的存在与否对 GDP 增长率影响不大。

在模型四中,把资产负债率、销售增长率、社会零售消费品总额一并考虑对 GDP 增长率的影响,资产负债率的 P 值依然小于0.1,通过了显著性检验。社会零售消费品总额的 P 值小于0.1 即通过10% 的显著性检验,说明这个变量对 GDP 增长率是有影响的,而且呈负相关。比较模型二中增加了主营业务利润率、总资产增长率、总资产周转率这3 个变量后,资产负债率的变量系数的绝对数值变小了,这表明增加了这3 个变量后减弱了资产负债率对 GDP 增长率的影响,使资产负债率对 GDP 增长率的正相关程度减弱。

综上所述,利用2009～2013 年5 年的财务数据分别重组进行相关回归分析,相关分析结果三种重组方式具有一致性,也较好地验证了资产负债率与

GDP增长率呈现一定程度的正相关，社会零售消费品总额与GDP增长率呈现一定程度的负相关。但是其他指标与GDP增长率的关系未能通过10%的显著性检验，表明在全样本中这些指标对GDP增长率没有很强的关系。

（2）固定分析。

从表7－36可以看出，纵观以上四个模型，不管变量发生何种变化，社会零售消费品总额的P值都小于0.1即能通过10%的显著性检验，即社会零售消费品总额对GDP增长率是有影响的，而且呈正相关，这与随机分析得出的社会零售消费品总额的结论是一致的。但是资产负债率却没有通过10%的显著性检验，这与随机分析得出的资产负债率的结论有一定的差距，原因可能是时间的跨度不够长，且住宿业属于新行业，各项数据的收集都不是很完整，会造成这一种差异。

表7－36　　　　　　　　　　住宿业整体回归模型

GDPzengzhanglv	模型一	模型二	模型三	模型四
zhichanfuzhailv	1.583899 (0.367)	1.361896 (0.422)	1.584289 (0.369)	1.152002 (0.493)
zhuyingyewulirunlv	—	0.1211824 (0.893)	0.023955 (0.979)	
zongzichanzhouzhuanglv	0.4737322 (0.608)	—	0.4685183 (0.622)	
zongzichanzengzhanglv	0.0782634 (0.608)	0.0838952 (0.249)	0.0783986 (0.289)	
xiaoshouzengzhanglv	0.0966503 (0.280)	0.1104437 (0.195)	0.096743 (0.282)	0.130228 (0.119)
shehuilingshouxiaofeipinzonge	0.9381287 * (0.084)	1.004807 * (0.057)	0.9390086 * (0.086)	1.090412 * (0.037)
Jingyingdanweisuozdjingkoue	—	—	—	—
Jingyingdanweisuozaidchukoue	—	—	—	—
R^2_within	0.0708	0.0688	0.0708	0.0579
R^2_between	0.0255	0.0343	0.0256	0.0361
R^2_overall	0.0006	0.0014	0.0006	0.0023

注：***、**、*分别表示1%、5%、10%水平上显著。

第六节　结论与建议

　　我国正处在建设社会主义市场经济体制的关键时期。随着企业运营环境的转换，社会和市场对企业提出了更高要求：一方面，企业必须高效运营、灵敏反应，以求在日益激烈的竞争中求得生存；另一方面，企业必须实施可持续发展战略。这就要求企业全面、高效地提升自身素质。科学地、全面地对企业绩效进行评价，可以使企业发现自身的优势和劣势，并有助于它们学习其他企业的成功经验，为强化自身素质和提升竞争力提供了指导和依据。

　　通过对服务业企业绩效变化对经济增长影响的分析发现，我国的服务业存在行业间差异较大，地域差异较大，批发、零售、餐饮、住宿这四个行业都存在着发展能力指标起伏较大的现象，这不利于服务业经济的平稳发展。造成这一现象的原因与全国各个省区市的经济发展情况，与居民消费水平有关，也与不同行业的特点有关。上海市是中国的经济、金融、贸易和航运中心，城市里分布着许多服务业企业，批发、零售、餐饮、住宿业在这个城市十分发达。上海市作为中国的一线城市有着丰富的资源，经济发展水平高，居民的收入水平也很高，人们就有闲钱去消费，去追求高品质的舒适生活，这使上海市的服务业发展较中国其他地区都好。纵观所有分析的行业，批发业和零售业整体盈利能力和经营绩效低于餐饮业和住宿业，在不同省区市间存在较大的差距，主要表现在批发业和零售业的主营业务利润率整体偏低，均值不超过10%，低于餐饮、住宿业的40%左右的主营业务利润率，且批发业部分省区市的主营业务利润率还有负值。而批发、零售业的总资产周转率的均值都超过了1次，资产周转速度较快，资产的使用效率高，超过了餐饮、住宿业的总资产周转率。但是批发、零售业的资产负债率前期过高，后经过调整发展稳定在72%左右，但是餐饮、住宿业的资产负债率的均值稳定在65%左右，说明我国服务业的资产负债率需要继续调整，优化融资结构，合理分配向外部筹资和内部筹资的比例。这四个行业都有的缺点就是销售增长率和总资产增长率的起伏较大，不是很稳定，餐饮、住宿业近两年甚至出现了负增长，说明其资产规模不是很稳定，服务业企业对是否扩大规模需要谨慎决策。总体而言，服务业企业绩效变化与经济增长之间存在着相关性。其中，销售增长率、总资产增长率与 GDP 增长率之间呈现一定的正相关。

　　因此，针对服务业分布地区差异化这一问题，首先，应该以上海市、江苏省等较为发达的省市为中心建设服务业企业优良的生态环境，努力构建有利于服务业企业的培育、发展的政策和制度环境，通过放松管制、引进外资、创新结构等途径来优化服务业的外部环境，来改良服务业企业的经营绩效，从而改变现状，为服务业企业的健康发展提供便利，从而促进经济的增长。其次，应该充分发挥中西部地区在旅游资源和劳动力资源方面的优势来发展服务业，促进东西部地区协调发展，进而促进国民经济又好又快的发展。最后，也是最重要的一点，服务业企业自身要制订合理的发展方式，采取多元化的筹资渠道，降低资产融资的负债率，与时俱进，开拓创新，能有新点子并把其运用到企业经营中，提高商品或服务的附加价值，提高其获利能力。

第八章 中国企业 500 强股权结构集聚效应

本章从股权集中度的角度出发，分析了股权结构对企业效益的影响，并基于中国企业 500 强的研究背景，筛选出 206 家自 2013～2017 年连续上榜 5 年的企业，利用其 2013 年第二季度至 2017 年第三季度间共 18 个报告期的 3708 组观察值为样本进行实证分析。结果表明，企业最大股东持股比例与企业效益呈显著负相关，而前十大股东持股比例相较于前五大股东持股比例对企业效益的积极影响更显著；说明适当的股权分散结构有利于建立企业管理制衡机制，有利于提高企业的经营效益，对企业稳定长远的发展有重大积极作用。

第一节 引 言

企业效益是企业经营的根本出发点，企业的一切行为都是为了增长其经营效益。企业效益受到许多不同因素的作用，其中公司治理成果是影响企业效益的根本原因。作为公司治理的基础，股权结构直接决定了不同股东对公司控制权的分配，决定了企业的决策权，从而影响着企业的经营结果。因此，通过研究企业股权结构与企业经营效益的关系，对优化企业结构、改善企业经营成果有重大作用。

一、研究背景

1. 经济背景

如今的中国，在经历了经济体制改革后，已进入了经济高速发展的新阶段，经济总量已位居世界第二。在这一经济全球化发展日新月异的时期，如何使国内的经济市场与世界经济市场的运行规则相适应，紧跟国际形势，维护本国利益，仍是中国经济发展的重要问题。而特殊的国情决定了我国的企业结构具有很强的特殊性，我国许多大型企业的股权结构带有明显的特征：结构复杂、流通性差，国家股及国有法人股比重大、占主体地位等。这一点尤其体现在我国的上市企业中。唐宗明、蒋位（2002）对不同国家大股东侵害度进行了比较研究，发现我国上市公司相较英美国家，存在严重的大股东独裁、侵害小股东利益现象。由于我国上市公司股权结构中居主导地位的主要是非流通性股权高度集中的模式，因此，研究我国企业的股权结构影响机制，对推动我国的经济进一步发展有重大作用。

2. 企业背景

中国企业 500 强是由中国企业联合会和中国企业家协会按国际惯例组织评选并发布的中国企业排行榜。其中，大多数企业业务遍布全国，也有一部分业务遍布世界，因此是极具中国企业代表性特征的大企业。从近年的中国企业 500 强绩效看，我国在深化企业改革方面已取得初步成效，但还有许多问题存在，企业增长的质量和效益仍然需要提高。基于中国 500 强企业所有制格局，使研究股权结构对企业效益的影响更具代表性，对改善我国企业治理成果有典型作用。

3. 文献回顾

国内外对公司所有权及公司效益关系的理论和实证研究很多，具体而言，对于股权集中度与公司效益间关系的研究主要有四种观点：

一是股权集中度与公司效益存在正相关：Berle 和 Means（1932）在对美国经营业绩前 200 名的公司进行实证研究后发现，一定程度提升公司所有权的集中度，有利于提升公司绩效；王昱升（2005）通过选取综合性较强的公司股东权益净利率作为衡量公司绩效的指标，以沪深两市的 283 家上市公司作为研究对象，发现股权集中度与公司绩效呈正相关；颜爱民、马箭（2013）借鉴产业经济学增长率产业分类法来界定企业所处的生命周期阶段，利用上市企业 2002～2007 年的面板数据实证研究不同生命周期阶段股权集中度、股权制衡与企业绩效的关系，并得出股权集中度在企业成长和衰退阶段与企业绩效具有显著的正向线性关系。

二是股权集中度与公司效益存在负相关：Leech 和 Leahy（1991）对英国公司研究后得出了不同的发现，股权分散型公司的绩效要好于股权集中型的公司；胡洁、胡颖（2006）认为因为大股东与中小股东的利益诉求存在差异，大股东更关注企业长期发展，中小股东更关注当前利益，而掌握企业的实质控制权的大股东存在牺牲小股东利益的动机，使公司业绩在大股东与小股东之间也存在问题。

三是股权集中度与公司效益不存在明显的相关关系：朱武祥、宋勇（2001）以家电行业 20 家上市公司为样本研究发现，股权结构与企业价值并无显著相关性。并增强资本市场对上市公司战略、经营绩效业绩和公司治理质量的评价功能和控制权收购功能，可以促进上市公司在日益激烈的产品市场和评价、控制权收购功能日益有效的资本市场双重压力下，选择有利于驱动公司长期可持续发展和股东价值增长的股权结构。

四是股权集中度与公司效益存在非线性关系，并且是存在倒"U"型函数关系：McConnell 和 Servaes（1990）在对 2266 个样本公司研究后发现，公司绩效与股权结构的函数关系呈曲线形状，即股权集中度在中等水平时，公司绩效曲线向上倾斜；孙永祥和黄祖辉（1999）在对我国上市公司进行实证研究后发现第一大股东持股比例与公司绩效间呈倒"U"型关系，函数在50% 处存在拐点。

第二节　相关理论与假设

一、股权结构

1. 分散结构

分散型股权结构首先可以降低股东持有股票的流动性风险，更多地获得流动性收益；其次有利于经营者有效的管理，有利于提高管理层活跃度，因而获得创新的管理政策或方案；当股权高度分散时，股东权力分配合理，可以达成有效的权力制衡与民主决策机制。

但由于股权分散使经营者间监督管理难度提高，存在股东为了一己私利而出卖公司信息和泄露商业机密的可能；或是公司股东难以在短时间内达成决策的高度一致，致使公司的经营效率降低。

2. 集中结构

在股权集中结构下，由于控股股东掌握实权，使得控股股东的决策管理能够更有效地影响到公司的实际收益，大股东有动机和能力去监督公司的一切经济活动，并且在一定很大程度地提高了企业经营效率、减少企业经营成本，由此促进企业经营的优化和企业财富的增长。

但由于股权的高度集中，也形成了大股东的绝对控股地位，当大股东的控制权缺乏公司监督部门的制约时，大股东就可能以权谋私，利用绝对权力转移或输送利益，损害和挤压众多小股东的利益，甚至对企业造成难以想象的损害。

3. 制衡结构

在股权制衡的条件下，由于股权相对集中，大股东不仅能够主动、有效地监督企业管理者，对他们实行激励机制，而且能够互相约束，有利于实现利益的均匀分配，减少对中小股东利益的侵犯。股权制衡同时也有利于公司内在价值的提高，减少为了私人利益而牺牲商业价值的可能性，更好地满足融资和投资等需求。

但当股东认为股权分配不均时，也可能导致股权争夺的不利影响，从而损害公司利益；此外，由于各大股东对公司决策或投资回报率的看法不同，对自身收益的期望不同，在没有绝对话语权的股权结构中，容易产生股东意见不一致导致的企业经营不合理问题。

二、研究假设

假设一：在中国 500 强企业中，股权集中度与企业效益正相关。该假设认为大股东集权不仅能监督经营者，也能更好参与到公司的经营管理决策活动中，一定程度上避免了委托代理等经营模式产生的问题和分歧。

假设二：在中国 500 强企业中，股权集中度与企业效益负相关。该假设认为大股东与中小股东的利益诉求存在差异，大股东更关注企业长期发展，中小股东更关注当前利益，由于企业的实质控制权掌握在大股东手中，因此可能导致一定的决策分歧，从而影响公司的经营业绩。

假设三：在中国 500 强企业中，股权集中度与企业效益无显著相关性。

该假设认为企业股权集中度对企业的经营模式影响很小，因此对企业效益不存在明显影响。

第三节　计量检验与分析

一、模型建立

本章主要研究的是从中国 500 强企业角度出发的股权结构对企业效益的影响问题，因此我们筛选在中国 500 强企业中处于长期稳定上榜的代表性企业为研究对象，考虑到信息的可收集性，我们选择在中国证券市场流通的 500 强上市公司数据建立评价指标体系。借助 Stata 软件，选择合适的研究变量建立评价指标体系和线性回归模型，通过对模型检验结果讨论得出变量间的影响关系。

在本研究中，我们采用线性回归分析法，建立如下模型：

$$ROE = \alpha_0 + \alpha_1 r_1 + \alpha_2 r_5 + \alpha_3 r_{10} + \alpha_4 cr + \alpha_5 qr + \varepsilon \qquad (8-1)$$

其中，ROE 表示企业净资产收益率；α_0 为常数项，α（1，2，3，4，5）为回归系数，ε 为随机误差项；r_1，r_5，r_{10} 分别表示企业最大股东持股比例，前五大股东持股比例和前十大股东持股比例。

根据这一模型，我们使用 Stata 软件中的动态面板数据进行回归分析，通过观察检验结果是否通过，判断各解释变量对被解释变量是否存在显著影响，并根据回归系数，判断不同变量的影响程度；为了确保检验结果的有效性，我们根据检验结果进行多次验证，进一步分析检验结果。

二、变量与数据

为了研究股权结构对企业效益的影响，我们以净资产收益率这一代表性财务指标为因变量，从股权集中度的角度出发，分别通过企业最大股东持股比例、企业前五大股东累计持股比例和企业前十大股东累计持股比例三个主要自变量代表不同的股权集中度，以及流动比率、速冻比率两个指标作为控制变量，通过统计分析，得出他们之间的影响关系。

1. 变量选择

净资产收益率（ROE）：即股东权益报酬率，表示的是净利润占平均股东权益的百分比，即公司税后利润除以公司净资产的百分比。该指标可以反映股东权益的回报水平，常被用来评价公司使用自有资本获得净收入的能力。该指标的指数值越高，投资回报率越高。净资产收益率是衡量股东资金使用效率的重要财务指标，因此在本章中我们用这一指标来表现企业效益。

计算公式：

$$净资产收益率（R）=\frac{每股收益或公司净利润（E）}{每股净资产或股东权益（A）}\times100\% \qquad （8-2）$$

股权集中度（r）：是指所有股东因持股比例不同而体现出的股票集中或股票分散的数据指标。股权集中度是衡量公司股权分布结构的主要指标。

本章使用大股东持股比例作为衡量指标。从这个意义上说，股权结构有三种类型：

（1）高度集中的股权结构。一般来说，绝对控股股东占有公司一半以上的股权，对公司拥有绝对控制权。

（2）公平性分散的股权结构。该公司没有大股东，且所有权和经营权基本分制管理，单个股东持股比例低于10%。

（3）公司控股股东比较大但还拥有其他大股东的股权结构。持股比例在10%~50%之间。

流动比率（CR）：是指流动资产与流动负债的比率，用来评估公司流动资产变现偿还短期债务的能力。一般而言，企业资金流动比率应高于2:1，意味着流动资产是流动负债的两倍以上，即能确保偿还所有流动负债。因此，该比率越高，公司资产流动性越强，短期偿债能力越强，反之亦然。

计算公式：

$$流动比率=\frac{流动资产合计}{流动负债合计}\times100\% \qquad （8-3）$$

速动比率（QR）：是指企业快速流动资产与流动负债的比率。快速流动资产是公司的流动资产减去如现金、短期投资、应收票据、应收账款等库存和预付项。这个指标可以用来衡量企业流动资产立即偿还流动负债的能力，即企业的短期偿债能力。它是流动比率的补充，比流动比率更直观可信。在通常情况下，最适合的速动比率约为 1.5:1。

计算公式：

$$速动比率 = \frac{速动资产合计}{流动负债合计} = \frac{流动资产 - 存货}{流动负债} \times 100\% \qquad (8-4)$$

各指标描述如表 8-1 所示。

表 8-1   指标描述

指标	变量名称	变量含义	计算公式
净资产收益率	ROE	净利润占平均股东权益的百分比	净资产收益率（R）＝$\frac{每股收益或公司净利润（E）}{每股净资产或股东权益（A）}$×100%
股权集中度	$r_{(1,5,10)}$	衡量公司股权分布状况的主要指标	加权计算
流动比率	cr	流动资产与流动负债之比	流动比率＝$\frac{流动资产合计}{流动负债合计}$×100%
速动比率	qr	速动资产与流动负债之比	速动比率＝$\frac{速动资产合计}{流动负债合计}=\frac{流动资产 - 存货}{流动负债}$×100%

2. 数据处理

本章数据均来源于财富中文网、同花顺数据中心和大智慧 365 数据中心，筛选了 2013~2017 年连续 5 年上榜财富网中国 500 强企业名录并在上海证券交易所和深圳证券交易所上市的中国企业共 206 家，以季度为报告期，共收录自 2013 年第二季度至 2017 年第三季度共 18 期的报告数据。分别下载 2013~2017 年度财富中文网所收录的中国企业 500 强名录，通过查找比较，筛选出连续 5 年上榜企业名单并汇总。通过同花顺数据中心，分别下载并录入汇总名录中各数据可查的企业的净资产收益率、资产负债比率、流动比率、速冻比率。通过大智慧 365 数据中心，下载并录入各企业自 2013 年第二季度至 2017 年第三季度共 18 期的前十大股东占股比例报告数据，并录入整合，加权后分别得出最大股东占股比例、前五大股东累计占股比例和前十大股东累计占股比例（见表 8-2）。

表 8 – 2　　　　　　　　各因变量统计性描述（均保留两位小数）

变量名	指　　标	最大值	最小值	平均值	标准差
r1	最大股东持股比例	88.55	7.85	43.16	16.64
r5	前五大股东持股比例	99.29	16.24	60.87	16.14
r10	前十大股东持股比例	101.43	21.61	64.73	15.54
qr	速动比率	5.92	0.03	0.73	0.53
cr	流动比率	7.55	0.10	1.22	0.70

三、结果与分析

1. 计量结果

为了初步验证假设，我们首先选择 roe、r1、r5、r10 四个变量进行回归分析，以判断不同股权集中度对净资产收益率的拟合效果，结果如表 8 – 3 所示。

表 8 – 3　　　　　　　　roe、r1、r5、r10 检验结果

	系数	标准差	z	P > │z│	[95% Conf. Interval]	
L1.	0.1414656	0.0131176	10.78	0	0.1157557	0.1671756
r1	– 0.6997513	0.1904549	– 3.67	0	– 1.073036	– 0.3264665
r5	0.0429541	0.4793347	0.09	0.929	– 0.8965248	0.9824329
r10	0.4818624	0.3896185	1.24	0.216	– 0.2817759	1.245501
_cons	0.6047079	11.00554	0.05	0.956	– 20.96575	22.17516

检验结果显示，只有 r1 通过检验，且回归系数为 – 0.6997513，检验结果表明最大股东占股比例与企业净资产收益率呈显著负相关。为了进一步证明这一检验结果，我们对 roe 和 r1 两个变量单独进行回归分析，结果如表 8 – 4 所示。

表 8 – 4　　　　　　　　roe r1 检验结果

	系数	标准差	z	P > │z│	[95% Conf. Interval]	
L1.	0.1510581	0.0128828	11.73	0	0.1258084	0.1763079
r1	– 0.610033	0.1625407	– 3.75	0	– 0.9286069	– 0.291459
_cons	30.48135	7.049392	4.32	0	16.6648	44.29791

检验结果仍然显示 r1 通过检验,且回归系数为 - 0.610033,检验结果表明,最大股东持股比例与企业净资产收益率呈显著负相关,初步论证了之前的检验结果。那么,除最大股东持股比例对企业效益产生负相关影响外,我们仍无法判断前五大股东和前十大股东对企业资产收益率的影响,因此我们接着对 r5 和 r10 与 roe 之间分别进行回归分析,结果分别如表 8 - 5 和表 8 - 6 所示。

表 8 - 5   roe r5 检验结果

	系数	标准差	z	P > | z |	[95% Conf. Interval]	
L1.	0.1554326	0.0128609	12.09	0	0.1302257	0.1806394
r5	0.3211411	0.1680132	1.91	0.056	- 0.0081588	0.6504409
_cons	- 15.4894	10.2258	- 1.51	0.13	- 35.53159	4.552796

表 8 - 6   roe r10 检验结果

	系数	标准差	z	P > | z |	[95% Conf. Interval]	
L1.	0.1517035	0.0129379	11.73	0	0.1263457	0.1770613
r10	0.4313829	0.1431572	3.01	0.003	0.1508	0.7119658
_cons	- 23.83979	9.259506	- 2.57	0.01	- 41.98809	- 5.691497

检验结果显示 r5 并未通过检验,暂时无法得出前五大股东持股比例对企业效益存在显著影响,而 r10 通过检验,且回归系数为 0.4313829,即前十大股东持股比例对企业效益间存在正相关影响。

为了进一步证明以上检验结果,并研究 r1、r5、r10 之间是否存在关联效应,我们分别对 roe r1、r5、r10 间两两变量进行回归分析,结果如表 8 - 7 ~ 表 8 -9 所示。

表 8 - 7   roe r1、r5 检验结果

	系数	标准差	z	P > | z |	[95% Conf. Interval]	
L1.	0.1422581	0.0131024	10.86	0	0.1165777	0.1679384
r1	- 0.8022122	0.1716178	- 4.67	0	- 1.138577	- 0.4658476
r5	0.5954398	0.1771592	3.36	0.001	0.2482142	0.9426654
_cons	2.583871	10.88373	0.24	0.812	- 18.74785	23.91559

表 8 - 8　　　　　　　　　　　　roe r10 检验结果

	系数	标准差	z	P > | z |	[95% Conf. Interval]	
L1.	0.1414942	0.0131111	10.79	0	0.1157969	0.1671916
r1	- 0.6909463	0.1634229	- 4.23	0	- 1.011249	- 0.3706434
r10	0.514495	0.1439247	3.57	0	0.2324077	0.7965823
_cons	0.7267754	10.90144	0.07	0.947	- 20.63966	22.09321

表 8 - 9　　　　　　　　　　　roe r5、r10 检验结果

	系数	标准差	z	P > | z |	[95% Conf. Interval]	
L1.	0.1497447	0.0129686	11.55	0	0.1243268	0.1751627
r5	- 0.8623797	0.412898	- 2.09	0.037	- 1.671645	- 0.0531145
r10	1.103777	0.3523515	3.13	0.002	0.4131812	1.794374
_cons	- 14.84351	10.20582	- 1.45	0.146	- 34.84654	5.159522

检验结果不难看出，虽然 r1、r5，r1、r10，r5、r10 分别检验结果基本都为通过，但只有 r1 的回归系数始终为负，且平稳通过检验，因此我们推断企业最大股东持股对企业效益影响最显著，且为负相关影响。

为了佐证这一推测，我们加入随机干扰项 cr 和 qr 继续进行回归分析，结果如表 8 - 10 所示。

表 8 - 10　　　　　　　roe r1、r5、r10、qr、cr 检验结果

	系数	标准差	z	P > | z |	[95% Conf. Interval]	
L1.	0.1313528	0.0132518	9.91	0	0.1053798	0.1573259
cr	28.17803	4.182279	6.74	0	19.98091	36.37514
qr	- 25.12007	5.616765	- 4.47	0	- 36.12873	- 14.11141
r1	- 0.5885727	0.1921384	- 3.06	0.002	- 0.965157	- 0.2119883
r5	0.4282526	0.4788351	0.89	0.371	- 0.510247	1.366752
r10	0.1163731	0.3902356	0.3	0.766	- 0.6484746	0.8812207
_cons	- 20.16472	11.32856	- 1.78	0.075	- 42.36828	2.038853

r1 仍旧通过检验，且回归系数为 - 0.5885727，检验结果仍然显示最大股东占股比例与企业净资产收益率呈显著负相关。我们分别剔除 r5、r10 两个指标的影响后继续对 r1 做回归分析，结果如表 8 - 11 和表 8 - 12 所示。

表 8 – 11   roe r1、r5、qr、cr 检验结果

	系数	标准差	z	P > │z│	[95% Conf. Interval]	
L1.	0. 1314054	0. 0132456	9. 92	0	0. 1054445	0. 1573662
r1	− 0. 6118347	0. 1754596	− 3. 49	0	− 0. 9557292	− 0. 2679402
r5	0. 5630121	0. 1789474	3. 15	0. 002	0. 2122818	0. 9137425
cr	28. 22515	4. 174185	6. 76	0	20. 0439	36. 4064
qr	− 25. 06339	5. 618227	− 4. 46	0	− 36. 07492	− 14. 05187
_cons	− 19. 92984	11. 25501	− 1. 77	0. 077	− 41. 98924	2. 129571

表 8 – 12   roe r1、r10、qr、cr 检验结果

	系数	标准差	z	P > │z│	[95% Conf. Interval]	
L1.	0. 1317625	0. 013244	9. 95	0	0. 1058048	0. 1577203
r1	− 0. 5030612	0. 1666641	− 3. 02	0. 003	− 0. 8297169	− 0. 1764055
r10	0. 4397802	0. 1458448	3. 02	0. 003	0. 1539296	0. 7256308
cr	27. 85494	4. 167436	6. 68	0	19. 68692	36. 02297
qr	− 24. 80273	5. 607726	− 4. 42	0	− 35. 79367	− 13. 81179
_cons	− 18. 55974	11. 19109	− 1. 66	0. 097	− 40. 49386	3. 374388

检验结果显示，r1、r5、r10 均通过检验，且 r1 回归系数为 − 0. 5030612，r5 和 r10 回归系数分别为 0. 5630121 和 0. 4397802，这一结果合理佐证了最大股东持股比例对企业效益存在负相关影响，不但平稳通过检验且负相关性显著。

2. 分析结论

通过以上回归分析过程，显然可以确定，企业最大股东持股比例对企业净资产收益率的检验基本都通过，且存在显著的负相关影响，相关系数普遍分布在 − 0. 6 左右，表明最大股东持股比例对企业经营效益的负面影响较大；而企业前十股东持股比例对企业效益存在正相关影响的可能性大于前五大股东持股比例，且存在相关系数分布在 0. 5 左右的显著正相关关系。这一实证分析结果表明，企业股权集中度越高，对企业效益的反作用越大，而适当的股权分散和制衡，对企业效益的积极影响较大（见表 8 – 13）。

表 8 – 13　　　　　　　　　　　通过检验的变量系数

		r1	r5	r10
第一次检验	r1 r5 r10	− 0.6997513		
第二次检验	r1	− 0.610033		
第三次检验	r5			
第四次检验	r10			0.4313829
第五次检验	r1 r5	− 0.8022122	0.5954398	
第六次检验	r1 r10	− 0.6909463		0.514495
第七次检验	r5 r10			1.103777
第八次检验	r1 r5 r10 cr qr	− 0.5885727		
第九次检验	r1 r5 cr qr	− 0.6118347	0.5630121	
第十次检验	r1 r10 cr qr	− 0.5030612		0.4397802

3. 研究局限

在这一实证分析中，我们仅考虑了最大股东、前五大股东、前十大股东的加权持股比例对企业效益的影响，然而在实际情况中，由于我国的大型企业体制原因，前五大股东和前十大股东的持股比例并不是均匀分配的，甚至存在严重的最大股东持股比例过大现象，可能对分析结果产生误差，而且我国企业的股权结构复杂，有时也存在企业大股东被其母公司或其他企业控股错综复杂的股权结构，因此不能一概而论。此外，随机变量的选择也可能对分析结果产生误差影响。

第四节　结论与建议

本章从股权集中度角度出发通过对中国 500 强上市企业的股权结构和企业效益的实证研究，利用其中极具代表性的企业数据分析，得出企业最大股东持股比例过大对企业效益有显著的负相关影响，而适度的分散股权与企业效益间存在明显的正向关系。因此，在现代商业活动中，企业最好采取适度分散股权的经营模式，建立完善的股权制衡结构和企业管理制度，这有助于企业效益的稳定和提高，有利于企业的长期良好发展。然而本章中的实证分析发现，由于企业最大股东、前五大股东和前十大股东之间存在高度相关性，且最大股东持股比例过高，前五、前十大股东的加权持股比例并不平均，所以如果需要深入分析研究最优的股权制衡结构，还需要对回归模型作进一步改善。根据研究结论，对于大企业股权依据现代企业制度应合理设置企业股权结构。

一、优化股权集中度和股权制衡度

经过统计可以看出，中国 500 强企业的股权结构高度集中，弊端明显存在。所有权结构过度集中有其不可忽视的缺点。不仅因为大股东可能会利用其绝对控股地位以剥夺中小股东话语权和利益为手段来为自己谋求利益，而且由于股权集中度过高，必然导致流通股比例过小，不利于有效的经济市场秩序。股权高度集中也会导致公司决策民主化和科学化程度不足，也不利于公司接受更广泛的股东监督。此外，由于大股东的绝对控制权可以操纵公司管理层选举，使得董事会等组织形同虚设。尤其是股票太过集中在国家手中，为政府机构主导公司提供了条件，致使政企一体化和政企不分的现象不会有实质性的变化。

从某种意义上说，股权分散意义重大。一方面，正是由于股权分散，股东对公司的直接控制和管理能力非常有限，使股东无法控制公司，导致了所有权和控制权分离的现代企业制度。所有权和控制权的分离诞生了职业经理人和专业投资者，有利于体现企业的社会价值。另一方面，当股权分散到一定程度时，股东即无法直接控制企业，公司的合法财产权正式确立。另外，公司股权分散后，公司监管体系也更加完善和多元化，有利于建立有效的约束和监督机制，提高企业的经营效率。股权分散与专家治理之间存在着巨大相关性，有效提高了公司管理效率。

股权分散在带来好处的同时，也有不可忽视的缺陷。由于股权分散，使得公司管理权分散在不同的管理人员手中，股东对公司的董事会和管理人员的监督效果被弱化，可能导致公司经营决策执行效率降低。由于股权分散且平均，许多投资者为了在短时间内获得更高的投资回报率通常会购买多个公司的股票，使用少量资本经营更多的社会资本产权所有者可能会导致公司缺乏考虑长期发展问题的能力和关注资本长期效率的约束机制，从而导致公司经营业绩低下。

与分散的股权结构相反，股权的相对集中使得大股东不仅能控制和管理公司，同时也有动力和能力直接和有效地约束经营者，或进行互相监督。正如本章实证分析结果显示，如果企业前十大股东加权持股比例较高，且分布均匀，有利于提高企业的经营效益，满足企业长远发展的需要。

不难发现，在发展中国家中几乎所有的大型企业股权结构都是集中的，原因在于世界上的大多数国家都缺乏对投资者的有效保护。于是投资者通过集中持股的方式对公司进行监督和控制，以减少经营代理成本，维护自身的利益。因此，资本市场的不发达会进一步鼓励股权的集中，而分散的股权结构大多只有在发达的资本市场上才能出现，而在以我国为典型的大多数国家，由于法律缺乏对投资者权益的有效保护，不仅所有权集中程度很高，往往资本市场也不够发达。

在目前中国资本市场不发达、法律缺乏对投资者权益有效保护的情况下，最大股东绝对控股的股权结构似乎更加普遍适用于优化公司治理结构的需要和在当前外部环境下的中国国情。让大股东承担使用代理人的高成本会促使大股东更加主动地监督控制管理人员的行为。但是，也应该认识到，股权制衡的股权结构将是公司股权分配的长远策略。

二、完善公司内部治理机制

根据我国《公司法》规定，上市公司的内部治理必须采用监事会和董事会并列的模式。董事会和监事会相对独立，分别对股东大会负责，要求监事会应有职工代表。根据本章的实证分析可以看出，大股东的高集中度对企业利润的影响不容乐观，因此，为了改善上市公司的内部治理机制，提高其经营业绩，监事会制度也是不可或缺的一部分。监事会的存在有助于规范大股东行为，有助于提高业务决定的正确性。但很多时候，监事是由股东大会选举产生的，选举结果基本上是大股东兼任监事会成员，因此监事会的独立性得不到保证。所以要通过加强《公司法》的贯彻落实，加大法律法规的执行监督力度，或引入严格的惩罚机制，以确保监事会的作用和独立性能够充分发挥。为了保证中小股东和大股东在利益不一致的情况下能够有效地监督管理公司经营，还可以建立企业外部监督制度，即，使用与上市公司没有利益关系的机构或成员担当监事，保证监督工作的独立性和完整性。

三、完善上市公司的信息披露制度

在市场经济活动中，信息披露的重要性不可忽略，信息披露制度科学合理能够从根本上保证经济活动的透明化，使信息使用者能够做出正确的判断和科学的决策，充分维护各实体在经济活动中的利益。

因此，为了真正规范和科学地披露公司治理信息，监督管理者的经营行为，首先应该完善信息披露制度，如上市公司优化信息披露时间，完善信息披露范围。并按照科学决策的要求，准确披露上述公司治理信息，特别是如股权结构等能够影响投资者决策的信息。根据发达市场经济体的经验，信息披露的时间应该是正规和非正规的结合。采取定期和不定期的信息披露方式相结合，将全面及时地披露影响经济决策的事件性质，以帮助中小股东和其他市场投资者准确判断，加强对公司经理的监督，确保公司重大决策符合他们的利益。同时也要制定上市公司治理信息披露的相关法律法规，加大对违法的处罚力度，也要采用高质量的会计准则和审计准则来披露公司治理信息，确保公司治理信息披露真实可信。

四、引入并规范债权人治理机制

与股东相比，银行等金融机构作为债权人可以监督公司项目选择的正确性，有效发挥金融监管和项目监督的专业性，提高经营决策的合理性，降低上市公司的经营风险和企业投融资决策失误的概率，提高企业价值。如债权人可以作为外部董事参加公司治理，一来金融机构可以充分发挥其专业知识，监督公司的财务状况和投资活动；二来也可以对公司的重大业务决策提出建议，以便强化公司内部监督机制，降低公司经营风险。与此同时，债权人的加入也是公司融资能力的体现，可以为公司创造良好的发展空间，有助于降低公司的融资成本，促进公司的长期发展。此外，加强企业破产时债权人的权利，如允许债权人参与清算组等，充分保护其在公司的利益。当债权人能够合理完整地行使其权力时，才能够有效地发挥其监督作用，并更加主动地参与到企业的优化管理中。

第九章 中国制造业 500 强 资本结构效应

在我国经济不断转型与发展的今天，社会更快地实现体制改革，企业财务管理体制也需要相应地做出调整与改变。在企业财务管理中，不可或缺的部分为资本结构，怎样充分地利用资本结构，帮助企业实现最理想化的价值，这是财务管理实践的重要课题。本章以我国制造业 500 强为研究对象，通过收集并整理中国制造业 500 强的财务数据进行实证研究和计量分析，选择四个资本结构指标和两个企业经营效益指标，分析研究我国制造业企业资本结构对企业效益的影响，提出大企业提升资本结构效应政策建议。

第一节 引 言

一、研究背景

早在 20 世纪 50 年代，外国学者在西方资本主义的发展条件下开始着手对资本结构理论的研究。最开始，杜兰德（Durand）在 1952 年撰写的《企业债务和股权资本成本：趋势和问题的度量》这本书中，详细地总结出了资本结构的三大理论，分别是净收益理论、净经营收益理论以及传统折衷理论。但由于缺乏严格的理论模型论证和严密的数学方法分析，因此仅仅局限于理论研究，没有得到广泛认可。到了 50 年代末期，美国知名学者莫迪里阿尼和米勒（Modigliani and Miller）联合发表了《资本成本、公司融资和投资理论》，这一理论首次提出了 MM 理论。自此以后，西方学者才致力于研究资本结构的相关问题，并且得到了很大的发展，而与国外学者对资本结构理论研究相比，我国学者对资本结构理论研究相对较晚，而且也局限于国外介绍的理论，其原因是我国资本市场开放相对较晚。因此，笔者在深入探究国外及国内资本结构理论后，充分分析出了我国企业现在的资本结构状况以及将来的发展，并且从实证分析出发，找出其中存在的问题，为企业优化资本结构，提高企业经营效益提供理论指导。

随着改革开放40周年的到来，中国制造业已经在改革开放这条道路上行走了四十年，在这段过程中，中国制造业在时代的步伐中快速且高效发展，制造业总量有了很大的提高，制造业技术水平也随着科技的发展有了很大的提高。按照我国统计局的数据表明，2017年我国GDP总量居于美国之后，已经成为世界第二大经济体，总GDP达到了82.7万亿元，其中制造业所占到的比重接近30%，可以看出制造业的重要地位，是中国经济的第一大产业，批发和零售业产值位居第二，产值仅有77744亿元，只占国民经济的9.4%，如上数据都说明了，我国制造业为我国经济发展带来了活力，是我国重要的支柱型产业之一。也就是说，在未来很长时间，中国制造业依旧是中国经济的"顶梁柱"，这是不可能改变的，不可能有其他产业能够达到中国制造业的庞大规模。

从目前的学术期刊或者相关文章中可以发现有很多学者从我国企业的行业性质来剖析企业资本结构，主要在证明，在行业不同的前提下，资本结构也会呈现出不同的特点，相同行业的资本结构相对稳定，这一结论已经被大多数学者证实，从已有的研究来看，很多学者选择的行业有房地产行业、钢铁行业等，这些行业都与制造业息息相关，所以本章以我国制造业500强企业为研究对象，收集企业财务数据，通过研究其资本结构与盈利能力的关系，来丰富我国制造业资本结构的理论研究。

二、研究意义

制造业作为国民经济的基础，与其他行业有着很强的关联性，对于我国经济发展具有重要影响，随着经济的快速发展，制造业不仅带动了人们的日常消费，也带动了社会的蓬勃发展，并且中国制造业在国际上也享有盛誉，所以对我国制造业进行研究，不仅是对企业经营管理的要求，也是对国民经济健康发展的需要。

在学术界，资本结构研究已经引起了相当的关注，研究其有着一定的理论价值，同时还有现实意义。不仅能够对企业效益、资本成本构成一定的影响，而且还影响企业的治理问题，随着我国经济发展进入新常态，资源和环境约束不断强化，制造业也将面临新的挑战。因此，制造业企业作为支撑我国企业经济的一个重要存在，研究制造业企业的资本结构具有典型性和代表性。尽管在社会主义制度背景下，我国经济市场不断发展，其实企业在运营过程中融资能力大体呈现出不足的趋势，资本结构不尽如人意，也并未科学应用财务杠杆等诸多问题的出现，必然对企业自身价值和效益造成负面影响。所以根据我国制造行业的当前情况，实现资本结构的改善，对企业效益的提升意义非凡。

1978 年我国迎来了改革开放，经济突飞猛进，为了更好建设我国的基础设施，同时为了提高人民生活水平，制造业的发展必须紧跟国民经济的脚步，经过四十年的发展，我国制造产业已经打开了自己的一片天地，不管是国有性质的企业，还是其他诸如合资、民营独资的企业，制造业都有了飞速发展的新面貌，现在，制造业总产值能够占到我国总体 GDP 的 40% 左右，从而也可以看出我国制造业的重要性。

20 世纪 80 年代初期，我国制造业增加值仅仅占整个世界的 1.4%，在世界各国中并不突出；到了 2000 年，我国制造业增加值达到了 3.2 万亿元，世界产业比例上升到了 7%，居于世界第四位，仅次于美日和德国；2009 年，我国制造业赶超了日本，占世界增加值的 16% 左右，成为国际中仅次于美国的制造大国，增加值同年也成功突破了 13.4 万亿元；2013 年，这一数据持续增加，成功突破了 21 万亿元，国际制造业所占比例为 21%，超越美国位居世界第一，成为赫赫有名的制造大国之一，不仅在国人眼中，甚至在外国人眼中，中国已成为一个制造大国。中国制造业的持续发展，势不可挡的势头已经成为世界制造业的重要力量。随着中国加入世界贸易组织，中国制造业已经慢慢面向国际，中国对外直接投资出现快速增长趋势，其增长速度远远超过外商对中国的直接投资。因此不难看出，我国制造业在整个世界范围内的发展中贡献巨大。

第二节　相关理论与文献

一、资本结构

在企业中，各类资本价值构成以及相关的比重可以理解为资本结构，它是企业经过周期性的融资组合形成的结果。企业资本结构广义上指的是企业在周期内的资本可分成股权资本与债务资本，亦可分成长期和短期的资本。狭义上指的是企业长期的股权与债务的资本在构成上，彼此对比形成的比率上的情况。最佳资本结构可以理解为企业所有股东能够获取的最理想价值，或者持有的股票价值最大化。

企业效益其实就是企业能够获得的经济效益，企业经营效益指的是企业在一定程度进行投资后得到的最大化利润，企业进行各类经济活动，最主要的参考指标即经济效益，它能直观地展现出企业有多大的获得利润的水平，企业经营必然是为了得到理想的经济回报，只有企业利润丰厚，在发展中才能够得心应手、如鱼得水。

二、传统资本结构理论

在企业的历史发展进程中，没有合理资本结构是不行的。它能否科学化、合理化，密切关系着企业的经营收益。反之，则会产生一系列不良的后果，对企业效益造成影响。因此，国外学术界很早就开始研究了。20 世纪 50 年代初，学者 Durand 对传统意义上的资本结构理论进行了详细的分类。

1. 净收益理论

净收益理论指出在资本结构中，企业的净收益和债券资本之间是一种正相关的关系。因此，可以确定的是，使用债务融资这一良好的手段，可以实现企业资本成本得以减少，实现债务资本的融资，企业财务杠杆更大，更容易发展，并且企业能够获得更高的市场价值，作为企业，在发展中应该充分地利用债务融资的方式，使得资本结构更加理想化。这一理论相对极端，假如企业的债务为 100% 时，企业价值将获得最大化，且企业资本中的平均成本也就会下降到最低水平。

2. 净经营收益理论

经营业收入理论指出在资本结构中，债权资本比重与企业价值之间并无太多关系。财务杠杆变化再多，企业加权平均资本成本并不会发生变化。原因是债务成本率在维持固定时，当股权资本成本率发生变化时，企业财务风险势必会提高，债券得以增加，投资人希望得到的收益也就越大。但是，企业综合资本成本率是能够确定的，因此，企业的融资资本结构理想化不可能

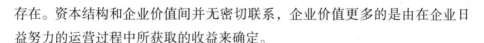

存在。资本结构和企业价值间并无密切联系，企业价值更多的是由在企业日益努力的运营过程中所获取的收益来确定。

3. 传统折衷理论

上述两类观点分别占据了两个极端，而此时提出的传统折衷理论则是两者的结合和统一。债权资本和公司价值之间呈正相关，不过，债权资本的多与少必须要是在合理的范围内，这一理论假设的基础是加权资本成本、债务融资成本、股权融资成本等都会因为资本结构出现调整，然后发生改变。债务融资手段的实施假如较为严谨与合理，企业经营风险并不会大幅度增加。因此，在实现债务融资的情况下，加权的资本和成本都会和负债比率呈反比关系，负债比率一旦出现降低的态势，企业价值随之而提高；反之来看，如果过分追求债务融资，其中债务融资和股本的成本都会随之而增加，这就造成了企业价值大幅缩水，加权资本的成本得以提高。所以总结得出，债务是有益的，但它必须控制在合理的范围内。经研究发现，这一理论相对最为合理。

三、现代资本结构理论

几年后，美国知名学家 Modigliani 和 Miller 真正地提出了现代的资本结构理论，这一理论给现在的企业发展带来了巨大且深远的影响，在他们的著作中提出了诸多的相关理论，如信息不对称理论、MM 理论等。

1. MM 理论

MM 理论是由 Modigliani 和 Miller 在 20 世纪 50 年代末期共同提出的，他们表示，企业总的资产的盈利水平能够决定企业自身的价值，与实现资产融资的权益资本、债务资本并无任何的关系。这一理论一提出就引起了学术界的广泛关注，并给予了肯定，这也表明了世界当代资本结构理论从此诞生。

2. 权衡理论

权衡理论的出现说明了债务本身能够利用税盾作用，企业债务如果趋于不断增加的趋势，同样的企业价值也会相应增加，但需要强调的是，债务增加，企业也可能出现财务困难的局面，可能出现资金链断裂，蒙受倒闭的风险。假如企业宣布破产，破产成本也就出现了，即便是企业仍然在经营，当破产信号响起时，抑或是企业出现更大的财务困难危机时，企业额外成本也就显现了出来。上述也给增加企业负债带来了负面的信号。所以企业债务的不断增加对企业而言也是有着风险的，财务杠杆并不能无限地使用，企业发展中必须要重视起负债的代理成本以及财务约束成本，在两者形成一种健康良好的均衡性，这样才能让企业实现最好的资本结构。这种观点得到了学术界的认可和肯定，权衡理论能为企业带来合理化的资本结构，对企业价值和企业负债有着非常科学的认识。

3. 代理理论

代理理论提到，企业管理者的能力以及行为的选择能够收到资本结构的影响，然后真正地影响到企业自身的价值以及将来的利润效益。这一理论提出了，债券融资本身有着较强的作用，特别是有着激励效应，而且能够给债务行为带来相应的担保机制。正是由于这种机制的影响，可以激励管理者更好地投入工作中去，为企业的发展而着想，提出了更为合理化的投融资措施，其目的是能够减少出现的代理成本。当然，这一成本减少的同时，债权人监督成本会相应地出现。所以代理成本的变化不要紧，如果要实现所有权结构上的平衡，应该设法在代理成本方面达到一种平衡的状态才可以。

相比而言，国内学者在研究方面要更加晚，并且，理论研究主要局限于介绍国外理论，所以目前国内关于中国企业资本结构对企业效益关系的研究主要有以下几个方面。李雪莲在其《我国制造业的资本结构现状浅析》详细地说明了我国现在制造业的基本状况，主要出现的问题有融资比例不足、流动负债比例高以及资产负债率偏低等，上述都成为造成企业资本结构出现问题的要素。李义超2003年发表了《我国上市公司资本结构研究》，书中他利用的是实证分析与规范结合的手段，重点研究对象为我国上市公司的资本结构，得出的结论为：我国上市公司资本结构出现问题主要源自资产负债率高；上市公司进行融资的手段应该最先选择的是超额模式；拥有着判断标准是净资产收益率的理想负债区间；上市企业负债率高的形成因素为盈利能力呈现出不足态势；负债水平与企业管理层股份持有表现出的是负相关的关系等结论。赵越重点研究了我国房地产制造行业的资本结构，主要集中于2009年开始的4年时间，经过实证分析法得到的结论为：企业效益和资产负债率是表现出负相关关系的；企业效益的取得和流动负债率间的关系并不明显；企业效益和银行借贷比率呈现出的是负相关关系。

第三节 计量检验与分析

一、模型构建

本章对企业资本结构选取股东权益比率、资产负债率、股东权益增长率和从业人数增长率指标来进行衡量，企业效益选取收入增长率来衡量。

基于面板数据的回归模型称为面板模型，其一般表达式为：

$$y_{it} = \alpha_i + \beta_{1i}X_{1it} + \beta_{2i}X_{2it} + \cdots + \beta_{ki}X_{kit} + \mu_{it}$$
$$I = 1,2,\cdots,N; t = 1,2,\cdots,T$$

(9 − 1)

其中，y_{it} 是因变量，它代表企业收入增长率（rgr），X_{1it}，$\cdots$，X_{kit} 是 k 个自变量，它分别代表股东权益增长率（er）、资产负债率（dar）、股东权益比率（grs）和从业人数增长率（egr）。i 是横截面个体成员，t 是表示样本观测 X_{1it} 时期，参数 α_i 表示面板数据模型的截距项，β_{1i}，$\cdots$，β_{ki} 表示对应 k 个自变量的系数，通常假定随机误差项 μ_{it} 之间相互独立，且满足均值为零、同方差的假设。

按照相对具有差异性对解释变量系数以及截距项的限制，能够确定面板数据模型为动态面板模型，利用 Stata 13.0 中的 linear regression 线性回归模型予以数据分析。

二、数据与变量

1. 数据来源与处理

本章的论证内容是基于中国制造业 500 强，选取的数据为中国制造业 500 强的财务数据，数据的来源为各个年度的《中国企业发展报告》，其全方面记载和反映我国 500 强发展状况以及面临的主要问题，特别是记载了我国各个年度的企业 500 强，细分到我国制造行业、服务行业的 500 强企业。

2. 数据处理

本章主要针对的是从 2006 起始的十年时间里的制造业企业 500 强的财务数据，参考的报告为《中国企业发展报告》，并且其中包含许多的相关财务指标内容，然后对这 10 年的 500 强企业进行筛选录入 Excel 表格，要求是找出每年都包含在中国 500 强内的企业，筛选出最后 102 家制造业企业，运用所学的财务知识计算相关指标得出结果，最后录入 Excel 表格进行归档整理。

3. 变量设计

本章选取代表企业资本结构的自变量主要有股东权益比率、资产负债率、股东权益增长率和从业人数增长率。

（1）股东权益比率。

股东权益比率指的是股东权益和企业总资产之比。这一比例反映了所有者对公司资产的投资比例，股东权益的比例应该适度，如果比率太小，表明企业拥有着过高的负债，外部环境的变化造成的影响企业难以支撑，这也证明了企业并未充分地使用财务杠杆来展开运营，并增加规模。

（2）资产负债率。

资产负债率，指的是对企业使用债权人在企业日常活动中能够带来资金多少的水平的一种衡量手段。在企业总负债和资产总额上进行详细的对比，展示出企业整个的资产和负债的比率，例如，当企业负债率等于或者高于 100% 时，说明了企业并没有净资产，抑或者处于破产状态，因此，资产负债率的比率一般维持在 40%～60% 之间是最为合理的。

（3）股东权益增长率。

它指的是企业年度权益增长资金和年初股东权益之比。它体现出企业当年度股东权益出现了何种调整，展现出企业在资本的累积水平，充分地体现出企业发展潜能的衡量水平。这一比率数值和企业累积资本的水平呈现正向的关系，比率值越高证明企业越能够良好发展。

（4）从业人数增长率。

从业人数增长率呈现出的是该企业中实际工作的人在数量上的增加和减少的变化。

本章选取代表企业经营效益的因变量主要是收入增长率。它体现出的是企业在收入上的变化，在企业发展的水平上成为主要的财务指标之一。这一指标数值越高，证明了企业收入越是趋于快速增长趋势的，公司发展良好，获得的收益也越多。

综上所述，本章的自变量和因变量如表9－1所示。

表9－1   变量说明

变量	变量名称	变量符号	变量计算公式
自变量	股东权益比率	er	$\dfrac{股东权益总额}{资产总额} \times 100\%$
	资产负债率	dar	$\dfrac{负债总额}{资产总额} \times 100\%$
	股东权益增长率	grs	$\dfrac{股东权益增加额}{上年股东权益总额} \times 100\%$
	从业人数增长率	egr	$\dfrac{本年收入增长额}{上年收入总额} \times 100\%$
因变量	收入增长率	rgr	$\dfrac{本年收入增长额}{上年收入总额} \times 100\%$

三、计量结果与分析

1. 描述性统计分析

按照表9－2整理出来的描述性统计数据显示，我国制造业资产负债率最大值是0.99，最小值为0，这说明对于不同的制造业企业而言，其资产负债率之间也有较大的差异，资产负债率的平均水平大致在0.67，这一水平较高，按照财务管理的专业知识，资产负债率在40%～60%之间比较好，这说明企业的资产负债率偏高。并未充分使用企业财务的杠杆效应。其中，企业股东权益比率以及股东权益增长率两项数据上，最大值是1和11.90，最小值分别为0.01和－0.91，证明了各个企业间的股东权益额之间差值是比较大的，均值为0.33和0.25，从财务管理相关的知识看出，股东权益比率应该合理，假如比率太小，证明企业是存在过度负债的情况，相反，证明企业在不断发展过程中未能有效发挥出财务杠杆的作用。因此，表9－2中现实的数据证明企业是存在过度负债的情况。从企业收入增长率的情况来看，最大值是3.14，最小值为－0.57，证明了各个制造企业间在收入上是有着较大不同的。

表 9-2   主要变量的描述性统计

变量	最大值	最小值	平均值	标准差
股东权益比率	1	0.013765714	0.328925934	0.158554456
资产负债率	0.986234286	0	0.671074066	0.159512347
股东权益增长率	11.89880993	-0.908598868	0.253752772	0.970815083
从业人数增长率	55.4206269	-0.972633443	0.348950324	1.875495066
收入增长率	3.135327567	-0.568657059	0.166540683	0.239768223

2. 回归分析

（1）股东权益比率对企业效益的影响。

本章通过 Stata 13.0 中的 linear regression 线性回归模型对截面变量为 company、所选的样本数目 1020、样本组数 102 的中国制造业 500 强财务数据进行线性回归，通过 Stata 13.0 软件分析得到如表 9-3 所示的检验结果。

表 9-3   股东权益比率计量结果

rgr	Coef.	Std. Err.	z	P>|z|	[95% Conf. Interval]	
er	0.1991556	0.0508197	3.92	0.000	0.0995508	0.2987604
_cons	0.1000197	0.018945	5.28	0.000	0.0628882	0.1371513
sigma_u	0.04082434					
sigma_e	0.23178526					
rho	0.03008838	(fraction of variance due to u_i)				

从以上的线性回归结果能够看出，回归系数是 0.1991556，误差范围等于 0，远远低于 5% 的标准，说明线性回归程度较好，关于自变量股东权益比率（er）的权重解释为：在其他条件不变的情况下，股东权益比率（er）每增加 1 个单位，收入增长率（rgr）增加 0.1991556 个单位，回归结果表明股东权益比率与企业效益正相关。

（2）资产负债率对企业效益的影响。

通过 Stata13.0 软件分析得到如表 9-4 所示的检验结果。

表 9 - 4 资产负债率计量结果

rgr	Coef.	Std. Err.	z	P > | z |	[95% Conf. Interval]	
dar	- 0. 1991556	0. 0508197	- 3. 92	0. 000	- 0. 2987604	- 0. 0995508
_cons	0. 2991754	0. 0348751	8. 58	0. 000	0. 2308214	0. 3675293
sigma_u	0. 04082434					
sigma_e	0. 23178526					
rho	0. 03008838	(fraction of variance due to u_i)				

从以上的线性回归结果不难发现，回归系数是 0.2656442，误差范围等于 0，远远低于 5% 的标准，说明线性回归程度较好，关于自变量资产负债率（dar）的权重解释为：在其他条件不变的情况下，资产负债率（dar）每增加 1 个单位，收入增长率（rgr）减少 0.1991556 个单位，回归结果表明了企业效益与资产负债率负相关。

（3）股东权益增长率对企业效益的影响。

通过 Stata 13.0 软件分析得到如表 9 - 5 所示的检验结果。

表 9 - 5 股东权益增长率计量结果

rgr	Coef.	Std. Err.	z	P > | z |	[95% Conf. Interval]	
grs	0. 042178	0. 0076173	5. 54	0. 000	0. 0272484	0. 0571076
_cons	0. 1558583	0. 0081935	19. 02	0. 000	0. 1397993	0. 1719172
sigma_u	0. 03130401					
sigma_e	0. 23412132					
rho	0. 01756396	(fraction of variance due to u_i)				

从以上的线性回归结果不难发现，回归系数是 0.042178，误差范围等于 0，远远低于 5% 的标准，说明线性回归程度较好，关于自变量股东权益增长率（grs）的权重解释为：在其他条件不变的情况下，股东权益增长率（grs）每增加 1 个单位，收入增长率（rgr）增加 0.042178 个单位，回归结果表明股东权益增长率与企业效益正相关。

（4）从业人数增长率对企业效益的影响。

通过 Stata 13.0 软件分析得到如表 9 - 6 所示的检验结果。

表 9 - 6   从业人数增长率计量结果

rgr	Coef.	Std. Err.	z	P > │z│	[95% Conf. Interval]	
egr	0.0065395	0.0039893	1.64	0.101	-0.0012794	0.0143584
_cons	0.1655418	0.0083392	19.85	0.000	0.1491972	0.1818864
sigma_u	0.03816734					
sigma_e	0.2366924					
rho	0.0253435	(fraction of variance due to u_i)				

从以上的线性回归结果不难发现，回归系数是 0.0065395，误差范围等于 0.101，高于 5% 的显著性水平范围，说明线性回归程度不理想，回归结果表明从业人数增长率与企业效益之间相关性并不明显。

第四节 结论与建议

本章以我国制造业 500 强为研究对象，通过收集并整理中国制造业 500 强的财务数据进行实证研究和计量分析，选择了四个资本结构指标和两个企业经营效益指标，分析研究了我国制造业企业资本结构对企业效益的影响。首先，就国外及国内相关的文献资料进行了全面收集，阐述了研究课题资本结构理论，其次，选择股东权益比率、股东权益增长率、资产负债率、从业人数增长率等作为资本结构的指标，选取收入增长率作为企业效益的指标，采用 Stata 软件对这五种指标进行线性回归得出企业资本结构与企业效益之间的关系。

研究认为结论：（1）股东权益比率与企业正相关，即投资者投入的债权资本越多，企业的经济效益就越明显。（2）企业效益与资产负债率负相关，即负债所占的比例越高，企业效益就越低，验证了权衡理论的观点，企业能够利用负债的增加来提升企业价值，不过，负债增加后，企业财务危机也会显现出来，甚至可能造成企业倒闭。（3）企业效益与股东权益增长率正相关，也说明了股东权益的增长，企业效益也是增加的。（4）企业效益与企业从业工作者的增长率并无直接的关系。由此，提出如下政策建议。

一、建立健全融资制度

首先，我国的相关部门应当制定相关法律法规来抑制不良融资方式。例如，现阶段管理者普遍存在强烈的融资偏好，一旦融资成功，企业将获得长久的使用资金，相对于较低的股利支付率，企业看中的是融资成本较低的股权融资，同时，一些上市企业认为负债会对外界传递出企业经营状况的不良信息，因此大部分企业经营者更偏好股权融资。我国有关部门应当制定相关法律来抑制这种情况，健全上市企业信息披露机制，同时健全会计制度、健全现代企业制度管理，还要建立健全企业资本的退出机制。

二、优化企业资本结构

由于我国金融市场正处于一个不成熟的阶段，企业管理层在资金筹资和运用上没有深入贯彻资本结构理论，因此，企业管理层要逐步提高自身的资本结构意识，在进行决策时，要对筹资渠道以及在筹资形式上予以合理严谨的选择，企业在对债务资本实施落实时，还应该充分考虑到支付成本以及带来的风险，如此，企业才可以按照实践状况来选择出合理且适用于自己的筹资途径和模式，同时也能规避一些风险因素，对于那些经营不善、持续亏损的企业，可以采取以下途径进行优化：可以通过变卖资产来进行融资；能够让股份制企业间构建起彼此信任的投资持股关系；能够实现融资租赁，那么，长此以往，企业现金支出就不存在任何压力，企业资金的流动性更好；继而基本结构得到了良好的确定。

三、提升财务杠杆效应

经过实证分析法可以得知，我国制造业企业中的资产负债率相对都是比较高的，这说明企业和资产负债结构存在不平衡现象，因此，要合理协调企业资本结构，充分应用财务杠杆效应。其中，在财务杠杆效应中，关键要素为负债，因此，企业在发展的漫漫长途中，应该认知到财务杠杆自身含有的正向作用，首先要明确的是，负债本身一大特点即能够让企业充分地降低税金的缴纳，也就是负债利息能够从税前收益里进行扣除，为企业的发展迎来更多的价值。

因此，我国制造业企业应当确定合理的负债结构，结合制造业的特点和税收的影响，适当提高或减少企业负债，让企业资产负债率维持在一种均衡的状态下，并良好利用财务杠杆效应，实现企业最理想的价值。

第十章　中国经济增长地区差异与结构效应

本章将中国省域经济增长源泉分解为物质资本积累、人力资本投入、效率改善与技术进步四个部分，引入空间统计和空间计量经济分析技术，采用绝对收敛方程检验中国省域经济增长及其分解要素的收敛性效应。研究表明，经济增长动力源泉主要来源于物质资本贡献；省域经济增长具有显著的空间依赖性；在考虑空间依赖性情况下，经济增长具有较为显著的全域性收敛，在四个增长源泉中，物质资本积累与效率改善控制经济增长的收敛方向，使得区域经济增长趋同，人力资本存量与技术进步使得经济增长趋异，对区域差异产生深刻影响；要保持中国未来持续的高速经济增长，必须转变资本投入型增长为依靠人力资本和技术进步的增长。

第一节　引　言

经过改革开放 40 年的高速增长，中国经济总量已进入世界前列，人均GDP 超过 3000 美元，迈入了中上发展阶段。尽管受到了金融危机的冲击，2009 年经济增长率仍然达到了 8.7%（中国经济增长与宏观稳定课题组，2010）。自 1978 年以来，一系列有效政策的实施使中国经济获得了前所未有的发展速度，经济的快速增长也使得世界经济为之瞩目，其他国家把中国的增长对世界经济的贡献看作"中国因素"。然而在世界关注中国经济增长的同时，对中国经济能否持续增长也存在疑虑。中国在经过市场化和渐进式改革、经济获得快速发展的同时，地区之间也形成了较大的差异。地区差异扩大对于中国整体经济的进一步增长构成了一定的威胁，只有区域协调快速发展，才能使国家经济走上持续健康的发展轨道。那么，中国经济地区差距到底有多大，地区之间的绝对差距在不断扩大的同时，相对差距是扩大还是缩小，也就是说中国经济发展是收敛的还是发散的。还有，中国经济如此长周期的高速增长是中国特色改革背景下取得的，这种高速增长背后的关键因素是什么，以及这些因素对中国经济增长的地区差异起到什么样的作用是目前值得人们关注的问题。本章在已有研究成果的基础上，通过对经济增长的源泉分解，引入空间计量经济模型对经济增长的空间差异性质及其收敛机制进行研究。

第二节　理论与文献

目前，对于中国的经济增长和各地区之间差距演变的研究较多，这些文献大致上分成两部分。

一是采用多种指标对中国的经济增长和地区经济差距进行了测度和分解，如基尼系数、变异系数、Theil 指数、阿特金森指数、σ 收敛指数和 β 收敛指数、Kernel 估计量等，大部分测算结果表明中国经济增长具有收敛性。国内文献对于中国地区间增长收敛的研究大多基于新古典收敛理论，通过实证分析检验中国地区经济增长是否条件收敛或俱乐部收敛。魏后凯（1997）检验了中国地区间的收敛情况，认为中国地区经济增长大体可分为：1952～1965年，随着中国的工业化由沿海地区逐步向内地推进，落后地区与高收入地区间人均国民收入差距曾出现一定程度的缩小；1965～1978 年地区间差距有扩大的趋势；1978～1985 年各地区人均 GDP 增长收敛的速度相对较快；1985～1995 年则不存在显著的收敛性。刘强（2001）认为中国地区间经济增长的收敛性存在着明显的阶段性和区域性，并且不同地区间的产出差距与宏观经济的波动状态存在着正相关关系。张胜等（2001）利用中国 1952～1998 年的省际截面数据，对几个分区域的内部是否存在同质条件下的绝对收敛进行了研究，结果表明，1990 年以后，省际长期经济增长不存在绝对收敛，东西部差距不断加大，在 1990 年以前，东西部经济增长存在绝对收敛。沈坤荣、马俊（2002）对中国自 1949 年以来省际间的经济增长差异进行实证分析，认为中国地区间的经济增长，不仅存在着显著的"俱乐部收敛"特征，即按东、中、西部划分的区域内部人均产出具有明显的聚集现象，而且存在着条件收敛的特征。林毅夫、刘明兴（2003）研究认为中国地区间经济增长收敛具有明显的时域性和地域性，同一区域内部（特别是城乡之间）人均收入呈发散趋势。赵伟、马瑞永（2005）的研究结果也表明中国经济增长 1978～1989 年表现出了显著的收敛性，1989～2002 年表现出了发散性，1978～2002 年总体上存在一定的收敛性。彭国华（2005，2006）、管卫华等（2006）、石磊和高帆（2006）、许召元和李善同（2006）、张茹（2008）、潘文卿（2010）等通过实证研究检验了中国区域间经济增长收敛存在阶段性和时段性。

二是为中国的实际经济增长绩效和收敛特征提供理论解释。由于基本研究思想和所使用的方法与统计指标上的差异，不同研究人员的研究结果也有差异。蔡昉和都阳（2000）的研究表明，人力资本的差异是造成地区差距的主要原因。Young（2000）认为地区性保护政策是地区差距加大的关键，因为市场保护会使经济的发展偏离本地的比较优势，并通过农业发展的数据来佐证其观点。张胜、郭军等（2001）认为中国经济 1952～1978 年全国范围的增长现实拒绝绝对收敛的原因来自该时段的历史及政治原因，1990～1998 年全国范围内的拒绝绝对收敛，而同期在东部与中西部存在绝对收敛的原因是，在该时段东部比中西部有更高储蓄率（城镇高，农村低）、更高的外资流入、更多的人力资本支出与较低的人口自然增长率，从而使东部比中西部有更高的稳态值，经济增长速度更快。张茹（2008）研究表明投资效率、人力资本、技术水平、政府作用、所有制结构、初始产出水平是影响地区收敛主要因素。刘夏明（2004）认为中国地区经济的总体差距在 20 世纪 80 年代有所下降，但在 90 年代却呈上升趋势，地区经济的总体差距主要来自沿海和内陆地区的差距，在各地区内部不存在所谓的俱乐部收敛。他认为经济、地理、历史等多种因素使沿海地区处在了比较高的发展起点上，地区发展战略、全球化、经济自由化、要素市场的扭曲相互交织，对地区差距的形成产生了重要的影响。彭国华（2005）认为全国范围内没有绝对收敛，只有条件收敛，三大地区中只有东部地区存在俱乐部收敛现象。通过对全要素生产率的分析表明 TFP 解释了收入的主要部分，而且 TFP 的收敛速度明显高于收入的收敛速度，也就是说 TFP 的收敛导致了收入的收敛。沈坤荣、马俊（2002）认为，人力资本水平、对外开放度以及工业化进程对中国省与省之间经济增长的收敛作用显著，对各省区市经济增长起着明显的正向作用，体制因素也影响了中国各省区市的经济增长，其中市场化程度尤为显著。赵伟、马瑞永（2005）从资本收敛机制、技术收敛机制以及劳动生产率收敛机制等微观机制研究了中国经济增长，研究表明，1978～2002 年，唯有技术收敛机制较好地发挥了作用，表现出了显著的收敛性；劳动生产率机制与资本收敛机制1978～1989 年发挥了收敛作用，而 1989～2002 年起了发散作用，尽管中国经济局部、阶段出现了发散性，但总体仍表现出一定的收敛性，收敛的主要原因是区际间的贸易和投资以及技术交流促使技术收敛机制充分发挥了作用。吴玉鸣（2006）、林光平等（2005，2006）、潘文卿（2010）将空间计量分析方法引入中国经济增长收敛研究中，研究认为自改革开放以来的全周期里中国存在着整个省域间的绝对收敛趋势，但是收敛的速度较慢，周期较长，并认为地理空间因素是研究中国经济增长收敛不可忽视的重要因素。在对经济增长源泉分解的基础上，本章引入空间计量经济模型，采用绝对收敛模型对经济增长的空间差异性质及其作用机制进行研究。

第三节　经济增长区域差异

一、源泉框架分解

DEA 是一种非参数分析方法，最初由查纳斯等（Charnes et al., 1978）提出，它是直接基于一组特定的决策单位的数据而不是某种特定的函数形式来界定生产边界的，某个决策单位的实际生产点与最优生产边界的差幅即反映了这一决策单位的无效率。给定一个生产集，DEA 通过解线性规划找出一个包络所有实际生产点的最小凸锥，由此确定的生产边界即最优生产点的一个折线形式的组合（piecewise linear combinations）。非参数方法不要求事先界定生产函数的具体形式，也不要求对研究样本的无效率分布作先定假设，因此在研究不同区域单元的经济增长中得到广泛运用。在本章的分析框架中，对于一个经济单元，Y 表示产出，K 表示物质资本投入，L 表示劳动力投入，H 表示人力资本投入，则每个经济单元的生产集可以表示为（Y_{it}，K_{it}，L_{it}，H_{it}），i = 1，2，…，n，表示不同的经济单元，t = 1，2，…，T，表示不同的时点。假设人力资本可以提高劳动力的效率，即总有效劳动 $\overline{L} = HL$，这样各个经济体在每个时点的生产集就可以进一步表示为 $(Y_{it}, K_{it}, \bar{L}_{it})$。进一步假设规模报酬不变，$\bar{y} = \dfrac{Y}{\bar{L}}$、$\bar{k} = \dfrac{K}{\bar{L}}$ 分别就是有效劳均产出和有效劳均资本，因此，生产集就可以在 $(\bar{y}, \bar{k})$ 二维空间里表示为一种投入与一种产出，生产技术就可以表示为：

$$T_t = \left\{ (\bar{y}, \bar{k}) \in R_+^2 \,\Big|\, \sum z_i \bar{y}_i \geq \bar{y}, \ \sum z_i \bar{k}_i \geq \bar{k}, z_i \geq 0 \ \forall i \right\} \quad (10-1)$$

假设经济体 i 在 t 与 s（假设 s > t）两个时点的劳均产出之比为 y_{is}/y_{it}，借鉴郝睿（2006）、张学良和孙海鸣（2009）、张学良（2010）的分解方法，经济单元在时点 s 的劳均产出 y_s 相对于时点 t 的劳均产出 y_t 的增长，可以分解为四个源泉：

$$\frac{y_s}{y_t} = \frac{H_s}{H_t} \cdot \frac{D_s(\bar{k}_s)}{D_t(\bar{k}_t)} \cdot \left[\frac{D_t(\bar{k}_s)}{D_s(\bar{k}_s)} \cdot \frac{D_t(\bar{k}_t)}{D_s(\bar{k}_t)} \right]^{\frac{1}{2}} \cdot \left\{ \left[\frac{D_t(\bar{k}_t)}{D_t(\bar{k}_s)} \cdot \frac{D_s(\bar{k}_t)}{D_s(\bar{k}_s)} \right]^{\frac{1}{2}} \frac{y_s}{y_t} \right\}$$

$$(10-2)$$

式（10-2）左边为劳均产出增长指数 gr，右边第一项为人力资本因素 ch，第二项为效率改善因素 ce，第三项为技术进步因素 ct，第四项为物质资本积累因素 ck，分别表示人力资本、效率改善、技术进步、资本积累所贡献的经济增长。式（10-2）右边中间两项 ce、ct 的积就是 Malmquist 指数。

二、变量与数据

本章的样本包含 1978~2009 年中国 31 个省区市的数据，重庆市的相关数据并入四川省[①]。数据来源于《新中国五十五年统计资料汇编》（2005）、《中国统计年鉴》（2009）和中国经济信息网统计数据库、中宏数据库，2009年的数据来源于中国经济信息网统计数据库、中宏数据库和部分省区市统计局网站的月度数据库。本章以国内生产总值（GDP）作为 DEA 方法的产出指标，并根据当年价国内生产总值和 GDP 指数折算出 1995 年不变价格国内生

---

① 由于数据的可得性，只包含中国（不包括港澳台）31 个省区市。即北京、天津、河北、山西、内蒙古、辽宁、吉林、黑龙江、上海、江苏、浙江、安徽、福建、江西、山东、河南、湖北、湖南、广东、广西、海南、四川、贵州、云南、西藏、陕西、甘肃、青海、宁夏、新疆、重庆。重庆相关数据并入四川。

产总值，以劳动力和物质资本存量作为投入指标。物质资本存量采用永续盘存法计算（张军等，2004）①。人力资本存量指标借鉴张学良（2010）的做法，使用平均受教育年限作为人力资本存量的代理变量，平均受教育年限 = $5S_1 + 9S_2 + 12S_3 + 15S_4$，其中 S_i（$i = 1, 2, 3, 4$）分别表示 6 岁以上人口中小学、普通中数、中等职业学校在校学生数与高等学校在校学生数所占的比重。

三、结果与差异

运用 DEA 分析方法，对中国 31 个省区市的经济增长进行分解，计算结果如表 10 - 1 所示。结果显示省域经济增长指数平均为 22.24，其中物质资本和人力资本、技术进步、效率改善贡献的指数分别为 16.5、1.24、1.03 和 1.01，而反映生产率提高的全要素生产率指数 TFP 为 1.04。从总体上看，改革开放以来中国经济增长主要动力来源于物质资本的积累和人力资本的积累，效率改善也起了一定作用，效率改善的作用远小于物质资本与人力资本的作用。这说明改革开放以来中国经济增长是物质资本推动型。

表 10 - 1 　　　　　　　　　　地区经济增长源泉分解结果

地区	gr	ck	ch	ce	ct	tfp
北京	24.349	17.761	1.297	1.005	1.052	1.057
天津	15.337	11.466	1.300	1.009	1.02	1.029
河北	20.887	16.452	1.221	1.004	1.036	1.041
辽宁	15.187	10.672	1.390	0.994	1.03	1.025
上海	11.698	8.803	1.280	1.000	1.038	1.038
江苏	26.174	18.671	1.350	0.994	1.045	1.038
浙江	37.906	28.707	1.268	1.007	1.034	1.041
福建	33.350	24.795	1.320	1.002	1.017	1.019
山东	29.503	22.153	1.256	1.013	1.047	1.061
广东	41.944	33.852	1.170	1.014	1.044	1.059

① 2005 年之前的数据来源于复旦大学中国社会主义市场经济研究中心，参见 http://www.cces.fudan.edu.cn/ArticleDetail.aspx?%20ID=1174 数据库。

续表

地区	gr	ck	ch	ce	ct	tfp
海南	26.783	21.584	1.191	1.008	1.034	1.043
东部平均	25.738	19.452	1.277	1.005	1.031	1.036
山西	18.658	15.065	1.177	1.011	1.041	1.053
吉林	18.927	14.448	1.258	1.002	1.039	1.042
黑龙江	12.035	9.092	1.289	0.995	1.032	1.027
安徽	20.491	16.287	1.246	0.986	1.024	1.009
江西	19.754	15.743	1.241	0.994	1.017	1.011
河南	26.300	22.335	1.154	1.005	1.015	1.02
湖北	19.764	14.897	1.307	0.996	1.019	1.015
湖南	20.133	15.818	1.248	1.004	1.016	1.02
中部平均	19.508	15.242	1.240	1.008	1.024	1.032
内蒙古	22.991	18.002	1.217	1.002	1.047	1.049
广西	24.150	20.649	1.143	1.004	1.019	1.023
四川	17.625	13.666	1.232	1.017	1.029	1.046
贵州	20.909	18.065	1.122	1.017	1.014	1.031
云南	24.665	21.052	1.159	1.001	1.01	1.012
西藏	13.184	9.575	1.331	0.987	1.048	1.035
陕西	19.824	14.466	1.307	1.017	1.031	1.048
甘肃	12.910	9.933	1.236	1.015	1.036	1.052
青海	16.147	13.519	1.147	1.007	1.034	1.041
宁夏	24.369	20.075	1.160	1.026	1.02	1.046
新疆	31.296	24.997	1.178	1.026	1.036	1.063
西部平均	20.733	16.496	1.203	0.995	1.05	1.044
全国平均	22.242	17.311	1.240	1.005	1.031	1.036
变异系数	0.329	0.342	0.056	0.010	0.012	0.015

　　从各省区市的结果来看，物质资本的积累同样是推动地区经济增长的主要动力，其次是人力资本，物质资本所贡献的经济增长主导着各省区市的实际经济增长。从区域差异上看，1978～2009 年各省区市经济增长的变异系数为 32.9%，其中物质资本、人力资本、效率改善和技术进步所贡献的增长指

数的变异系数分别为 34.2%、5.6%、1% 和 1.2%，由此看出，省域经济增长的差异主要归因于物质资本，其次是人力资本，技术进步与效率改善对于省际经济增长差异贡献并不大。

第四节 增长的空间结构效应

一、空间相关性

空间计量经济学理论认为，一个地区空间单元上的某种经济地理现象或某一属性值与邻近地区空间单元上同一现象或属性值是相关的。事实上，几乎所有的空间数据都具有空间依赖性或空间自相关性的特征。也就是说，各区域之间的数据存在与时间序列相关相对应的空间相关。在实际的空间相关分析应用研究中，Moran's I 指数是空间统计学较为常用的空间分析技术，经常被用来检验区域经济现象的空间相关性（Anselin，2003；吴玉鸣，2004）。Moran's I 定义如下：

$$\text{Moran's I} = \frac{\sum_{i=1}^{n} \sum_{j=1}^{n} W_{ij}(Y_i - \overline{Y})(Y_j - \overline{Y})}{S^2 \sum_{i=1}^{n} \sum_{j=1}^{n} W_{ij}} \qquad (10-3)$$

$$S^2 = \frac{1}{n} \sum_{n}^{i} (Y_i - \overline{Y})^2 \qquad (10-4)$$

$$\overline{Y} = \frac{1}{n} \sum_{i=1}^{n} Y_i \qquad (10-5)$$

其中，Y_i 与 Y_j 表示第 i、j 个地区观测值，本章中为各相关要素及其分解值；n 为地区数；W_{ij} 为空间权重矩阵 W 中的元素，可采用邻接标准和距离标准。Moran's I 的取值范围在 [1，-1] 之间，接近 1 时表示空间之间存在正相关，接近 -1 时表示负相关，接近 0 时表示地区之间不存在空间相关性。空间权重矩阵通常采用邻接概念的矩阵，即当第 i 个地区与第 j 个地区相邻时，W_{ij} 的值取 1，否则取 0。邻接空间权重矩阵的建立相对方便简单，但是该法认为不相邻的地区之间不存在相关性，显然与现实有较大的出入（潘文卿，2010）。从现实来看，不相邻的地区之间并不是毫不相关的，一般来说，不同地区之间的距离越短，地区之间的相关程度就越强，随着地区之间的间隔扩大，地区之间的相关性会逐渐减弱，因此，本章在研究中采用省会城市之间的距离的倒数作为空间权重矩阵中的元素取值。当然，为了将地区之间相互影响控制在一定的距离之内，需要设定一个截止距离（cut-off），如果两个地区之间的距离大于截止距离，则可以认为两个地区之间不存在相互影响。根据计算结果，当地区之间的空间距离为700 公里时，Moran's I 指数表明各源泉的空间自相关性最强，此时，Moran's I 指数散点图如图 10 – 1 所示。

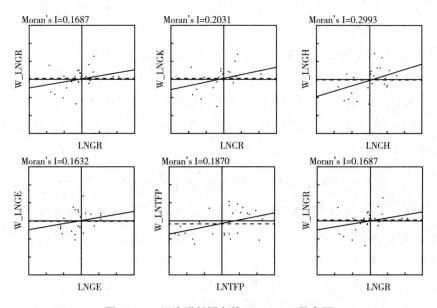

图 10 – 1　经济增长源泉的 Moran's I 散点图

二、空间计量模型

空间滞后模型（spatial lag model，SLM）与空间误差模型（spatial error model，SEM）是空间计量经济研究中常用的两种计量模型。

空间滞后模型在模型中引入空间滞后因子 WY 作为解释变量，其模型表达式为：

$$Y = \rho WY + X\beta + \varepsilon \qquad (10-6)$$

其中，Y 为因变量，X 为 n×K 的解释变量矩阵，ρ 为空间回归系数，W

为 n×n 阶的空间权重矩阵，一般用邻接矩阵和距离矩阵，WY 为空间滞后因变量，ε 为随机误差向量。

在空间误差模型中，空间相关的存在不影响回归模型的结构，但是误差项存在着类似于空间滞后模型中的结构，模型表达式为：

$$Y = X\beta + \varepsilon \qquad (10-7)$$

$$\varepsilon = \lambda W\varepsilon + \xi \qquad (10-8)$$

其中，ε 为随机误差项向量，λ 为 n×1 的截面因变量向量的空间误差系数，ξ 为正态分布的随机误差向量。参数 λ 衡量了样本观测值中空间依赖作用，即相互邻近地区的观测值 Y 对本地区观测值 Y 的影响方向和程度，参数 β 反映了自变量 X 对因变量 Y 的影响。SEM 的空间依赖作用存在于扰动项误差之中，度量了邻近地区关于因变量的误差冲击对本地区观测值的影响程度。

本章选择标准的 β 绝对收敛方程作为基础模型分析中国省域经济的收敛性与各因素在经济中的作用。以劳均产出指数 gr 为例，建立 β 绝对收敛的方程如下：

$$\ln(gr) = \ln(y_{is}/y_{it}) = \alpha I + \beta \ln(y_{it}) + \varepsilon_i \qquad (10-9)$$

其中，y_{is}、y_{it} 表示 i 地区 s、t 年的劳均真实生产总值，I 表示单位向量。α、β 是待估参数，如果 β < 0，表明经济增长是收敛的，说明落后地区的经济增长速度快于发达地区，否则，经济增长是发散的。同理可以建立其他增长源泉（ck、ch、ce、ct）β 绝对收敛方程。

三、空间结构效应

首先，采用经典的最小二乘法（OLS）考察传统的不考虑地区之间空间效应的收敛性问题，参数估计结果如表 10-2 所示（本章是 geoda095i 的运行结果）。模型（1）显示 β 的估计值为负，但是并没有通过显著性检验，这说明中国经济 1978~2009 年有收敛的迹象，而且不显著。模型（2）、模型（4）的 β 值为负，说明资本积累和效率改善促进了中国经济的收敛，但是资本积累并没有通过显著性检验，而效率改善也只通过了 5% 水平的显著性检验，模型（3）、模型（5）的 β 值为正，说明人力资本的和技术进步使中国地区经济增长异化，使中国经济增长趋于发散，并且人力资本的 β 值通过了

10%水平的显著性检验。以上分析说明，改革开放以来，不同的要素对中国的经济收敛起到了不同作用，改革开放使人力资本向发达地区集聚，先进的技术也向经济发达地区集聚，这两个相当重要的生产要素进一步加快了发达地区的经济增长，地区经济趋异。

表10－2　　　　1978～2009中国经济增长β收敛检验：OLS分析结果

	模型（1）lngr	模型（2）lnck	模型（3）lnch	模型（4）lnce	模型（5）lnct
β	−0.048 (0.166)	−0.063 (0.142)	0.019* (0.085)	−0.005** (0.048)	0.001 (0.984)
常数项	1.640*** (0.000)	1.511*** (0.000)	0.129** (0.013)	0.028** (0.016)	−0.028 (0.120)
样本数	30	30	30	30	30
R^2	0.034	0.042	0.070	0.101	0.036
Moran's I	0.004 (0.687)	0.066 (0.318)	0.222** (0.012)	0.213** (0.016)	0.243*** (0.006)
LM-lag	1.032 (0.310)	2.077 (0.150)	0.031 (0.859)	7.507* (0.006)	6.905*** (0.009)
Robust-LM-lag	1.127 (0.29)	1.753 (0.186)	1.259 (0.262)	8.786*** (0.003)	2.806* (0.094)
L M-error	0.001 (0.97)	0.326 (0.568)	3.653* (0.056)	3.372* (0.066)	4.393** (0.036)
Robust LM-error	0.09 (0.765)	0.002 (0.965)	4.881** (0.027)	4.651** (0.031)	0.294 (0.588)

注：参数估计值下面括号内的数值是参数估计的P值，***、**、*分别代表通过1%、5%、10%的显著性水平检验。

通过前面的空间相关性检验，本章发现中国经济增长及其分解因素存在着较为明显的空间依赖性，如图10－1所示。空间计量经济学理论认为，当地区之间存在空间自相关时，传统的最小二乘法对模型系数估计值会有偏或无效，需要通过工具变量法、极大似然法（ML）或广义最小二乘法等其他方法来进行估计。爱瑟林（Anselin，1988）建议采用极大似然估计空间滞后模型和空间误差模型的参数。由于事先无法决定哪种空间模型更加符合客观实际，爱瑟林（1988）提出如下判别标准：如果在空间依赖性的检验中发现，LMEAG 较之 LMERR 在统计上更加显著，且 R-LMEAG 显著而 R-LMERR 不显著，则可以判断适合的模型是空间滞后模型；相反，如果 LMERR 比 LMEAG 在统计上更加显著，且 R-LMERR 显著而 R-LMLAG 不显著，则可以判定空间误差模型是恰当的模型。除了拟合优度 R^2 检验以外，常用的检验标准还有自然对数似然函数值（log Likelihood）、似然比率（likelihood ratio）、赤池信息标准（Akaike information criterion）、施瓦茨准则（Shwartz criterion），对数似然值越大，似然率越小，AIC 和 SC 值越小，模型拟合效果越好。

本章在采用经典最小二乘法（OLS）进行参数估计之后，分别用空间滞后模型与空间误差模型对参数进行计量估计。根据前面的判别规则，模型（1）、模型（2）选用空间滞后模型，模型（3）、模型（4）、模型（5）选用空间误模型。选择之后的结果如表 10 - 3 所示。

表 10 - 3　　1978 ~ 2009 年中国经济增长 β 收敛检验：空间计量模型估计结果

	空间滞后模型		空间误差模型		
	模型（1） lngr	模型（2） lnck	模型（3） lnch	模型（4） lnce	模型（5） lnct
β	- 0. 063 * (0. 081)	- 0. 084 ** (0. 049)	0. 014 (0. 17)	- 0. 002 (0. 351)	0. 002 (0. 592)
常数项	1. 587 *** (0. 000)	1. 419 *** (0. 000)	0. 161 *** (0. 000)	0. 014 (0. 134)	- 0. 026 * (0. 078)
空间滞后项	0. 086 (0. 329)	0. 157 (0. 172)	—	—	—
空间误差项	—	—	0. 482 ** (0. 017)	0. 565 *** (0. 002)	0. 701 *** (0. 000)
样本数	30	30	30	30	30
R^2	0. 098	0. 136	0. 237	0. 298	0. 246
Log likelihood	12. 14	6. 62	47. 88	93. 22	79. 36
LR-Test	0. 976 (0. 323)	1. 909 (0. 167)	3. 482 * (0. 062)	4. 329 ** (0. 037)	5. 031 ** (0. 025)

注：参数估计值下面括号内的数值是参数估计的 P 值，*** 、** 、* 分别代表通过 1%、5%、10% 的显著性水平检验。

对比空间计量经济模型与传统的 OLS 计量分析结果发现，待估参数 β 的符号是一致的，这说明在考虑中国省域之间的空间效应之后，中国省域之间的经济增长与增长的各个源泉的收敛性没有改变，但是从计量结果来看，经济增长指数与各个增长源泉系数 β 的显著性水平明显提高，经济增长指数和物质资本积累的 β 系数分别通过了 10% 和 5% 的显著性水平检验，由此说明在考虑地区间地理空间因素之后，中国地区经济增长 1978～2009 年表现出了较为显著的全域收敛性，这与较多的研究结果一致（林光平等，2005、2006；吴玉鸣，2006；郝睿，2006；鲁凤等，2007；张晓旭，2008；潘文卿，2010）。从经济增长源泉的分析来看，物质资本存量和效率改善使中国地区经济增长趋同，而人力资本存量和技术进步使中国省域经济增长趋异。

根据模型选择标准，空间滞后计量模型较为适合中国省域经济增长和物质资本存量收敛性检验，而空间误差计量模型较为适合人力资本存量、效率改善与技术进步的收敛性检验。从空间计量模型选择方面的含义来看，选择空间滞后计量模型表明，中国省域经济增长和物质资本积累不仅与本地区初始时期的经济增长水平和物质资本存量有关，还与空间邻近地区的经济增长水平、物质资本存量有关。表 10－3 中的数据显示，模型（1）、模型（2）的空间滞后项的系数 ρ＞0（空间滞后因子的作用是双向的，可能向前，也可能向后），说明空间邻近地区的经济增长和物质资本积累速度较快，则本地区的经济增长和物质资本积累也会以较快速度增长。选择空间误差计量模型表明，中国省域经济增长中人力资本存量、效率改善、技术进步速度不仅与本地区资本存量、效率改善、技术进步初期水平有关，同时还与其空间邻近地区的资本存量、效率改善、技术进步随机冲击有关。表 10－3 中模型（3）、模型（4）、模型（5）中的空间误差项系数 λ＞0，由此说明，如果一个地区空间邻近地区的资本存量、效率改善、技术进步具有扩散效应，也就是说邻近地区的资本存量、效率改善、技术进步对本地区具有促进作用。

在考察中国经济增长收敛性的空间效应之后，本章进一步分析改革开放以来中国经济增长中各个驱动源泉的收敛机制。

四、空间影响机制

1. 物质资本积累使中国省域经济增长趋同

新古典经济增长理论认为由于边际收益递减规律的作用，物质资本的逐利性使经济增长趋于收敛。本章的分析表明，中国改革开放以来的经济增长是资本积累驱动型的。中国的固定资本存量目前呈高速增长之势，1978～2008 年的实物资本存量以年均 10% 的速度增长（中国经济增长与宏观稳定课题组，2010），实物资本增长与改革开放以来的经济增长基本保持了同步，改革开放以来，机器设备、建筑物、土地使用权等有形资本不断地被资本化并被重新估值进入了生产函数。20 世纪 80 年代，中国农村土地改革拉开了中国经济改革的序幕，这也是中国经济高速增长过程中资本化的开端，以农村家庭联产承包责任制的形式使土地资源以租赁的方式进行资本化，随着农村经济的快速发展加快了农村资本的进一步投入，从而实现农村资本的快速积累。进入 90 年代，土地资本化、股票资本化和 FDI 流入是中国经济增长过程中资本化的主要特征，随着市场不断发展与完善，股票市场规模不断扩大，FDI 的大量流入推动中国资本积累进一步加速。进入 21 世纪，城市化加速使大量的土地价值被大大提高并重新估算后进入交易领域，土地资本化成为经济增长的又一推手。与此同时，在改革开放过程中，地区之间的资本积累并不是均衡的，由于国家政策、地理因素和经济基础等多种因素使中国东部发达地区的资本积累快速并大量集聚。因此，根据新古典经济增长模型也就不难理解中国经济增长收敛过程中资本存量的主导地位。

2. 效率改善使中国省域经济增长趋同

20 世纪 80 年代开始的中国农村改革和随后开始的围绕工业部门进行的企业改革极大地提高了劳动效率，这种效率的提高体现在两个方面：一是物质资本的使用效率，二是劳动者积极性的提高。80 年代中期前微观激励机制改革试验起步于中西部地区，继而迅速推广到全国各省区市，并且这种激励机制的改革不依赖于市场发育程度，蔡昉等（2000）称其为以"技术效率"改进为主的阶段。由技术效率改进带来的经济增长，在各省区市没有很大的差异，初始较为贫穷的省区市甚至相对获益更多，导致地区间差异的缩小。80 年代中期以后，国家开始实行倾向于东部沿海的非均衡地区发展战略，东部沿海地区陆续建立了特殊政策的经济特区、沿海开放城市和经济开放区，相对地，中西部地区对外开放水平较低，资源配置具有更多传统体制的特征，政府执行更多的不恰当的职能，从而经济效率较低，蔡昉等（2000）称其为以"配置效率"改进为主的阶段。随着效率改善推进，越来越要求更高的市场化水平、产业结构和所有制结构的调整，中西部地区越来越难以从效率改进中获得更高的增长速度，效率改善对于贫穷省份向富裕省份赶超的作用因而逐步减小。自21世纪末以来，市场经济的完善与成熟，发达地区"配置效率"的优势逐渐减弱，而中西部地区在国家西部大开发政策的倾斜下获得了这种"配置优势"。因此，改革开放以来不同阶段的效率改善对中国省域经济的趋同也起到了一定作用。

3. 人力资本和技术进步使中国省域经济增长趋异

新经济增长理论认为，技术的外部效应和人力资本规模报酬递增可能会带来宏观经济的规模报酬递增，经济越发达地区，由于知识和人力资本积累的越多，经济发展也越快；经济越是落后的地区其经济增长速度越慢，因此，地区经济趋于发散。张学良（2010）对长三角地区经济增长收敛机制研究表明，人力资本因素是长三角地区县域经济趋异的一个重要因素。20世纪末以来，以信息技术为代表的新经济强调了人力资本的作用。事实上，中国东部发达地区利用区域的经济优势、政策优势、技术优势吸引了大批的中西部地区优秀人才，这些优秀人才对东部地区经济的快速发展起到了重要作用，相反，中西部地区因人才的流失而陷入"低技能"状态，从而使得东部地区人力资本存量高于中西部地区。中西部地区的人力资本存量较低，使得对先进技术的知识吸收能力较小，中西部地区吸收外国直接投资滞后于东部地区，随着时间推移，中西部地区在引进一项先进技术时往往需要掌握之前的相关技术，这就增大了引进的成本，使扩散效应难以实现，这同时也说明了技术进步使中国省域经济增长呈现发散机制。此外，开放程度也可能限制人力资本对技术转移的促进作用，这也从另一方面说明中国经济增长的驱动机制。

第五节　结论与建议

自改革开放以来，特别是进入经济转型阶段后，制度结构的变化带来了地区经济高速增长的同时，地区之间的差距也逐渐增大。地区间差异的扩大，一方面是由于地区间初始产出水平差异造成的；另一方面，与地区的地理因素、政策制度以及自身的禀赋有关，省域间的这种经济增长差异及其发展趋势一直为人们所关注。本章将经济增长分解为物质资本积累、人力资本、效率改善和技术进步四个部分，并引入空间计量经济模型，深入探讨了 1978 ~ 2009 年中国省域经济增长的空间差异及其收敛机制。研究表明，物质资本存量是中国经济增长的主要源泉，中国的经济增长是资本驱动型的；中国经济增长具有全域 β 绝对收敛现象，物质资本积累和效率改善使得经济增长趋同，人力资本和技术进步使得经济增长趋异。

通过引入空间计量经济模型，发现空间依赖性对中国经济增长收敛性具有一定的影响，本章的研究表明，中国经济增长及其分析因素具有显著的空间依赖性与空间自相关特征。在考虑空间依赖性情况下，经济增长全域收敛的显著性提高，物质资本积累和效率改善控制了省域经济收敛的方向，同时，省域之间人力资本和技术进步的差异使省域间经济增长趋于发散。

从现实来看，中国经济将仍然保持一个高速增长的态势，并且区域差异会长期存在，但是高速增长背后不能以拉大地区差异为代价。要实现中国经济总体快速协调发展，首先要转变经济增长方式，从目前的资本推动型转向依靠全要素生产率的提高，中国经济的现实要求未来经济的发展不宜过度追求资本化推动的高增长模式；其次进一步加强技术创新，政府应该有合理的政策引导，鼓励企业进行技术创新，并从政策上减小创新风险；最后是加强人力资本投资，本章的分析表明人力资本使得经济增长趋异，如果要实现中国区域经济均衡协调发展，必须实现人力资本积累的区域协调和均衡发展。

参考文献

［1］陈海声，王莉嘉．上市公司资本结构影响因素排序研究——以制造业为例［J］．财会通讯．2013（5）．

［2］陈珏宇，叶静雅．现代企业资本结构理论研究及其发展［J］．广西大学学报（哲学社会科学版）．2008（6）．

［3］陈凯．中国服务业结构变动与增长的关联分析．财经科学，2011（12）：99～107．

［4］陈兆松．我国证券公司股权结构与公司治理效率研究［D］．西南财经大学，2008．

［5］程大中，黄雯．中国服务业的区位分布与地区专业化．财贸经济，2005（7）：73～82．

［6］德鲁克．现代大企业论，1996：20．

［7］邓桂枝．生产性服务业区域集聚测度及其适宜性研究——基于我国22个省市面板数据的分析．经济问题，2012（7）：46～50．

［8］费雪［英］．安全与进步的冲突［M］．英国：麦克米伦出版公司，1935：25～28．

［9］奉琼．中国制造业产业集聚与区域经济增长——基于中国工业企业数据的研究．经济研究导刊，2009（12）：164～165．

［10］高鸿业．西方经济学．北京：中国人民大学出版社，2011：547～566．

［11］高良谋，李宇．企业规模与技术创新倒U关系的形成机制与动态拓展［J］．管理世界，2009（8）：113～123．

［12］管卫华，林振山，顾朝林．中国区域经济发展差异及其原因的多尺度分析［J］．经济研究，2006（7）：117～125．

［13］韩晓敏．我国汽车制造业上市公司资本结构与企业绩效关系分析

[D]. 辽宁工程技术大学. 2012.

[14] 郝睿. 经济效率与地区平等：中国省际经济增长与差距的实证分析（1978~2003）[J]. 世界经济文汇，2006（2）：11~29.

[15] 洪功翔. 国有企业存在双重效率损失吗——与刘瑞明、石磊教授商榷 [J]. 经济理论与经济管理，2010（11）：24~32.

[16] 侯雪晨. 上市公司资本结构影响因素的实证分析——以制造业为例 [J]. 科技经济市场. 2016（3）.

[17] 胡迟. 从2005中国企业500强看中国大企业的持续成长 [J]. 宏观经济研究，2005（10）：7~11.

[18] 胡洁，胡颖. 上市公司股权结构与公司绩效关系的实证分析 [J]. 管理世界，2006（3）：142~143.

[19] 胡霞，魏作磊. 中国城市服务业集聚效应实证分析. 财贸经济，2009（8）：108~114.

[20] 胡霞. 中国城市服务业空间集聚变动趋势研究. 财贸经济，2008（6）：103~108.

[21] 胡援成. 企业资本结构与效益及效率关系的实证研究. 管理世界. 2002（10）.

[22] 黄少军，商品消费、服务消费和经济结构变化——一个微观经济学的分析，华南师范大学学报（社会科学版），2000（2）：25~31.

[23] 姜海宁，谷人旭，李广斌. 中国制造业企业500强总部空间格局及区位选择. 经济地理，2011（10）：84~91.

[24] 姜敏，易谋. 我国中小企业资本结构与企业效益关系研究——以深交所中小板30家上市公司为例 [J]. 现代商贸工业. 2013（20）.

[25] 康杰. 对中国制造业发展的建议. 改革与开放，2013（2）：82.

[26] 孔令江. 中国制造业集聚与区域经济增长研究：[学位论文]. 大连：东北财经大学，2007.

[27] 李东，李建明，王翔. 高业绩企业群体中的弱企业效应研究——以2002—2006中国500强企业为样本的分析 [J]. 中国工业经济，2007（1）：45~52.

[28] 李建明，缪荣，郝玉峰. 十年来中国企业500强发展趋势 [J]. 中国工业经济，2011（10）：5~15.

[29] 李建明，缪荣．中美企业 500 强比较及其启示 [J]．中国工业经济，2005（11）：10～17．

[30] 李建明，张永伟．中国大企业培育国际竞争力的对策——基于中外企业 500 强的差距分析 [J]．中国工业经济，2002（9）：14～22．

[31] 李建明．全球经济格局下中国大型企业发展状态与两极战略思考——基于 2008～2012 年中国 500 强数据的分析 [J]．东南大学学报（哲学社会科学版），2013（3）：13～19．

[32] 李建明．中国大企业发展的最新趋势、问题和建议 [J]．中国工业经济，2009（9）：5～15．

[33] 李金荣．中国私营企业劳动生产率变化及影响因素剖析——基于 1998～2009 年时间序列数据的实证研究 [J]．经济经纬，2012（3）：22～25．

[34] 李君华，彭玉兰．中国制造业空间分布影响因素的实证研究．南方经济，2010（7）：28～40．

[35] 李梦群，庞学慧，王凡．先进制造技术导论．北京：国防工业出版社，2005：1～7．

[36] 李小君．我国股份制商业银行的公司治理研究 [J]．商业研究，2005（2）：13～21．

[37] 李雪莲．我国制造业的资本结构现状浅析 [J]．商．2011（3）．

[38] 李义超．我国上市公司融资结构实证分析 [J]．数量经济技术经济研究．2003（6）．

[39] 梁剑，丁洁，周俊．宏观经济发展对上市公司企业经营绩效影响的实证分析 [J]．经济体制改革，2011（6）：16～19．

[40] 林光平，龙志和，吴梅．中国地区经济 σ - 收敛的空间计量实证分析 [J]．数量经济技术经济研究，2006（4）：14～21＋69．

[41] 林毅夫，刘明兴．中国的经济增长收敛与收入分配 [J]．世界经济，2003（8）：3～14＋80．

[42] 刘畅．中国区域经济增长与集聚的实证研究：[学位论文]．吉林：吉林大学，2012．

[43] 刘国新．论企业规模与 R&D 投入相关性 [J]．管理科学学报，2001（8）：71．

[44] 刘强．中国经济增长的收敛性分析 [J]．经济研究，2001（6）：

70～77.

　　[45] 刘夏明，魏英琪，李国平．收敛还是发散？——中国区域经济发展争论的文献综述 [J]．经济研究，2004（7）：70～81.

　　[46] 刘重．现代生产性服务业与经济增长．天津社会科学，2006（2）：89～92.

　　[47] 鲁凤，徐建华．中国区域经济差异的空间统计分析 [J]．华东师范大学学报（自然科学版），2007（2）：44～51＋80.

　　[48] 吕拉昌，阎小培．服务业地理学的几个基本理论问题．经济地理，2005（1）：117～125.

　　[49] 吕炜．论风险投资机制的技术创新原理 [J]．经济研究，2002（3）：48～56.

　　[50] 罗巧根．股权结构与我国国有企业改革 [D]．西南财经大学，2004.

　　[51] 罗勇，曹丽莉．中国制造业集聚程度变动趋势实证研究．经济研究，2005（8）：106～115.

　　[52] 马龙龙．生产性服务业与地区经济增长——基于调节效应的影响因素及其有效性研究．经济理论与经济管理，2011（4）：55～63.

　　[53] 倪鹏飞．《区域经济学原理》评介．财贸经济，2008（4）：127～129.

　　[54] 潘文卿．中国区域经济差异与收敛 [J]．中国社会科学，2010（1）：72～84＋222～223.

　　[55] 彭国华．我国地区经济的长期收敛性——一个新方法的应用 [J]．管理世界，2006（9）：53～58.

　　[56] 彭国华．中国地区收入差距、全要素生产率及其收敛分析 [J]．经济研究，2005（9）：19～29.

　　[57] 钱得勒．大企业和国民财富 [M]．北京：北京大学出版社，2004：3.

　　[58] 钱德勒．柳卸林译．大企业与国民财富 [M]．北京：北京大学出版社．2004.

　　[59] 邱爽．我国文化产业上市公司股权结构与公司绩效关系研究 [J]．全球传媒学刊，2016，3（1）：99～122.

　　[60] 萨伊．政治经济学概论，北京：商务印书馆，1963，356.

　　[61] 邵雷．大企业与经济增长：[D]．长春：吉林大学，2007.

[62] 申玉铭，吴康，任旺兵．国内外生产性服务业空间集聚的研究进展，地理研究，2009（6）：494～507.

[63] 沈坤荣，马俊．中国经济增长的"俱乐部收敛"特征及其成因研究 [J]．经济研究，2002（1）：33～39+94～95.

[64] 石磊，高帆．地区经济差距：一个基于经济结构转变的实证研究 [J]．管理世界，2006（5）：35～44.

[65] 孙永祥，黄祖辉．上市公司的股权结构与绩效 [J]．经济研究，1999（12）：23～30.

[66] 唐宗明，蒋位．中国上市公司大股东侵害度实证分析 [J]．经济研究，2002（4）：44～50.

[67] 陶虎，田金方，郝书辰．基于 DEA 方法的国有企业运行效率时序分析——兼与私营企业比较 [J]．理论学刊，2012（4）：48～52.

[68] 陶纪明．服务经济的本质与内涵：理论渊源 [J]．科学发展，2010（10）：3～12.

[69] 田昆儒．基于公司治理的会计信息披露 以上市公司为中心的展开 [J]．会计师，2004（11）：24～28.

[70] 万有华．中国上市公司治理结构对公司行为及绩效的影响研究 [D]．重庆大学，2003.

[71] 王春宇，高羽微．制造业企业资本结构影响因素的分析 [J]．北方经贸．2016（7）.

[72] 王珂，杨兴礼．2007 年世界 500 强企业分布对中国企业的启示．经济与管理，2008（10）：77～80.

[73] 王立平，王健．中国产业结构变迁对区域经济增长影响分析——基于空间动态面板数据模型．统计与信息论坛，2010（7）：92～98.

[74] 王伟光．中国大企业技术创新体系本地化实证研究——基于地区层面的一种分析 [J]．中国工业经济，2011（12）：67～77.

[75] 王昱升．股权结构与公司绩效的实证研究 [J]．财会通讯（学术版），2008（11）：18～21.

[76] 王赟．产业集群对区域经济增长影响的研究——以西双版纳天然橡胶产业为例：[学位论文]．海南：海南大学，2013.

[77] 魏博通．中国制造业的空间分布及变动趋势．湖北师范学院学报：

哲学社会科学版, 2009 (4): 5~8.

[78] 魏国学, 陶然, 陆曦. 资源诅咒与中国元素: 源自135个发展中国家的证据 [J]. 世界经济, 2010 (12): 48~66.

[79] 魏后凯. 中国地区经济增长及其收敛性 [J]. 中国工业经济, 1997 (3): 31~37.

[80] 吴三忙, 李善同. 中国制造业空间分布分析. 中国软科学, 2010 (6): 123~131.

[81] 吴玉鸣. 中国省域经济增长趋同的空间计量经济分析 [J]. 数量经济技术经济研究, 2006 (12): 101~108.

[82] 武前波, 宁越敏, 李英豪. 中国制造企业500强集中度变化特征及其区域效应分析. 经济地理, 2012 (2): 3~8.

[83] 武前波, 宁越敏. 中国制造业500强总部区位特征分析. 地理学报, 2010 (2): 139~152.

[84] 谢全胜. 论公司治理的信息披露与完善 [J]. 企业经济, 2006 (2): 178~179.

[85] 徐现祥, 舒元. 中国省区经济增长分布的演进 (1978~1998) [J]. 经济学 (季刊), 2004 (2): 619~638.

[86] 许召元, 李善同. 近年来中国地区差距的变化趋势 [J]. 经济研究, 2006 (7): 106~116.

[87] 薛宝琪. 中原经济区经济空间格局演化分析. 经济地理, 2013 (1): 15~20.

[88] 颜爱民, 马箭. 股权集中度、股权制衡对企业绩效影响的实证研究——基于企业生命周期的视角 [J]. 系统管理学报, 2013 (3): 385~393.

[89] 杨云龙. 基于创业板制造业的资本结构与企业绩效关系研究 [D]. 集美大学, 2015.

[90] 姚洋, 章奇. 中国工业企业技术效率分析 [J]. 经济研究, 2001 (10): 13~17.

[91] 袁成英. 中小企业经营绩效的宏观经济影响因素研究 [J]. 广西财经学院学报, 2011 (1): 68~73.

[92] 袁圆. 股权集中度对民营上市公司绩效影响研究 [D]. 湘潭大学, 2011.

［93］张军，吴桂英，张吉鹏．中国省际物质资本存量估算：1952～2000 ［J］．经济研究，2004（10）：35～44.

［94］张利科，王淑梅．商业时代，2012（9）：118～119.

［95］张茹．中国经济增长地区差异的动态演进：1978～2005 ［J］．世界经济文汇，2008（2）：69～83.

［96］张蕊．企业经营绩效评价理论语方法的变革 ［J］．会计研究，2001（12）.

［97］张胜，郭军，陈金贤．中国省际长期经济增长绝对收敛的经验分析 ［J］．世界经济，2001（6）：67～70.

［98］张晓旭，冯宗宪．中国人均 GDP 的空间相关与地区收敛：1978～2003 ［J］．经济学（季刊），2008（2）：399～414.

［99］张学良，孙海鸣．探寻长三角地区经济增长的真正源泉：资本积累、效率改善抑或 TFP 贡献 ［J］．中国工业经济，2009（5）：36～45.

［100］张学良．长三角地区经济收敛及其作用机制：1993～2006 ［J］．世界经济，2010，33（3）：126～140.

［101］赵伟，马瑞永．中国经济增长收敛性的再认识——基于增长收敛微观机制的分析 ［J］．管理世界，2005（11）：12～21.

［102］赵越．资本结构与经营效益的相关性分析 ［D］．西南财经大学，2013.

［103］赵云城．中国企业挺进世界500强必须加快经济结构调整．现代企业，2012（5）：6～7.

［104］中国经济增长与宏观稳定课题组，资本化扩张与赶超型经济的技术进步 ［J］．经济研究，2010，45（5）：4～20＋122.

［105］中国企联企业研究中心．中国企业500强十年风云 ［M］．北京：经济管理出版社，2011.

［106］中国企业联合会．2008中国500强企业发展报告 ［M］．北京：企业管理出版社，2008～2013.

［107］中国企业联合会．2012中国500强企业发展报告 ［M］．北京：北京管理出版社，2012.

［108］中国企业联合会．中国企业发展报告 ［M］．北京：企业管理出版社，2002～2007年．

［109］中国企业联合会课题组. 中国大型企业发展的最新趋势、问题和建议［J］. 中国工业经济，2009（9）：5～15.

［110］钟鸣长，沈能. 高新技术产业与传统产业间的溢出效应分析：［J］. 生产力研究，2006（7）：212～214.

［111］周平海. 新编西方经济学. 上海：立信会计出版社，2011（2）：336～343.

［112］朱武祥，宋勇. 股权结构与企业价值——对家电行业上市公司实证分析［J］. 经济研究，2001（12）：66～72.

［113］Abiodun, Aguda. The spatial distribution of manufacturing industries in Kwara State, Nigeria. The Nigerian Geographical Journal, 1987：103－114.

［114］Aghion, P., Howitt, P. W., 1992. A model of growth through creative destruction. Econometrica 60, 323－351.

［115］Aghion, P., Howitt, P. W., 1998. Endogenous Growth Theory. MIT Press, Cambridge, MA.

［116］Aghiont, P., Angeletos, G.-M., Banerjee, A., Manova, K., 2005. Volatility and growth：financial development and the cyclical composition of investment. Unpublished working paper. Harvard University, Cambridge, MA.

［117］Arellan, M. and5. Bond, 1991, "Some Tests of Specification for Panel Data：Monte Carlo Evidence and an Application to Employment Equations"［J］. Review of Economic studies, Vol 58, No. 2, 277－297.

［118］Baumol William J. Macroeconomics of Unbalanced Growth：the Anatomy of Urban Crisis［J］. American Economic Review, 1967（57）：415－426.

［119］Berle, A. A. & Means, G. C.. The modern corporation and private property. New York：Transaction Publishers, 1932.

［120］Blackford, Mansel G., 1998. The rise of Modern Business in Great Britain, the United States and Japan. University of North California Press, Chapel Hill.

［121］Blundell, R. and S. Bond, 1998, "Initial Conditions and Moment Restrictions in Dynamic Panel Data Models"［J］. Journal of Econometrics, Vol. 87, No. 1, pp. 115－143.

［122］Buckley, Peter J., 2004. Asian network firms：an analytical framework. Asia Pacific Business Review 10 (3/4), 254 – 271.

[123] Burro, R. J. and X. Sala-i-Martin, 1992, Convergence [J]. Journal of Political Economy, 100 (2): 223 – 251.

[124] Cameron, A. C. and P. K. Trivedi, 2009, Mieroeeonometries using stata, Stata Press.

[125] Cassis, Youssef, 1997. Big Business: The European Experience in the Twentieth Century. Oxford University Press, Oxford.

[126] Chandler Jr. , Alfred D. , 1959. The beginning of big business in A-merican industry. In: Tedlow, R. S. , John, R. R. , Jr. (Eds.), Managing Big Business: Essays from the Business History Review. Harvard Business School Press, Boston, MA.

[127] Chandler Jr. , Alfred D. , 1977. The Visible Hand: Managerial Revo-lution in American Business. Belknap Press of Harvard University Press, Cam-bridge, UK.

[128] Chandler Jr. , Alfred D. , 1990. Scale and Scope: the Dynamics of Industrial Capitalism. Harvard University Press, Cambridge, MA.

[129] Charnes A. W. W. Cooper and E. Rhodes, Measuring the Efficiency of Decision Making Units [J]. European Journal of Operational Research, Vol. 2, 429 – 444, 1978.

[130] Choo, Kineung, Lee, Keun, Ryu, Keunkwan, Yoon, Jungmo, 2009. Changing performance of business groups over two decades: technological ca-pabilities and investment inefficiency in Korean Chaebols. Economic Development and Cultural Change 57 (2), 359 – 386.

[131] Clark, Colin. The Conditions of Economic Progress [M]. London, Macmillan, 1951: 90 – 120.

[132] Daniels P. W, Services Industries, A Geographical Appraisal, Lon-don, Methuen, 1985: 1 – 16.

[133] Demirguc-Kunt, Detragiache. Financial Liberalization and Financial Fragility [R]. Mimeo of World Bank, 1998.

[134] Fogel, Kathy, Morck, Randall, Yeung, Bernard, 2008. Big busi-ness stability and economic growth: is what's good for General Motors good for A-

merica? Journal of Financial Economics 89（1）, 83 – 108.

［135］ Goto, Akira, 1982. Business groups in market economy. European E-conomic Review 19（1）, 53 – 70.

［136］ Hiratsuka, Daisuke（Ed.）, 2006. East Asia's De Facto Economic In-tegration. Palgrave-MacMillan and IDE – JETRO, New York.

［137］ Iacoviello, Matteo, Schiantarelli, Fabio, Schuh, Scott, 2011. Input and output inventories in general equilibrium. International Economic Review 52（4）, 1179 – 1213.

［138］ J McConnall, H Servaes. Additional Evidence on Equity Ownership and Corporate Value ［J］. Journal of Financial Economics, 1990, （27）: 595 – 612.

［139］ Jiachun Chen. An Empirical Research: The Determining Factors of Capital Structure of Strategic Emerging Industry, Based on Data of Listed Enterpri-ses in China ［J］. Modern Economy. 2015（04）.

［140］ Johannes fedderke, Alexandra Wollnik. The Spatial Distribution of Manufacturing in South Africa 1970 – 1996, its Determinants and Policy Implica-tions. Economic Research Southern Africa, University of Cape Town, 2007.

［141］ Kathy Foge, dall Morck, Bernard Yeung. Big Business Stability and Economic Growth: Is what's good for General motors good for America? ［J］. Jour-nal of Financial Economics, 2008（89）: 83 – 108.

［142］ Kathy Fogel, Randall Morck, Bernard Yeung, Big business stability and economic growth: Is what's good for General Motors good for America? ［J］. Journal of Financial Economics. 89（2008）83 – 108.

［143］ Khanna, Tarun, Palepu, Krishna, 1997. Why focused strategies may be wrong for emerging markets ［J］. Harvard Business Review 75（4）（July-Au-gust）, 41 – 51.

［144］ Khanna, Tarun, Palepu, Krishna, 1997. Why focused strategies may be wrong for emerging markets. Harvard Business Review 75（4）（July-August）, 41 – 51.

［145］ Khanna, Tarun, Palepu, Krishna, 2000. Is group affiliation profita-ble in emerging markets? An analysis of diversified Indian business groups ［J］. Journal of Finance 55（2）, 867 – 891.

［146］ Khanna, Tarun, Palepu, Krishna, 2000. Is group affiliation profitable in emerging markets? An analysis of diversified Indian business groups. Journal of Finance 55 (2), 867 –891.

［147］ Kozul-Wright, Richard, Rowthorn, Bob, 1998. Transnational Corporations and the Global Economy. St. Martin's press, New York.

［148］ Lebas, M. J. Performance measurement International of production Economics ［J］. Journal of Business Finance and Accounting 1995 (41): 23 –25.

［149］ Lee, Keun, Jin, Xuehua, 2009. The origins of the business groups in China: an empirical testing of the three paths and the three theories. Business History 51 (1), 77 –99.

［150］ Lee, Keun, Kim, Byung-Yeon, Park, Young-Yoon, and Sanidas, Elias, 2013. Big businesses and economic growth: Identifying a binding constraint for growth with country panel analysis ［J］. Journal of Comparative Economics 41 (2013) 561 –582.

［151］ Lee, Keun, Kim, Byung-Yeon, Park, Young-Yoon, and Sanidas, Elias, 2013. Big businesses and economic growth: Identifying a binding constraint for growth with country panel analysis. Journal of Comparative Economics 41 (2013) 561 –582.

［152］ Leech, D. , Leahy, J.. Ownership structure, control type classifications and the performance of large British companies. The Economic Journal, 1991, 101 (49), 1418 –1437.

［153］ Leff, Nathaniel H. , 1978. Industrial organization and entrepreneurship in the developing countries; the economic groups. Economic Development and Cultural Changes 26 (4), 661 –675.

［154］ Lucas. R. E.. 1988, On the Mechanics of Economic Development ［J］. Journal of Monetary Economics, 22: 3 –42.

［155］ Nelson, R. , Winter, S. , 1982. An Evolutionary Theory of Economic Change. Harvard University Press, Cambridge, MA.

［156］ Pack, Howard, Westphal, Larry E. , 1986. Industrial strategy and technological change: theory versus reality. Journal of Development Economics 22 (1), 87 –128.

[157] Pagano, Patrizio, Schivardi, Fabiano, 2003. Firm size distribution and growth. Scandinavian Journal of Economics 105 (2), 255 – 274.

[158] Ralph Foorthuis, Marlies van Steenbergen, Sjaak Brinkkemper, Wiel A. G. Bruls. A theory building study of enterprise architecture practices and benefits. Springer Journal. 2016.

[159] Romer, P. M., 1986, Increasing Returns and Long-run Growth [J]. Journal of Political Economy, 94, 1002 – 1037.

[160] Romer, P. M., 1990, Endogenous Technological Change [J]. Journal of Political Economy, 98, 71 – 102.

[161] Russell, Smyth. should China is Promoting Large-Scale Enterprises and Enterprises and Enterprise Groups? [J] World development, 2000 (4): 721 – 737.

[162] Sanidas, Elias, 2007. The impact of large firms in promoting economic growth, exports, and regional integration: a chandlerian perspective. Middle EastBusiness and Economic Review 19 (2), 61 – 75.

[163] Schumpeter, Joseph A., 1942. Capitalism, Socialism and Democracy. George Allen & Unwin, New York.

[164] Schumpeter, Joseph. A., 1934. Theory of Economic Development: An Inquiry into Profits, Capital, Credit, Interest, and the Business Cycle. Harvard University Press, Cambridge, MA.

[165] Schumpeter, J., 1912. Theorie der Wirtschaftlichen Entwichlung. Leipzig, Dunker und Humbolt. Trans. by Opie, R. (1934) The Theory of Economic Development. Harvard University Press, Cambridge, MA.

[166] Shelp R. K., Ascendaney of the Global Service Economy. New York Praeger Publishers, 1981.

[167] Wang Bin, Chen Huixin. The Capital Structure of Chinese Listed Real Estate Compain [P]. 2012.

[168] Wardley, Peter, 1991. The anatomy of big business: aspects of corporate development in the twentieth century. Business History 33 (2), 268 – 296.

[169] Williamson, Oliver E., 1975. Markets and Hierarchies. Free Press.

[170] Xianfeng Huang, Ping Li, Richard Lotspeich. Economic Growth and Multi-tasking by State-owned Enterprises: An Analytic Framework and Empirical

Study Based on Chinese Provincial Data [J]. Economic Systems, 2010 (34): 160 – 177.

[171] Yong Mai, Lei Meng, Zhiqiang. Ye. Regional variation in the capital structure adjustment speed of listed firms: Evidence from China. Economic Modelling [J]. 2017.

[172] Yue Feng. Study of the Capital Structure and Firm Value of Chinese Enterprises [P]. 2012.

附　录

第二章附录：

附表1　　　　　　各省区市 500 强销售收入占 GDP 的比例

（不包括台湾、香港、澳门）　　　　　单位：%

	2001 年	2002 年	2003 年	2004 年	2005 年	2006 年	2007 年	2008 年	2009 年	2010 年	2011 年	2012 年
北京	989	802	906	959	1007	1149	1127	1202	1183	1354	1451	1464
天津	27	75	100	102	133	142	138	120	111	114	104	94
河北	16	14	13	25	25	24	25	27	29	42	48	48
山西	24	24	32	41	53	55	49	73	74	71	100	124
内蒙古	9	18	15	24	24	24	23	22	17	18	16	12
辽宁	19	36	37	40	43	43	48	40	37	36	40	35
吉林	5	63	52	46	40	4	47	36	37	36	40	22
黑龙	13	14	17	19	15	16	17	16	23	21	19	15
上海	85	127	125	151	122	106	121	121	108	124	117	118
江苏	26	20	26	31	30	35	40	40	37	41	43	43
浙江	26	24	33	36	41	36	45	42	47	48	53	62
安徽	6	15	16	27	31	36	32	38	35	38	40	38
福建	10	9	12	16	19	29	25	19	15	24	28	35
江西	18	16	18	19	25	32	48	31	19	22	25	26
山东	23	28	29	37	35	32	36	42	41	43	46	47
河南	4	11	13	15	11	12	21	26	24	25	23	22
湖北	21	23	30	32	40	37	38	38	47	49	44	61
湖南	11	11	13	15	14	15	18	18	16	16	21	23
广东	42	56	57	51	48	47	50	43	39	45	46	41

续表

	2001 年	2002 年	2003 年	2004 年	2005 年	2006 年	2007 年	2008 年	2009 年	2010 年	2011 年	2012 年
广西	7	11	10	14	12	14	14	15	11	10	13	16
海南	10	13	21	26	15	17	16	17	22	44	50	68
重庆	14	24	19	20	19	24	24	25	24	25	32	31
四川	13	16	17	20	22	26	21	25	23	20	24	27
贵州	7	16	6	7	9	19	9	12	8	8	9	9
云南	32	22	24	32	40	49	33	36	35	35	27	29
西藏	0	0	0	0	0	0	0	0	0	0	0	0
陕西	12	10	12	12	20	24	25	29	32	31	30	34
甘肃	9	18	22	28	19	0	18	36	37	40	49	56
青海	0	0	0	0	0	19	17	0	16	14	15	13
宁夏	0	15	8	9	10	14	11	12	0	0	0	0
新疆	12	12	14	12	15	5	11	9	16	22	19	17
合计	56	58	65	71	71	75	78	78	76	83	86	87

附表 2　　各省区市 500 强企业数量（不包括台湾、香港、澳门）　　单位：家

	2002 年	2003 年	2004 年	2005 年	2006 年	2007 年	2008 年	2009 年	2010 年	2011 年	2012 年	2013 年
北京	107	101	91	91	95	105	94	98	101	105	100	97
天津	11	17	28	24	29	28	25	23	21	21	18	20
河北	20	17	13	21	21	17	17	15	14	19	23	22
山西	8	7	11	12	11	10	11	12	11	8	12	13
内蒙古	3	5	5	6	6	7	7	7	6	6	6	4
辽宁	14	26	24	16	17	19	20	18	19	18	18	14
吉林	3	6	5	4	3	2	5	5	5	2	3	3
黑龙江	8	6	8	7	6	4	4	4	6	6	6	4
上海	42	45	35	44	32	29	31	29	27	30	28	25
江苏	50	34	39	40	40	51	54	51	48	51	52	51
浙江	35	31	42	42	47	38	41	37	46	41	40	47
安徽	4	9	7	10	11	11	9	12	13	12	12	13
福建	9	7	9	8	10	15	11	8	8	9	9	11
江西	9	8	8	6	6	8	8	8	5	5	6	6

续表

	2002 年	2003 年	2004 年	2005 年	2006 年	2007 年	2008 年	2009 年	2010 年	2011 年	2012 年	2013 年
山东	34	35	37	38	40	33	38	49	53	50	47	44
河南	7	9	10	11	9	10	16	17	16	16	12	14
湖北	8	8	7	7	11	9	8	10	10	9	8	10
湖南	9	7	8	8	6	6	7	7	6	5	8	8
广东	72	70	66	54	53	46	45	36	33	36	37	34
广西	4	6	4	6	4	4	5	5	4	4	5	6
海南	2	2	2	2	1	1	1	1	1	2	2	3
重庆	8	10	9	8	8	9	9	10	10	9	12	12
四川	9	9	7	10	9	12	10	11	10	10	13	16
贵州	3	4	2	2	2	4	2	3	2	2	2	2
云南	8	5	7	9	9	11	8	9	9	8	7	7
西藏	0	0	0	0	0	0	0	0	0	0	0	0
陕西	7	6	7	6	7	8	8	9	9	8	6	6
甘肃	2	4	4	4	3	0	2	3	3	3	4	4
青海	0	0	0	0	0	1	1	0	1	1	1	1
宁夏	0	2	1	1	1	1	1	1	0	0	0	0
新疆	4	4	4	3	4	2	2	2	3	4	3	3

第三章附录

附表 1   地区生产总值   单位：亿元

	2004 年	2005 年	2006 年	2007 年	2008 年	2009 年	2010 年	2011 年	2012 年
安徽	3217.05	3258.06	3308.70	3489.03	3722.83	3748.65	4017.59	4382.12	4397.45
北京	3821.38	3937.94	4059.06	4300.10	4449.05	4414.29	4647.70	4950.85	5057.23
福建	3859.64	3933.33	3964.20	4196.49	4345.94	4375.36	4626.41	4908.86	4943.93
甘肃	1133.64	1161.42	1226.57	1296.83	1379.49	1337.84	1455.64	1576.38	1575.61
广东	11524.86	12077.87	12400.58	12898.91	13529.45	13233.35	13720.79	14424.51	14297.83
广西	2326.64	2387.05	2503.19	2668.42	2852.11	2767.32	2988.70	3259.55	3257.00
贵州	1152.43	1222.24	1263.77	1357.41	1506.07	1485.23	1548.71	1668.50	1765.08
海南	559.88	567.93	581.94	591.43	642.61	633.15	681.20	743.19	771.09

	2004 年	2005 年	2006 年	2007 年	2008 年	2009 年	2010 年	2011 年	2012 年
河北	5647.76	5881.86	5940.84	6249.41	6679.19	6535.97	6892.89	7444.64	7363.11
河南	5693.90	6171.28	6299.06	6674.62	7146.42	6966.85	7340.97	7650.82	7637.46
黑龙江	3204.14	3332.29	3348.97	3419.63	3579.84	3318.87	3555.86	3842.33	3801.07
湖北	3883.26	4052.57	4138.06	4424.27	4735.62	4773.47	5122.60	5534.50	5635.75
湖南	3865.09	4027.40	4161.79	4443.09	4775.04	4746.57	5086.41	5530.29	5596.48
吉林	2109.72	2182.36	2240.97	2386.03	2501.18	2493.88	2609.61	2796.16	2820.29
江苏	9346.32	10118.63	10294.85	10722.14	11328.82	11209.61	11957.84	12771.29	12768.41
江西	2247.74	2338.59	2474.51	2630.24	2792.55	2711.41	2936.46	3232.01	3221.75
辽宁	4416.36	4726.42	4785.33	4992.89	5390.52	5304.50	5635.67	6048.68	6174.98
内蒙古	1708.17	1771.78	1883.53	2052.80	2305.03	2260.51	2355.51	2535.38	2514.69
宁夏	353.24	363.29	381.97	429.13	499.21	501.48	551.64	612.25	611.55
青海	296.22	307.75	324.20	351.21	395.30	381.12	412.83	449.92	454.15
山东	9350.50	9941.44	10334.71	10651.61	11412.80	11146.29	11469.55	11977.14	12026.66
山西	2170.61	2265.40	2315.99	2467.60	2761.63	2635.52	2893.29	3127.21	3061.57
陕西	2062.39	2246.94	2378.88	2493.29	2721.39	2675.69	2893.14	3139.44	3212.18
上海	5118.26	5263.12	5338.93	5476.93	5622.36	5556.93	5747.70	5940.22	5809.63
四川	4230.33	4349.08	4508.96	4786.32	5144.33	5045.53	5323.50	5663.80	5710.87
天津	1853.97	2025.72	2018.02	2056.50	2257.99	2169.78	2266.54	2386.86	2391.72
新疆	1809.33	2354.60	2480.54	3156.95	3376.93	3798.45	4366.20	5818.71	5898.92
云南	2186.24	2255.64	2327.86	2482.80	2677.39	2588.81	2699.24	2922.45	2998.13
浙江	7122.21	7272.87	7480.23	7780.88	8087.94	7955.58	8572.85	9169.07	9106.28
重庆	1103.60	1129.03	1131.79	1168.69	1264.62	1240.51	1285.76	1395.31	1399.81

数据来源：《中国统计年鉴》《中国企业联合会、中国企业协会》，下表相同。

附表 2　　　　　　　**各地区制造业 500 强实际销售收入**　　　　单位：亿元

	2004 年	2005 年	2006 年	2007 年	2008 年	2009 年	2010 年	2011 年	2012 年
安徽	955.45	955.65	1453.08	1696.36	1750.14	1578.83	2151.29	2669.09	2731.22
北京	6220.25	2451.95	12786.56	18059.02	33344.40	39455.72	54112.64	63745.83	68951.77
福建	654.61	1266.37	1210.16	1755.75	1453.09	1159.51	1840.02	2204.80	1197.65

续表

	2004 年	2005 年	2006 年	2007 年	2008 年	2009 年	2010 年	2011 年	2012 年
甘肃	282.62	313.29	315.37	55.15	388.05	792.82	973.82	1215.89	1601.31
广东	4744.02	7061.99	5438.42	9085.80	6894.27	6708.23	9849.03	10960.82	11410.32
广西	305.52	524.77	391.87	701.55	813.34	624.35	733.19	962.92	1208.89
贵州	142.10	214.57	162.04	257.15	285.29	246.62	286.42	315.20	380.40
海南	98.08	0.00	0.00	0.00	58.31	65.83	0.00	0.00	75.25
河北	2099.69	2421.60	2532.48	3091.76	3193.58	3984.43	4326.04	5024.05	5934.91
河南	950.44	1044.28	1101.37	1578.35	1414.24	1626.38	2084.91	1587.79	1842.79
黑龙江	321.63	338.25	320.39	319.34	357.44	541.43	450.62	414.12	238.73
湖北	1539.19	1285.21	2139.49	2717.71	2847.32	2044.50	2578.70	6538.20	6839.05
湖南	835.69	881.91	1055.57	1321.66	1514.90	1534.85	1991.05	2091.66	2576.90
吉林	1252.22	1246.31	1431.40	1963.48	1819.22	2207.50	2673.91	3238.05	3704.63
江苏	3827.81	7010.79	5838.29	9084.68	9581.01	9927.24	11645.94	12256.41	14498.89
江西	517.06	519.10	1076.50	1387.41	1633.01	1131.96	1645.93	2005.71	2318.79
辽宁	2435.96	2303.56	2966.60	3415.83	3557.60	3569.82	4290.49	4250.62	4248.04
内蒙古	392.41	541.10	588.92	682.05	734.62	558.04	877.71	754.22	725.14
宁夏	32.78	0.00	81.36	75.97	0.00	0.00	0.00	78.05	189.71
青海	19.35	42.47	118.32	143.64	181.28	211.66	220.50	257.07	211.92
山东	4552.67	7010.55	5804.34	7316.26	9338.61	11542.62	13840.37	14191.67	16440.67
山西	382.23	459.14	583.05	902.61	784.37	818.33	861.25	735.93	916.80
陕西	191.78	201.71	375.77	319.70	554.72	710.56	847.18	856.13	1035.67
上海	6949.16	6140.32	7500.82	8602.99	9173.37	8759.89	12522.21	13751.81	14738.34
四川	985.09	1043.07	1568.38	1760.40	2594.37	2592.03	2416.10	3872.24	4437.54
天津	2669.87	2033.24	5437.19	6452.03	7187.69	7297.02	8760.66	9511.97	9462.27
新疆	114.13	81.17	54.85	87.29	106.67	152.32	242.74	196.58	221.13
云南	877.11	915.14	1406.41	1269.11	1550.69	1370.93	1533.28	2193.55	2614.72
浙江	3574.74	3733.63	5896.20	6481.77	6986.82	8358.08	10715.73	14083.62	15509.67
重庆	555.52	972.48	719.83	916.78	983.91	1129.04	1610.14	1968.98	2126.57

附表 3　　　　　　　　　　各省份制造业 500 强个数　　　　　　　　　单位：家

	2004 年	2005 年	2006 年	2007 年	2008 年	2009 年	2010 年	2011 年	2012 年
安徽	14	8	13	12	10	7	9	11	10
北京	23	14	39	38	38	37	36	37	33
福建	9	12	12	12	9	9	8	10	6
甘肃	3	3	2	1	2	3	3	3	3
广东	52	63	32	31	25	18	21	20	20
广西	5	8	5	9	9	7	7	8	10
贵州	3	4	2	3	3	3	3	2	2
海南	1	0	0	0	1	1	0	0	1
河北	43	28	36	34	30	31	29	32	38
河南	22	19	16	17	15	19	18	11	14
黑龙江	5	4	4	4	4	6	5	5	2
湖北	7	5	9	8	7	7	6	14	14
湖南	13	13	10	9	10	9	9	8	8
吉林	2	3	2	3	4	4	3	3	4
江苏	44	84	55	79	64	54	51	45	45
江西	7	5	8	8	9	8	10	12	11
辽宁	28	23	26	22	24	24	25	23	19
内蒙古	4	5	4	4	4	3	4	3	3
宁夏	1	0	1	1	0	0	0	1	2
青海	1	1	2	2	3	3	3	3	2
山东	55	65	42	42	61	76	77	71	76
山西	6	7	7	6	7	8	8	4	5
陕西	5	5	5	4	5	5	5	5	4
上海	26	34	28	26	23	21	24	19	20
四川	11	10	11	12	18	15	11	18	18
天津	26	15	30	29	28	24	24	22	21
新疆	3	2	2	2	2	2	3	3	3
云南	9	8	8	8	10	9	8	9	8
浙江	61	40	79	64	65	76	77	85	84
重庆	11	12	10	10	10	11	13	13	14

附表4　　　　　　　　　　　　全社会固定资产投资总额　　　　　单位：亿元

	2004 年	2005 年	2006 年	2007 年	2008 年	2009 年	2010 年	2011 年	2012 年
安徽	1935.25	2525.11	3533.56	5087.53	6746.96	8990.73	11542.90	12455.69	15425.83
北京	2528.21	2827.23	3296.38	3907.20	3814.73	4616.92	5403.00	5578.93	6112.37
福建	1892.92	2316.72	2981.82	4287.75	5207.68	6231.20	8199.10	9910.89	12439.94
甘肃	733.94	870.36	1022.59	1304.16	1712.78	2363.00	3158.30	3965.79	5145.03
广东	5870.02	6977.93	7973.37	9294.26	10868.67	12933.12	15623.70	17069.20	18751.47
广西	1236.51	1661.17	2198.72	2939.67	3756.41	5237.24	7057.60	7990.66	9808.61
贵州	865.23	998.25	1197.43	1488.80	1864.45	2412.02	3104.90	4235.92	5717.80
海南	317.05	367.17	423.89	502.37	705.42	988.32	1317.00	1657.23	2145.38
河北	3218.76	4139.69	5470.24	6884.68	8866.56	12269.80	15083.40	16389.33	19661.28
河南	3099.38	4311.63	5904.71	8010.11	10490.64	13704.50	16585.90	17768.95	21450.00
黑龙江	1430.82	1737.27	2236.00	2833.50	3655.97	5028.83	6812.60	7475.38	9694.75
湖北	2264.81	2676.58	3343.47	4330.36	5647.01	7866.89	10262.70	12557.34	15578.29
湖南	2072.56	2629.07	3175.52	4154.76	5534.04	7703.38	9663.60	11880.92	14523.24
吉林	1169.10	1741.09	2594.34	3651.36	5038.92	6411.60	7870.40	7441.71	9511.54
江苏	6557.05	8165.38	10069.22	12268.06	15300.55	18949.87	23184.30	26692.62	30854.24
江西	1713.20	2176.60	2683.57	3301.94	4745.43	6643.14	8772.30	9087.60	10774.16
辽宁	2979.59	4200.45	5689.64	7435.23	10019.07	12292.49	16043.00	17726.29	21836.28
内蒙古	1787.95	2643.60	3363.21	4372.88	5475.41	7336.79	8926.50	10365.17	11875.74
宁夏	376.20	443.25	498.75	599.80	828.85	1075.91	1444.20	1644.74	2096.86
青海	289.18	329.81	408.54	482.84	583.24	798.23	1016.90	1435.58	1883.42
山东	6970.62	9307.30	11111.42	12537.70	15435.93	19034.53	23280.50	26749.68	31255.98
山西	1443.88	1826.58	2255.74	2861.46	3531.16	4943.16	6063.20	7073.06	8863.26
陕西	1508.89	1882.18	2480.69	3415.02	4614.42	6246.90	7963.70	9431.08	12044.55
上海	3050.26	3509.66	3900.04	4420.37	4823.15	5043.75	5108.90	4962.07	5117.62
四川	2818.42	3585.18	4412.88	5639.80	7127.81	11371.87	13116.70	14222.22	17039.98
天津	1245.66	1495.14	1820.52	2353.15	3389.79	4738.20	6278.10	7067.67	7934.78
新疆	1147.15	1339.06	1567.05	1850.84	2259.97	2725.45	3423.20	4632.14	6158.78
云南	1291.54	1777.63	2208.60	2759.03	3435.93	4526.37	5528.70	6191.00	7831.13
浙江	5781.35	6520.07	7590.22	8420.43	9323.00	10742.32	12376.00	14185.28	17649.36
重庆	1537.05	1933.16	2407.36	3127.74	3979.59	5214.28	6688.90	7473.38	8736.17

附表5　　　　　　　　　　　经营单位所在地进出口总额　　　　　　　　　　　　单位：亿美元

	2004 年	2005 年	2006 年	2007 年	2008 年	2009 年	2010 年	2011 年	2012 年
安徽	72.116	91.194	122.451	159.323	201.838	156.777	242.734	313.092	392.845
北京	945.757	1255.064	1580.366	1929.998	2716.929	2147.331	3017.215	3895.560	4081.073
福建	475.270	544.112	626.596	744.474	848.211	796.496	1087.833	1435.224	1559.380
甘肃	17.631	26.303	38.249	55.237	60.954	38.656	74.030	87.286	89.008
广东	3571.306	4279.650	5271.991	6341.860	6849.688	6110.941	7848.961	9134.673	9840.205
广西	42.772	51.815	66.676	92.590	132.362	142.547	177.389	233.560	294.845
贵州	15.137	14.036	16.177	22.703	33.662	23.042	31.468	48.876	66.316
海南	34.017	25.423	28.462	35.144	45.285	48.816	86.486	127.560	143.221
河北	135.259	160.704	185.309	255.234	384.205	296.273	420.604	536.008	505.631
河南	66.196	77.249	97.946	127.851	174.793	134.764	178.315	326.226	517.388
黑龙江	67.890	95.660	128.565	172.966	231.306	162.295	255.154	385.227	375.903
湖北	67.658	90.548	117.622	148.690	207.057	172.510	259.321	335.869	319.638
湖南	54.435	60.002	73.523	96.859	125.472	101.495	146.564	189.438	219.487
吉林	67.904	65.277	79.140	102.980	133.321	117.424	168.452	220.609	245.630
江苏	1708.490	2279.228	2839.784	3494.718	3922.719	3387.397	4657.990	5395.809	5479.615
江西	35.279	40.646	61.949	94.485	136.179	127.788	216.192	314.688	334.138
辽宁	344.109	410.133	483.902	594.743	724.338	629.344	807.121	960.359	1040.900
内蒙古	37.217	48.763	59.608	77.359	89.185	67.741	87.297	119.309	112.590
宁夏	9.082	9.666	14.371	15.815	18.794	12.025	19.600	22.857	22.167
青海	5.755	4.133	6.517	6.121	6.888	5.868	7.890	9.238	11.575
山东	606.582	767.359	952.138	1224.744	1584.075	1390.534	1891.563	2358.861	2455.443
山西	53.825	55.457	66.271	115.795	143.951	85.690	125.762	147.431	150.431
陕西	36.424	45.769	53.603	68.873	83.288	84.054	121.017	146.473	147.990
上海	1600.099	1863.367	2275.242	2828.539	3220.553	2777.136	3689.507	4375.486	4365.870
四川	68.670	79.020	110.208	143.781	221.136	241.687	326.939	477.242	591.436
天津	420.286	532.768	644.619	714.497	804.008	638.312	821.001	1033.762	1156.343
新疆	56.345	79.405	91.033	137.158	222.174	139.478	171.301	228.197	251.701
云南	37.412	47.434	62.248	87.936	95.969	80.476	134.301	160.288	210.137
浙江	852.049	1073.897	1391.416	1768.474	2111.337	1877.309	2535.347	3093.778	3124.014
重庆	38.571	42.928	54.697	74.379	95.214	77.125	124.271	292.076	532.036

附表6　　　　　　　　　　人力资本　　　　　　　　　单位：万人

	2004 年	2005 年	2006 年	2007 年	2008 年	2009 年	2010 年	2011 年	2012 年
安徽	105.02	116.9	128.79	135.15	133.71	130.57	127.6	127.89	129.29
北京	27.48	27.84	25.94	24.38	21.92	20.35	19.84	19.51	19.35
福建	65.98	73.25	78.04	77.68	74.88	71.91	70.64	70.95	69.05
甘肃	49.96	56.62	60.35	61.39	61.83	63.07	64.7	65.71	66.49
广东	131.31	148.99	163.46	172.43	181.76	192.44	208.95	220.41	225.93
广西	65.15	69.96	73.97	75.47	75.7	75.28	75.4	77.36	79.58
贵州	44.4	49.52	53.09	54.59	56.21	58.16	62.02	68.9	77.3
海南	10.26	11.82	13.8	14.64	15.48	15.59	16.05	16.85	17.55
河北	129.39	139.11	143.81	140.86	135.12	130.87	127.51	123.32	117.69
河南	168.75	188.39	201.58	212.63	207.26	201.2	192.16	189.51	192.63
黑龙江	54.68	58.36	60.79	60.73	61.13	60.82	61.69	62.23	61.26
湖北	119.74	129.45	134.77	132.84	132.2	128.68	123.74	116.77	107.45
湖南	119.05	131.85	135.71	130.73	119.54	106.43	101.9	101.38	102.66
吉林	45.16	48.94	51.28	50.53	48.89	46.86	47.09	47.88	47.67
江苏	137.35	145.34	152.57	153.12	149.87	142.22	135.66	128.7	120.87
江西	80	84.92	86.93	85.38	82.2	77.24	73.96	78.35	83.66
辽宁	68.52	74.42	76.86	74.24	72.42	71.83	71.54	71.26	69.59
内蒙古	47.36	52.35	56.15	56.14	54.11	51.96	49.93	49.35	50.03
宁夏	11.8	12.55	13.14	13.56	13.72	14.07	14.24	14.8	15.75
青海	9.21	10.05	10.31	10.75	10.81	10.78	10.77	10.69	10.6
山东	189.1	196.58	193.18	183.48	168.35	157.49	152.51	156.42	164.54
山西	64.73	71.37	74.71	77.08	78.29	80.57	82.29	85.27	85.5
陕西	83.33	90.63	96.05	96.33	94.69	94.41	95.59	96.92	94.15
上海	31.38	31.17	27.17	22.9	19.26	17.76	16.89	16.11	15.77
四川	129.51	138.46	141.98	142.2	141.12	143.55	146.23	151.2	151.65
天津	19.85	21.72	21.63	20.93	19.5	18.76	18.52	18.55	18.12
新疆	35.91	38.78	40.23	41.35	41.87	41.71	41.91	43.27	44.07
云南	41.98	48.31	54.54	57.64	59.47	61.15	63.28	66.03	70.62
浙江	86.06	90	89.32	87.08	84.82	85.55	88.02	89.9	87.58
重庆	45.27	48.14	50.61	51.77	55.74	59.2	62.64	64.87	65.97

附表7　　　　　　　　　　经济增长率

	2004 年	2005 年	2006 年	2007 年	2008 年	2009 年	2010 年	2011 年	2012 年
安徽	147.94	164.21	184.74	210.97	237.77	268.44	307.63	349.16	391.41
北京	157.88	176.98	199.99	228.99	249.83	275.31	303.67	328.27	353.54
福建	149.32	166.64	191.31	220.39	249.04	279.67	318.54	357.72	398.50
甘肃	148.94	166.52	185.67	208.51	229.57	253.21	283.09	318.48	358.60
广东	163.69	186.77	214.41	246.35	271.98	298.36	335.35	368.89	399.14
广西	147.57	166.91	189.60	218.23	246.17	280.39	320.20	359.59	400.22
贵州	145.59	164.08	185.08	212.47	236.48	263.44	297.16	341.73	388.21
海南	146.40	161.77	183.12	212.06	233.90	261.27	303.07	339.44	370.33
河北	150.11	170.22	193.03	217.74	239.73	263.70	295.87	329.31	360.92
河南	150.23	171.56	196.26	224.92	252.13	279.62	314.57	352.00	387.55
黑龙江	148.26	165.46	185.48	207.74	232.26	258.73	291.59	327.46	360.20
湖北	145.06	162.62	184.08	210.96	239.23	271.52	311.71	354.72	394.81
湖南	145.97	163.78	184.74	212.46	241.99	275.14	315.31	355.67	395.86
吉林	147.98	165.89	190.77	221.49	256.92	291.86	332.14	377.98	423.33
江苏	160.53	183.81	211.19	242.66	273.48	307.39	346.43	384.54	423.37
江西	153.79	173.47	194.81	220.52	249.63	282.33	321.86	362.09	401.92
辽宁	151.07	170.26	194.44	223.60	253.57	286.78	327.51	367.46	402.37
内蒙古	178.03	220.40	262.50	312.90	368.59	430.89	495.52	566.38	631.51
宁夏	152.05	168.63	190.04	214.18	241.17	269.86	306.30	343.36	382.84
青海	157.35	176.55	200.03	227.03	257.68	283.71	327.11	371.27	416.94
山东	160.65	184.75	211.91	242.00	271.04	304.11	341.51	378.74	415.85
山西	164.53	186.75	210.65	244.14	264.89	279.20	318.01	359.35	395.64
陕西	153.98	175.07	199.41	230.91	268.78	305.33	349.91	398.55	449.96
上海	157.73	175.71	198.02	228.12	250.25	270.77	298.66	323.15	347.38
四川	150.81	169.81	192.73	220.68	244.95	280.47	322.82	371.25	418.02
天津	167.80	192.80	221.14	255.42	297.57	346.66	406.98	473.73	539.10
新疆	122.09	110.60	122.77	111.60	123.88	112.60	124.54	113.60	127.23
云南	140.97	153.51	171.32	192.22	212.60	238.32	267.64	304.30	343.86
浙江	163.55	184.49	210.13	241.02	265.37	288.98	323.37	352.48	380.67
重庆	274.97	307.14	345.23	400.12	458.14	526.40	616.41	717.50	815.08

第四章附录

附表1　　　　　　　　　　2005～2013年各省区市地区生产总值　　　　　　　单位：亿元

	2004 年	2005 年	2006 年	2007 年	2008 年	2009 年	2010 年	2011 年	2012 年
北京	38.21	39.38	40.59	43.00	44.49	44.14	46.48	49.51	50.57
天津	18.54	20.26	20.18	20.57	22.58	21.70	22.67	23.87	23.92
河北	56.48	58.82	59.41	62.49	66.79	65.36	68.93	74.45	73.63
山西	21.71	22.65	23.16	24.68	27.62	26.36	28.93	31.27	30.62
内蒙古	17.08	17.72	18.84	20.53	23.05	22.61	23.56	25.35	25.15
辽宁	44.16	47.26	47.85	49.93	53.91	53.05	56.36	60.49	61.75
吉林	21.10	21.82	22.41	23.86	25.01	24.94	26.10	27.96	28.20
黑龙江	32.04	33.32	33.49	34.20	35.80	33.19	35.56	38.42	38.01
上海	51.18	52.63	53.39	54.77	56.22	55.57	57.48	59.40	58.10
江苏	93.46	101.19	102.95	107.22	113.29	112.10	119.58	127.71	127.68
浙江	71.22	72.73	74.80	77.81	80.88	79.56	85.73	91.69	91.06
安徽	32.17	32.58	33.09	34.89	37.23	37.49	40.18	43.82	43.97
福建	38.60	39.33	39.64	41.96	43.46	43.75	46.26	49.09	49.44
江西	22.48	23.39	24.75	26.30	27.93	27.11	29.36	32.32	32.22
山东	93.51	99.41	103.35	106.52	114.13	111.46	114.70	119.77	120.27
河南	56.94	61.71	62.99	66.75	71.46	69.67	73.41	76.51	76.37
湖北	38.83	40.53	41.38	44.24	47.36	47.73	51.23	55.35	56.36
湖南	38.65	40.27	41.62	44.43	47.75	47.47	50.86	55.30	55.96
广东	115.25	120.78	124.01	128.99	135.29	132.33	137.21	144.25	142.98
广西	23.27	23.87	25.03	26.68	28.52	27.67	29.89	32.60	32.57
海南	5.60	5.68	5.82	5.91	6.43	6.33	6.81	7.43	7.71
重庆	20.03	20.49	20.54	21.21	22.95	22.52	23.34	25.33	25.41
四川	42.30	43.49	45.09	47.86	51.44	50.46	53.23	56.64	57.11
贵州	11.52	12.22	12.64	13.57	15.06	14.85	15.49	16.69	17.65
云南	21.86	22.56	23.28	24.83	26.77	25.89	26.99	29.22	29.98
西藏	1.38	1.39	1.43	1.48	1.55	1.54	1.58	1.67	1.73
陕西	20.62	22.47	23.79	24.93	27.21	26.76	28.93	31.39	32.12
甘肃	11.34	11.61	12.27	12.97	13.79	13.38	14.56	15.76	15.76
青海	2.96	3.08	3.24	3.51	3.95	3.81	4.13	4.50	4.54
宁夏	3.53	3.63	3.82	4.29	4.99	5.01	5.52	6.12	6.12
新疆	15.18	16.13	17.00	17.52	18.75	17.73	20.38	22.12	22.43

注：实际地区生产总值＝地区生产总值/地区生产总值指数（2000 年＝100）。

附表2　　　　　　　　　　　　　　　人力资本　　　　　　　　　　　　　单位：万人

	2004 年	2005 年	2006 年	2007 年	2008 年	2009 年	2010 年	2011 年	2012 年
北京	27.48	27.84	25.94	24.38	21.92	20.35	19.84	19.51	19.35
天津	19.85	21.72	21.63	20.93	19.5	18.76	18.52	18.55	18.12
河北	129.39	139.11	143.81	140.86	135.12	130.87	127.51	123.32	117.69
山西	64.73	71.37	74.71	77.08	78.29	80.57	82.29	85.27	85.5
内蒙古	47.36	52.35	56.15	56.14	54.11	51.96	49.93	49.35	50.03
辽宁	68.52	74.42	76.86	74.24	72.42	71.83	71.54	71.26	69.59
吉林	45.16	48.94	51.28	50.53	48.89	46.86	47.09	47.88	47.67
黑龙江	54.68	58.36	60.79	60.73	61.13	60.82	61.69	62.23	61.26
上海	31.38	31.17	27.17	22.9	19.26	17.76	16.89	16.11	15.77
江苏	137.35	145.34	152.57	153.12	149.87	142.22	135.66	128.7	120.87
浙江	86.06	90	89.32	87.08	84.82	85.55	88.02	89.9	87.58
安徽	105.02	116.9	128.79	135.15	133.71	130.57	127.6	127.89	129.29
福建	65.98	73.25	78.04	77.68	74.88	71.91	70.64	70.95	69.05
江西	80	84.92	86.93	85.38	82.2	77.24	73.96	78.35	83.66
山东	189.1	196.58	193.18	183.48	168.35	157.49	152.51	156.42	164.54
河南	168.75	188.39	201.58	212.63	207.26	201.2	192.16	189.51	192.63
湖北	119.74	129.45	134.77	132.84	132.2	128.68	123.74	116.77	107.45
湖南	119.05	131.85	135.71	130.73	119.54	106.43	101.9	101.38	102.66
广东	131.31	148.99	163.46	172.43	181.76	192.44	208.95	220.41	225.93
广西	65.15	69.96	73.97	75.47	75.7	75.28	75.4	77.36	79.58
海南	10.26	11.82	13.8	14.64	15.48	15.59	16.05	16.85	17.55
重庆	45.27	48.14	50.61	51.77	55.74	59.2	62.64	64.87	65.97
四川	129.51	138.46	141.98	142.2	141.12	143.55	146.23	151.2	151.65
贵州	44.4	49.52	53.09	54.59	56.21	58.16	62.02	68.9	77.3
云南	41.98	48.31	54.54	57.64	59.47	61.15	63.28	66.03	70.62
西藏	2.67	3.33	3.77	4.42	4.41	3.84	4.07	4.47	4.78
陕西	83.33	90.63	96.05	96.33	94.69	94.41	95.59	96.92	94.15
甘肃	49.96	56.62	60.35	61.39	61.83	63.07	64.7	65.71	66.49
青海	9.21	10.05	10.31	10.75	10.81	10.78	10.77	10.69	10.6
宁夏	11.8	12.55	13.14	13.56	13.72	14.07	14.24	14.8	15.75
新疆	35.91	38.78	40.23	41.35	41.87	41.71	41.91	43.27	44.07

资料来源：《中华人民共和国国家统计局》。

附表3　　　　　　　　　　　各省全社会固定资产投资总额　　　　　　单位：亿元

	2004 年	2005 年	2006 年	2007 年	2008 年	2009 年	2010 年	2011 年	2012 年
北京	2528.2	2827.2	3296.4	3907.2	3814.7	4616.9	5403.0	5578.9	6112.4
天津	1245.7	1495.1	1820.5	2353.2	3389.8	4738.2	6278.1	7067.7	7934.8
河北	3218.8	4139.7	5470.2	6884.7	8866.6	12269.8	15083.4	16389.3	19661.3
山西	1443.9	1826.6	2255.7	2861.5	3531.2	4943.2	6063.2	7073.1	8863.3
内蒙古	1788.0	2643.6	3363.2	4372.9	5475.4	7336.8	8926.5	10365.2	11875.7
辽宁	2979.6	4200.5	5689.6	7435.2	10019.1	12292.5	16043.0	17726.3	21836.3
吉林	1169.1	1741.1	2594.3	3651.4	5038.9	6411.6	7870.4	7441.7	9511.5
黑龙江	1430.8	1737.3	2236.0	2833.5	3656.0	5028.8	6812.6	7475.4	9694.8
上海	3050.3	3509.7	3900.0	4420.4	4823.2	5043.8	5108.9	4962.1	5117.6
江苏	6557.1	8165.4	10069.4	12268.1	15300.6	18949.9	23184.3	26692.6	30854.2
浙江	5781.4	6520.1	7590.2	8420.4	9323.0	10742.3	12376.0	14185.3	17649.4
安徽	1935.3	2525.4	3533.6	5087.5	6747.0	8990.7	11542.9	12455.7	15425.8
福建	1892.9	2316.7	2981.8	4287.8	5207.7	6231.2	8199.1	9910.9	12439.9
江西	1713.2	2176.6	2683.6	3301.9	4745.4	6643.1	8772.3	9087.6	10774.2
山东	6970.6	9307.3	11111.4	12537.7	15435.9	19034.5	23280.5	26749.7	31256.0
河南	3099.4	4311.6	5904.7	8010.1	10490.6	13704.5	16585.9	17769.0	21450.0
湖北	2264.8	2676.6	3343.5	4330.4	5647.0	7866.9	10262.7	12557.3	15578.3
湖南	2072.6	2629.1	3175.5	4154.8	5534.0	7703.4	9663.6	11880.9	14523.2
广东	5870.0	6977.9	7973.4	9294.3	10868.7	12933.1	15623.7	17069.2	18751.5
广西	1236.5	1661.2	2198.7	2939.7	3756.4	5237.2	7057.6	7990.7	9808.6
海南	317.1	367.2	423.9	502.4	705.4	988.3	1317.0	1657.2	2145.4
重庆	1537.1	1933.2	2407.4	3127.7	3979.6	5214.3	6688.9	7473.4	8736.2
四川	2818.4	3585.2	4412.9	5639.8	7127.8	11371.9	13116.7	14222.2	17040.0
贵州	865.2	998.3	1197.4	1488.8	1864.5	2412.0	3104.9	4235.9	5717.8
云南	1291.5	1777.6	2208.6	2759.0	3435.9	4526.4	5528.7	6191.0	7831.1
西藏	162.4	181.4	231.1	270.3	309.9	378.3	462.7	516.3	670.5
陕西	1508.9	1882.2	2480.7	3415.0	4614.4	6246.9	7963.7	9431.1	12044.6
甘肃	733.9	870.4	1022.6	1304.2	1712.8	2363.0	3158.3	3965.8	5145.0
青海	289.2	329.8	408.5	482.8	583.2	798.2	1016.9	1435.5	1883.4
宁夏	376.2	443.3	498.8	599.8	828.9	1075.9	1444.2	1644.7	2096.9
新疆	1147.2	1339.1	1567.1	1850.8	2260.0	2725.5	3423.2	4632.1	6158.8

注：资料来源《中华人民共和国国家统计局》。

附表 4　　　　　　　　　各省区市经营单位所在地进出口总额　　　　　　单位：亿美元

	2004 年	2005 年	2006 年	2007 年	2008 年	2009 年	2010 年	2011 年	2012 年
北京	945.76	1255.06	1580.37	1930.00	2716.93	2147.33	3017.22	3895.56	4081.07
天津	420.29	532.77	644.62	714.50	804.01	638.31	821.00	1033.76	1156.34
河北	135.26	160.70	185.31	255.23	384.21	296.27	420.60	536.01	505.63
山西	53.82	55.46	66.27	115.79	143.95	85.69	125.76	147.43	150.43
内蒙古	37.22	48.76	59.61	77.36	89.18	67.74	87.30	119.31	112.59
辽宁	344.11	410.13	483.90	594.74	724.34	629.34	807.12	960.36	1040.90
吉林	67.90	65.28	79.14	102.98	133.32	117.42	168.45	220.61	245.63
黑龙江	67.89	95.66	128.57	172.97	231.31	162.30	255.15	385.23	375.90
上海	1600.10	1863.37	2275.24	2828.54	3220.55	2777.14	3689.51	4375.49	4365.87
江苏	1708.49	2279.23	2839.78	3494.72	3922.72	3387.40	4657.99	5395.81	5479.61
浙江	852.05	1073.90	1391.42	1768.47	2111.34	1877.31	2535.35	3093.78	3124.01
安徽	72.12	91.19	122.45	159.32	201.84	156.78	242.73	313.09	392.85
福建	475.27	544.11	626.60	744.47	848.21	796.50	1087.83	1435.22	1559.38
江西	35.28	40.65	61.95	94.49	136.18	127.79	216.19	314.69	334.14
山东	606.58	767.36	952.14	1224.74	1584.08	1390.53	1891.56	2358.86	2455.44
河南	66.20	77.25	97.95	127.85	174.79	134.76	178.32	326.23	517.39
湖北	67.66	90.55	117.62	148.69	207.06	172.51	259.32	335.87	319.64
湖南	54.44	60.00	73.52	96.86	125.47	101.49	146.56	189.44	219.49
广东	3571.31	4279.65	5271.99	6341.86	6849.69	6110.94	7848.96	9134.67	9840.20
广西	42.77	51.82	66.68	92.59	132.36	142.55	177.39	233.56	294.84
海南	34.02	25.42	28.46	35.14	45.29	48.82	86.49	127.56	143.22
重庆	38.57	42.93	54.70	74.38	95.21	77.13	124.27	292.08	532.04
四川	68.67	79.02	110.21	143.78	221.14	241.69	326.94	477.24	591.44
贵州	15.14	14.04	16.18	22.70	33.66	23.04	31.47	48.88	66.32
云南	37.41	47.43	62.25	87.94	95.97	80.48	134.30	160.23	210.14
西藏	1998.92	2.05	3.28	3.93	7.66	4.02	8.36	13.58	34.24
陕西	36.42	45.77	53.60	68.87	83.28	84.05	121.02	146.47	147.99
甘肃	17.63	26.30	38.25	55.24	60.95	38.66	74.03	87.29	89.01
青海	5755.15	4.13	6.52	6.12	6.89	5.87	7.89	9.24	11.57
宁夏	9082.09	9.67	14.37	15.82	18.79	12.02	19.60	22.86	22.17
新疆	56.35	79.40	91.03	137.16	222.17	139.48	171.30	228.20	251.70

注：资料来源《中华人民共和国统计局》。

附表5　　　　　　　　2005～2013年各省区市服务业500强营业收入　　　　　　单位：亿元

地区	2004年	2005年	2006年	2007年	2008年	2009年	2010年	2011年	2012年
北京	349.473	350.579	449.573	526.041	640.529	688.089	844.989	968.932	1133.092
天津	12.908	17.267	18.408	23.685	23.028	29.247	37.086	42.375	46.242
河北	3.734	4.648	4.628	5.092	6.047	8.846	9.863	13.608	17.877
山西	3.199	5.534	6.635	7.369	9.428	9.334	11.893	15.330	19.242
内蒙古	3.564	1.881	2.208	2.624	2.524	2.735	1.022	0.407	0.582
辽宁	8.502	9.418	9.793	14.816	11.593	16.709	15.265	20.848	30.267
吉林	0.707	0.816	1.815	1.738	0.910	1.100	1.498	3.366	3.413
黑龙江	2.540	2.037	0.406	2.030	2.115	2.401	0.448	0.792	0
上海	50.637	47.572	53.569	68.646	76.992	88.220	122.563	136.014	160.443
江苏	11.693	13.519	22.222	27.656	27.498	29.798	41.698	55.829	59.982
浙江	13.514	22.303	30.646	39.871	45.427	53.835	63.114	65.625	76.924
安徽	3.384	3.820	4.671	5.615	7.198	9.583	11.108	13.126	14.749
福建	5.522	9.020	13.080	14.854	14.625	18.362	28.543	3 9.841	50.237
江西	1.968	2.128	1.742	2.151	2.299	3.625	1.336	0.674	0.731
山东	12.362	9.685	8.875	10.891	17.031	17.846	16.748	18.909	22.898
河南	4.594	2.888	2.269	2.441	2.579	4.253	0.565	0.946	1.091
湖北	2.487	6.929	8.486	9.631	11.120	9.418	9.490	12.134	15.951
湖南	2.548	2.469	2.835	3.190	2.082	5.115	6.762	4.474	5.217
广东	62.478	64.550	73.765	92.638	95.109	106.707	140.418	173.556	191.972
广西	1.334	1.983	1.837	2.580	3.209	4.705	4.419	3.889	7.131
海南	0	0	0	0	0	0	0	0	0
重庆	2.892	4.202	5.850	5.941	7.975	9.881	12.987	19.243	22.559
四川	2.727	2.692	3.229	3.653	5.207	5.598	3.879	4.784	4.780
贵州	0	0	0	0	0	0	0	0	0
云南	0.977	1.253	1.213	1.511	1.396	1.478	0.739	1.261	1.609
西藏	0	0	0	0	0	0	0	0	0
陕西	1.252	0.200	0.185	1.654	2.238	2.437	0.781	1.228	0.958
甘肃	1.050	1.025	0.790	1.240	1.335	1.246	0	0	0
青海	0	0.208	0	0.446	0.379	0.402	0.332	0.345	0.759
宁夏	0.093	0.160	0	0	0	0	0	0	0
新疆	2.305	3.272	2.555	3.547	2.002	3.431	3.950	0.436	4.602

注：实际营业收入＝营业收入／工业生产者价格指数（2000年＝100）。

附表 6　　　　　　2005～2013 年各省区市服务业 500 强企业数　　　　　　单位：家

	2004 年	2005 年	2006 年	2007 年	2008 年	2009 年	2010 年	2011 年	2012 年
北京	97	86	91	73	77	69	71	59	61
天津	34	33	29	37	36	33	33	31	29
河北	26	26	21	17	20	20	17	18	20
山西	9	7	9	9	13	12	10	11	9
内蒙古	4	3	3	4	3	3	3	1	2
辽宁	19	16	17	23	15	21	15	14	15
吉林	2	3	3	2	1	1	2	3	3
黑龙江	3	4	1	3	2	2	1	2	0
上海	54	45	33	34	33	34	56	43	49
江苏	28	23	34	43	44	33	36	48	45
浙江	34	58	72	68	67	77	70	61	58
安徽	10	8	13	11	13	14	14	13	14
福建	11	18	31	33	28	29	24	23	27
江西	9	9	5	6	6	8	4	2	2
山东	37	32	23	29	27	26	23	23	22
河南	6	6	3	1	2	3	2	3	3
湖北	6	10	17	19	24	17	14	16	19
湖南	12	13	10	8	8	13	15	15	14
广东	60	47	36	33	32	30	35	56	52
广西	4	8	8	7	9	13	8	8	13
海南	0	3	0	0	1	0	3	2	2
重庆	11	16	20	17	18	21	21	21	19
四川	5	4	4	4	6	6	9	10	8
贵州	0	0	0	0	0	0	0	0	0
云南	3	5	4	4	3	2	2	3	3
西藏	0	0	0	0	0	0	0	0	0
陕西	6	2	2	2	4	3	3	4	2
甘肃	1	1	1	1	1	1	0	0	0
青海	0	2	0	1	1	1	1	1	2
宁夏	1	1	0	0	0	0	0	0	0
新疆	8	11	10	11	8	8	8	9	7

注：资料来自中国工企协会。

附表7　　　　　　　　　　　第三产业增加值　　　　　　　　　　单位：亿元

	2004 年	2005 年	2006 年	2007 年	2008 年	2009 年	2010 年	2011 年	2012 年
北京	25.4	26.6	27.9	30.0	30.9	30.7	32.5	34.8	35.7
天津	8.5	9.5	9.6	9.9	11.0	11.2	12.3	13.2	13.6
河北	18.5	19.5	19.9	20.6	21.2	21.9	22.8	24.5	25.0
山西	8.2	8.5	8.8	9.3	10.1	9.6	10.3	11.0	11.9
内蒙古	6.8	7.0	7.6	8.4	9.4	9.4	9.5	10.1	10.3
辽宁	18.3	19.2	19.6	20.2	21.0	21.2	21.9	23.5	24.7
吉林	8.5	8.6	8.7	9.0	9.3	9.4	9.6	10.2	10.4
黑龙江	11.5	11.6	11.7	12.1	12.5	13.1	14.1	15.1	15.3
上海	27.2	28.1	28.5	29.7	30.7	31.0	32.3	33.4	33.1
江苏	32.8	36.3	37.6	39.7	42.8	43.2	47.9	52.5	54.0
浙江	27.8	28.2	28.7	30.1	31.2	31.3	33.8	36.3	36.7
安徽	11.9	11.9	12.2	12.6	13.2	13.5	14.0	15.0	15.3
福建	15.2	15.5	15.7	17.0	17.5	18.1	19.0	20.4	21.1
江西	9.0	9.4	9.7	10.4	11.4	11.5	12.3	13.9	14.5
山东	30.9	33.6	35.6	37.2	39.3	40.1	43.1	46.9	49.1
河南	18.5	19.1	19.8	21.1	21.5	21.7	22.5	24.0	25.0
湖北	15.2	15.7	16.2	17.1	17.9	18.3	19.4	20.7	21.2
湖南	16.4	17.1	17.1	17.6	18.4	19.2	20.3	21.7	22.1
广东	53.1	54.4	56.7	60.5	63.9	63.8	66.2	70.0	70.4
广西	8.9	9.2	9.6	9.9	10.4	10.5	11.0	11.7	12.3
海南	2.4	2.4	2.5	2.6	2.7	2.8	3.0	3.1	3.3
重庆	8.7	9.0	9.1	9.0	9.5	9.6	10.0	11.3	12.5
四川	16.6	17.0	17.4	18.1	19.0	19.2	20.2	21.2	22.3
贵州	4.2	4.4	4.6	5.1	5.5	5.6	5.7	6.3	6.6
云南	7.8	8.0	8.4	9.0	9.6	9.6	9.9	11.3	11.6
西藏	0.7	0.7	0.7	0.8	0.8	0.8	0.8	0.8	0.9
陕西	8.3	9.2	9.4	9.7	10.4	10.5	11.0	11.6	11.9
甘肃	4.4	4.5	4.6	4.8	5.0	5.0	5.1	5.9	6.0
青海	1.3	1.3	1.3	1.4	1.5	1.5	1.6	1.7	1.8
宁夏	1.6	1.6	1.7	1.9	2.2	2.4	2.7	3.0	3.2
新疆	5.5	5.6	5.6	5.8	6.0	6.1	6.2	6.8	7.3

注：实际第三产业增加值 = 第三产业增加值/第三产业增加值指数（2000 年 = 100）。

附表 8　　　　　　　　第三产业增加值占地区生产总值比重　　　　　　单位:%

	2004 年	2005 年	2006 年	2007 年	2008 年	2009 年	2010 年	2011 年	2012 年
北京	66.4	67.5	68.8	69.8	69.4	69.6	69.8	70.3	70.6
天津	45.7	46.9	47.5	47.9	48.6	51.8	54.1	55.1	56.7
河北	32.8	33.1	33.4	32.9	31.8	33.5	33.0	32.9	33.9
山西	37.8	37.4	38.2	37.7	36.5	36.2	35.7	35.2	38.8
内蒙古	40.0	39.6	40.3	40.7	40.7	41.6	40.4	39.8	41.0
辽宁	41.5	40.5	40.9	40.4	38.9	39.9	38.8	38.8	40.1
吉林	40.1	39.4	39.0	37.8	37.2	37.8	36.8	36.6	36.8
黑龙江	35.9	34.9	34.8	35.3	34.9	39.5	39.5	39.3	40.4
上海	53.1	53.3	53.4	54.2	54.6	55.8	56.2	56.2	56.9
江苏	35.1	35.9	36.5	37.0	37.8	38.5	40.1	41.1	42.3
浙江	39.0	38.7	38.3	38.7	38.6	39.3	39.5	39.6	40.3
安徽	36.9	36.6	36.8	36.2	35.4	35.9	34.8	34.2	34.8
福建	39.4	39.4	39.5	40.6	40.3	41.4	41.0	41.6	42.6
江西	40.1	40.1	39.4	39.4	40.9	42.6	41.9	43.0	45.1
山东	33.0	33.8	34.4	34.9	34.4	36.0	37.6	39.1	40.9
河南	32.4	31.0	31.5	31.6	30.1	31.1	30.7	31.4	32.7
湖北	39.0	38.8	39.2	38.7	37.7	38.3	37.8	37.4	37.6
湖南	42.4	42.5	41.1	39.5	38.5	40.5	39.9	39.2	39.5
广东	46.0	45.1	45.7	46.9	47.3	48.2	48.3	48.5	49.2
广西	38.4	38.5	38.5	37.1	36.4	38.0	36.7	36.0	37.9
海南	42.7	42.7	42.6	43.9	42.6	44.1	43.4	42.3	43.4
重庆	43.2	44.1	44.5	42.6	41.5	42.7	42.7	44.6	49.3
四川	39.3	39.0	38.6	37.8	36.8	38.1	38.0	37.4	39.0
贵州	36.6	36.2	36.6	37.3	36.6	37.4	36.9	37.6	37.4
云南	35.6	35.6	35.9	36.4	35.7	37.1	36.6	38.6	38.8
西藏	51.0	51.4	51.6	50.8	50.1	50.2	49.2	48.9	49.4
陕西	40.3	41.2	39.5	39.0	38.3	39.3	38.0	36.8	37.1
甘肃	38.8	38.4	37.5	36.9	36.5	37.4	35.2	37.3	38.3
青海	44.1	42.5	41.6	39.7	38.1	40.3	39.2	37.6	38.7
宁夏	44.1	44.8	44.0	44.1	44.1	47.3	48.0	49.6	51.5
新疆	36.0	34.5	32.8	32.8	32.0	34.6	30.3	30.8	32.5

附表9 　　　　　　　　第三产业增加值 　　　　　　　单位：亿元

	2004 年	2005 年	2006 年	2007 年	2008 年	2009 年	2010 年	2011 年	2012 年
北京	25.4	26.6	27.9	30.0	30.9	30.7	32.5	34.8	35.7
天津	8.5	9.5	9.6	9.9	11.0	11.2	12.3	13.2	13.6
河北	18.5	19.5	19.9	20.6	21.2	21.9	22.8	24.5	25.0
辽宁	18.3	19.2	19.6	20.2	21.0	21.2	21.9	23.5	24.7
上海	27.2	28.1	28.5	29.7	30.7	31.0	32.3	33.4	33.1
江苏	32.8	36.3	37.6	39.7	42.8	43.2	47.9	52.5	54.0
浙江	27.8	28.2	28.7	30.1	31.2	31.3	33.8	36.3	36.7
福建	15.2	15.5	15.7	17.0	17.5	18.1	19.0	20.4	21.1
山东	30.9	33.6	35.6	37.2	39.3	40.1	43.1	46.9	49.1
广东	53.1	54.4	56.7	60.5	63.9	63.8	66.2	70.0	70.4
海南	2.4	2.4	2.5	2.6	2.7	2.8	3.0	3.1	3.3
东部	259.95	273.11	282.15	297.60	312.19	315.35	334.64	358.68	366.67
百分比（%）	59.93	60.33	60.47	60.67	60.54	60.43	60.76	60.59	60.20
山西	8.2	8.5	8.8	9.3	10.1	9.6	10.3	11.0	11.9
吉林	8.5	8.6	8.7	9.0	9.3	9.4	9.6	10.2	10.4
黑龙江	11.5	11.6	11.7	12.1	12.5	13.1	14.1	15.1	15.3
安徽	11.9	11.9	12.2	12.6	13.0	13.5	14.0	15.0	15.3
江西	9.0	9.4	9.7	10.4	11.4	11.5	12.3	13.9	14.5
河南	18.5	19.1	19.8	21.1	21.5	21.7	22.5	24.0	25.0
湖北	15.2	15.7	16.2	17.1	17.9	18.3	19.4	20.7	21.2
湖南	16.4	17.1	17.1	17.6	18.4	19.2	20.3	21.7	22.1
中部	99.05	101.95	104.31	109.17	114.27	116.23	122.46	131.63	135.67
百分比（%）	22.83	22.52	22.36	22.26	22.16	22.27	22.24	22.24	22.28
内蒙古	6.8	7.0	7.6	8.4	9.4	9.4	9.5	10.1	10.3
广西	8.9	9.2	9.6	9.9	10.4	10.5	11.0	11.7	12.3
重庆	8.7	9.0	9.1	9.0	9.5	9.6	10.0	11.3	12.5
四川	16.6	17.0	17.4	18.1	19.0	19.2	20.2	21.2	22.3
贵州	4.2	4.4	4.6	5.1	5.5	5.6	5.7	6.3	6.6

续表

	2004 年	2005 年	2006 年	2007 年	2008 年	2009 年	2010 年	2011 年	2012 年
云南	7.8	8.0	8.4	9.0	9.6	9.6	9.9	11.3	11.6
西藏	0.7	0.7	0.7	0.8	0.8	0.8	0.8	0.8	0.9
陕西	8.3	9.2	9.4	9.7	10.4	10.5	11.0	11.6	11.9
甘肃	4.4	4.5	4.6	4.8	5.0	5.0	5.1	5.9	6.0
青海	1.3	1.3	1.3	1.4	1.5	1.5	1.6	1.7	1.8
宁夏	1.6	1.6	1.7	1.9	2.2	2.4	2.7	3.0	3.2
新疆	5.5	5.6	5.6	5.8	6.0	6.1	6.2	6.8	7.3
西部	74.78	77.62	80.10	83.78	89.24	90.25	93.63	101.63	106.70
百分比（%）	17.24	17.15	17.17	17.08	17.31	17.29	17.00	17.17	17.52

第六章附录

附表 1　　　　　　　　　　流动比率

	2003 年	2004 年	2005 年	2006 年	2007 年
北京	1.15	1.12	1.13	1.07	1.05
天津	1.06	1.09	1.07	1.02	0.96
河北	0.94	0.95	0.90	0.89	0.93
山西	1.01	0.95	0.87	0.85	0.82
内蒙古	1.03	0.94	0.90	0.87	0.96
辽宁	0.95	0.96	0.99	1.02	0.98
吉林	0.92	0.87	0.81	0.87	0.92
黑龙江	0.97	0.93	0.93	0.94	0.92
上海	1.22	1.17	1.16	1.19	1.16
江苏	1.00	0.99	0.98	1.00	1.00
浙江	1.11	1.09	1.07	1.06	1.04
安徽	0.98	0.97	0.95	0.97	0.92
福建	1.15	1.12	1.15	1.11	1.07
江西	0.93	0.88	0.91	0.94	0.93
山东	0.97	0.97	0.96	0.94	0.95
河南	0.90	0.91	0.86	0.88	0.89

续表

	2003 年	2004 年	2005 年	2006 年	2007 年
湖北	1.11	1.05	0.96	0.97	0.96
湖南	1.01	0.99	0.98	0.95	0.98
广东	1.17	1.15	1.14	1.15	1.15
广西	0.90	0.97	0.92	0.93	0.96
海南	1.30	1.17	1.15	1.20	1.11
重庆	0.99	1.03	1.00	1.00	1.00
四川	1.04	0.98	1.00	1.02	1.05
贵州	1.07	0.97	0.92	0.95	0.95
云南	1.23	1.24	1.24	1.24	1.22
陕西	1.02	0.99	0.98	0.99	1.00
甘肃	0.99	0.94	1.05	0.98	1.02
青海	0.97	0.96	0.85	0.93	0.82
宁夏	0.90	0.92	1.01	1.01	0.92
新疆	0.81	0.79	0.87	0.98	1.09
最大值	1.30	1.24	1.24	1.24	1.22
最小值	0.81	0.79	0.81	0.85	0.82
均值	1.03	1.00	0.99	1.00	0.99
标准差	0.11	0.10	0.11	0.10	0.09
	2008 年	2009 年	2010 年	2011 年	2012 年
北京	1.14	1.18	1.24	1.25	1.23
天津	0.93	0.88	0.97	0.98	0.97
河北	0.85	0.84	0.89	0.90	0.84
山西	0.85	0.89	0.96	0.94	0.88
内蒙古	1.02	0.95	1.02	1.07	1.00
辽宁	0.94	0.98	1.01	1.05	1.04
吉林	0.97	0.80	1.07	1.06	1.04
黑龙江	0.92	0.91	0.99	1.00	0.95
上海	1.11	1.15	1.22	1.26	1.29
江苏	1.00	1.03	1.09	1.13	1.10
浙江	1.03	1.06	1.12	1.13	1.14
安徽	0.90	0.90	0.92	0.94	0.94
福建	1.12	1.18	1.23	1.25	1.23

续表

	2008 年	2009 年	2010 年	2011 年	2012 年
江西	1.01	0.86	0.94	1.05	1.07
山东	0.99	1.00	1.03	1.04	1.06
河南	0.86	0.92	0.99	1.03	1.05
湖北	0.90	0.97	0.91	0.92	0.96
湖南	0.98	0.96	1.04	1.05	1.09
广东	1.12	1.16	1.18	1.20	1.19
广西	0.90	0.91	0.97	1.00	0.98
海南	0.89	0.83	0.96	1.02	0.97
重庆	1.03	1.04	1.00	1.05	0.99
四川	1.02	1.04	1.00	0.99	1.03
贵州	0.90	0.90	1.03	0.99	0.96
云南	1.08	1.08	1.09	1.02	0.95
陕西	1.06	1.05	1.13	1.10	1.07
甘肃	1.10	0.99	0.99	0.97	0.95
青海	0.85	0.75	0.84	0.89	0.79
宁夏	0.87	0.80	0.91	0.89	0.86
新疆	1.08	0.96	1.08	0.93	0.87
最大值	1.14	1.18	1.24	1.26	1.29
最小值	0.85	0.75	0.84	0.89	0.79
均值	0.98	0.97	1.03	1.04	1.02
标准差	0.09	0.12	0.10	0.10	0.12

附表 2　　　　　　　　　　　产权比率

	2003 年	2004 年	2005 年	2006 年	2007 年
北京	111.47	41.78	47.38	54.21	57.64
天津	129.58	114.43	131.16	132.66	147.96
河北	157.82	165.04	163.28	162.20	149.39
山西	178.00	186.21	222.03	218.36	204.58
内蒙古	130.22	154.84	147.65	144.50	124.28
辽宁	129.05	130.12	144.66	140.23	148.08
吉林	161.96	123.86	148.92	118.75	135.06

	2003 年	2004 年	2005 年	2006 年	2007 年
黑龙江	116.25	118.15	119.11	112.69	124.27
上海	91.48	97.34	96.55	93.62	103.34
江苏	157.74	164.36	159.28	153.07	156.19
浙江	118.10	149.64	142.46	141.31	156.74
安徽	153.31	150.24	160.83	172.06	175.95
福建	130.03	118.83	116.83	125.06	132.33
江西	207.52	194.35	202.69	184.10	159.02
山东	143.55	149.50	149.78	149.13	137.91
河南	175.75	169.27	172.78	167.04	153.07
湖北	142.85	132.54	126.64	122.85	122.27
湖南	182.27	162.73	179.20	165.89	152.09
广东	128.19	130.48	134.85	125.69	129.73
广西	180.82	145.76	150.76	153.01	151.66
海南	109.14	153.15	128.08	171.84	151.51
重庆	149.48	148.09	143.78	143.86	148.42
四川	158.45	176.22	168.48	155.34	148.15
贵州	150.61	179.59	182.51	189.79	176.74
云南	105.49	96.01	96.03	107.03	103.95
陕西	165.56	175.87	158.40	141.94	131.97
甘肃	180.64	174.92	142.27	139.38	132.60
青海	229.99	257.03	218.04	199.62	172.58
宁夏	181.64	186.26	165.77	156.93	158.13
新疆	103.99	105.91	100.91	95.69	93.30
最大值	229.99	257.03	222.03	218.36	204.58
最小值	91.48	41.78	47.38	54.21	57.64
均值	148.70	148.42	147.37	144.59	141.30
标准差	32.52	39.04	36.40	33.70	27.99
	2008 年	2009 年	2010 年	2011 年	2012 年
北京	84.80	96.37	98.83	97.22	106.16
天津	157.75	185.89	160.67	174.43	183.34
河北	165.07	168.81	174.17	168.47	163.28
山西	205.10	196.46	189.24	205.97	225.25

续表

	2008 年	2009 年	2010 年	2011 年	2012 年
内蒙古	140.94	151.70	138.00	151.01	154.61
辽宁	160.41	163.57	166.75	166.09	167.66
吉林	127.68	155.23	135.42	138.46	131.51
黑龙江	119.90	129.32	122.13	131.22	137.08
上海	107.87	109.70	109.99	107.79	100.48
江苏	146.10	142.66	137.40	141.53	134.77
浙江	162.15	154.51	144.26	144.08	136.78
安徽	174.91	171.67	169.99	166.15	167.84
福建	122.76	122.18	116.87	110.60	118.19
江西	145.52	161.55	155.82	146.80	140.13
山东	136.48	131.29	137.05	145.34	143.28
河南	154.54	157.14	152.85	141.80	132.77
湖北	106.86	122.43	154.67	155.88	155.32
湖南	162.24	187.43	164.93	159.63	158.06
广东	133.29	135.90	124.08	140.81	139.23
广西	172.63	183.53	175.43	173.36	176.18
海南	150.41	137.72	117.42	129.19	113.07
重庆	148.34	154.99	153.94	162.03	179.04
四川	152.18	157.57	167.75	163.66	174.82
贵州	192.49	211.30	190.63	188.46	190.57
云南	124.12	128.44	137.41	146.46	159.16
陕西	117.44	129.78	133.90	132.98	136.91
甘肃	115.94	140.82	165.06	172.50	166.34
青海	175.49	188.01	181.80	155.16	203.44
宁夏	173.39	194.77	187.31	190.97	200.89
新疆	99.57	109.18	90.26	111.05	124.84
最大值	205.10	211.30	190.63	205.97	225.25
最小值	84.80	96.37	90.26	97.22	100.48
均值	144.55	152.66	148.47	150.64	154.03
标准差	28.19	28.85	26.86	25.20	29.84

附表3 应收账款周转率

	2003 年	2004 年	2005 年	2006 年	2007 年
北京	8.18	10.77	10.86	11.23	10.94
天津	7.33	9.55	10.24	10.85	11.38
河北	11.68	14.37	16.92	18.88	19.89
山西	9.20	11.16	11.71	12.62	13.72
内蒙古	9.25	13.34	14.31	15.06	12.55
辽宁	8.77	10.75	12.29	12.39	12.35
吉林	9.60	10.75	11.35	11.27	13.12
黑龙江	7.53	11.07	13.96	16.42	15.69
上海	8.18	8.84	8.24	8.69	8.80
江苏	9.40	8.95	9.14	9.23	9.31
浙江	12.73	9.71	10.94	10.38	10.41
安徽	9.68	10.84	11.94	12.63	13.00
福建	8.79	9.09	9.50	9.85	9.89
江西	7.95	13.65	15.68	15.92	17.34
山东	13.88	15.63	17.82	19.02	20.85
河南	9.41	10.25	12.69	14.71	16.86
湖北	6.99	9.57	10.74	11.37	12.86
湖南	7.50	9.37	11.90	14.00	15.32
广东	8.90	8.54	8.06	8.17	8.31
广西	8.49	10.93	12.04	14.07	15.39
海南	8.93	13.65	10.08	9.96	15.08
重庆	6.53	8.37	8.82	9.86	11.20
四川	6.12	7.97	9.87	10.39	10.80
贵州	5.25	6.86	8.15	9.25	9.84
云南	9.79	13.25	14.91	14.96	16.66
陕西	5.91	7.79	8.89	10.83	10.42
甘肃	7.97	9.94	13.13	17.84	20.37
青海	3.47	6.80	9.51	13.39	14.25
宁夏	6.20	8.14	10.19	11.47	13.37
新疆	12.56	15.82	19.75	23.30	23.03
最大值	13.88	15.82	19.75	23.30	23.03
最小值	3.47	6.80	8.06	8.17	8.31
均值	8.54	10.52	11.79	12.93	13.77
标准差	2.23	2.44	2.96	3.56	3.81

续表

	2008 年	2009 年	2010 年	2011 年	2012 年
北京	9.66	9.12	9.21	8.20	7.03
天津	13.53	12.84	12.61	10.98	9.72
河北	20.02	20.34	19.75	20.07	19.68
山西	13.26	12.47	12.99	12.62	11.58
内蒙古	13.55	15.68	14.32	15.63	13.60
辽宁	12.86	11.96	11.76	12.37	12.49
吉林	15.22	16.22	18.95	20.18	19.48
黑龙江	14.70	13.06	12.98	13.33	11.92
上海	8.93	8.60	8.99	8.86	8.15
江苏	9.82	9.71	9.63	9.69	9.51
浙江	10.15	9.70	9.97	9.73	9.03
安徽	14.16	13.96	14.60	14.73	14.29
福建	10.58	11.04	11.16	11.72	10.56
江西	17.85	18.45	20.81	24.90	26.32
山东	21.90	21.83	21.58	21.76	19.85
河南	18.35	19.50	19.61	21.44	18.10
湖北	14.83	9.66	10.91	15.77	14.44
湖南	15.23	14.09	14.22	15.28	12.69
广东	8.42	8.01	8.28	8.28	7.86
广西	14.73	16.03	17.15	17.43	17.60
海南	16.49	18.34	18.07	16.88	14.97
重庆	12.12	12.28	12.86	12.56	10.80
四川	10.71	11.55	12.98	14.01	11.29
贵省	10.07	11.44	11.83	13.79	14.65
云南	16.15	13.90	13.99	15.11	14.57
陕西	10.11	10.09	9.85	11.87	12.78
甘肃	20.83	20.82	21.98	23.50	25.22
青海	15.68	14.01	15.08	14.90	13.26
宁夏	13.25	12.99	13.18	13.49	13.85
新疆	21.24	18.87	18.77	20.50	19.28
最大值	21.90	21.83	21.98	24.90	26.32
最小值	8.42	8.01	8.28	8.20	7.03
均值	14.15	13.89	14.27	14.99	14.15
标准差	3.79	3.92	4.04	4.54	4.78

附表4　　　　　　　　　　总资产周转率

	2003 年	2004 年	2005 年	2006 年	2007 年
北京	0.80	0.64	0.53	0.61	0.64
天津	0.93	1.21	1.32	1.41	1.37
河北	0.85	0.95	1.05	1.11	1.16
山西	0.58	0.64	0.68	0.71	0.75
内蒙古	0.55	0.73	0.75	0.79	0.79
辽宁	0.69	0.81	0.89	0.96	0.97
吉林	0.77	0.79	0.84	0.87	0.96
黑龙江	0.64	0.76	0.89	1.05	1.05
上海	0.91	1.08	1.06	1.13	1.20
江苏	1.14	1.17	1.26	1.32	1.35
浙江	1.33	1.11	1.24	1.23	1.27
安徽	0.71	0.80	0.88	0.93	0.97
福建	1.05	1.16	1.19	1.24	1.27
江西	0.66	0.77	0.90	1.00	1.14
山东	1.00	1.11	1.22	1.28	1.34
河南	0.75	0.79	0.93	1.06	1.21
湖北	0.54	0.60	0.66	0.70	0.76
湖南	0.70	0.77	0.86	0.93	1.00
广东	1.27	1.37	1.41	1.45	1.44
广西	0.64	0.79	0.81	0.88	0.98
海南	0.71	0.88	0.65	0.66	0.96
重庆	0.69	0.77	0.80	0.88	0.96
四川	0.56	0.62	0.73	0.80	0.85
贵州	0.52	0.54	0.54	0.59	0.64
云南	0.52	0.60	0.68	0.75	0.79
陕西	0.54	0.63	0.67	0.74	0.77
甘肃	0.56	0.65	0.73	0.88	0.94
青海	0.32	0.36	0.41	0.51	0.50
宁夏	0.55	0.60	0.60	0.62	0.68
新疆	0.54	0.65	0.78	0.87	0.92
最大值	1.33	1.37	1.41	1.45	1.44
最小值	0.32	0.36	0.41	0.51	0.50
均值	0.73	0.81	0.87	0.93	0.99
标准差	0.24	0.23	0.25	0.25	0.25

续表

	2008 年	2009 年	2010 年	2011 年	2012 年
北京	0.62	0.64	0.64	0.60	0.58
天津	1.36	1.19	1.27	1.30	1.27
河北	1.17	1.14	1.13	1.20	1.20
山西	0.74	0.65	0.70	0.76	0.74
内蒙古	0.86	0.86	0.85	0.88	0.76
辽宁	0.96	0.93	0.95	1.01	1.05
吉林	1.03	1.06	1.17	1.24	1.27
黑龙江	1.06	0.95	0.88	0.87	0.85
上海	1.18	1.15	1.27	1.24	1.16
江苏	1.35	1.29	1.33	1.36	1.36
浙江	1.16	1.08	1.15	1.15	1.10
安徽	1.04	1.01	1.06	1.11	1.13
福建	1.27	1.24	1.34	1.46	1.36
江西	1.17	1.13	1.23	1.56	1.72
山东	1.34	1.31	1.31	1.40	1.43
河南	1.22	1.24	1.30	1.52	1.42
湖北	0.80	0.76	0.87	1.02	1.06
湖南	1.03	0.96	1.08	1.27	1.24
广东	1.42	1.33	1.37	1.35	1.30
广西	0.97	1.00	1.06	1.15	1.25
海南	0.94	0.87	0.89	0.91	0.95
重庆	1.00	1.02	1.11	1.22	1.19
四川	0.82	0.86	0.95	1.08	0.98
贵州	0.61	0.63	0.61	0.67	0.67
云南	0.74	0.68	0.69	0.73	0.74
陕西	0.74	0.68	0.71	0.79	0.78
甘肃	0.93	0.89	0.91	0.98	1.03
青海	0.51	0.49	0.52	0.51	0.51
宁夏	0.64	0.56	0.55	0.60	0.65
新疆	0.85	0.72	0.71	0.76	0.73
最大值	1.42	1.33	1.37	1.56	1.72
最小值	0.51	0.49	0.52	0.51	0.51
均值	0.98	0.94	0.99	1.06	1.05
标准差	0.25	0.24	0.26	0.29	0.30

附表5　　　　　　　　　　　　销售增长率

	2003 年	2004 年	2005 年	2006 年	2007 年
北京	30. 66	48. 04	25. 01	26. 16	18. 10
天津	28. 40	31. 57	25. 45	27. 35	12. 45
河北	60. 82	26. 63	19. 46	20. 91	20. 78
山西	81. 37	29. 83	17. 92	22. 89	26. 45
内蒙古	36. 66	59. 40	28. 10	25. 52	21. 42
辽宁	24. 92	24. 77	19. 89	16. 87	14. 13
吉林	26. 43	7. 40	11. 76	16. 11	21. 84
黑龙江	8. 13	11. 23	9. 81	11. 22	4. 58
上海	28. 24	29. 81	12. 02	18. 74	20. 40
江苏	52. 54	28. 28	26. 60	22. 82	22. 13
浙江	120. 20	15. 62	36. 94	17. 97	23. 18
安徽	34. 11	24. 44	19. 59	21. 25	23. 53
福建	43. 33	30. 96	20. 12	24. 04	24. 06
江西	35. 73	22. 03	22. 42	19. 10	26. 39
山东	43. 51	33. 05	26. 21	18. 44	20. 94
河南	57. 33	20. 76	28. 10	27. 48	32. 71
湖北	16. 46	26. 25	17. 08	15. 94	21. 50
湖南	45. 82	18. 40	15. 38	20. 54	25. 02
广东	65. 58	29. 87	19. 50	25. 49	21. 02
广西	19. 44	28. 46	11. 72	15. 34	26. 56
海南	18. 93	30. 73	8. 43	40. 48	73. 32
重庆	35. 63	24. 98	13. 70	24. 47	25. 65
四川	29. 29	15. 12	23. 30	23. 23	26. 85
贵州	50. 62	20. 25	12. 14	19. 85	17. 14
云南	8. 94	17. 70	20. 89	25. 26	24. 30
陕西	31. 08	33. 20	14. 52	21. 41	20. 61
甘肃	35. 82	19. 96	5. 57	29. 76	21. 01
青海	15. 03	19. 60	15. 07	31. 90	8. 08
宁夏	28. 56	15. 33	13. 35	21. 56	21. 54
新疆	15. 26	23. 85	20. 35	11. 29	19. 37
最大值	120. 20	59. 40	36. 94	40. 48	73. 32
最小值	8. 13	7. 40	5. 57	11. 22	4. 58
均值	37. 63	25. 58	18. 68	22. 11	22. 84
标准差	23. 14	10. 22	6. 95	6. 03	11. 07

续表

	2008 年	2009 年	2010 年	2011 年	2012 年
北京	3.65	14.72	19.84	5.72	9.88
天津	17.08	11.10	29.30	21.18	15.62
河北	11.67	17.10	20.39	18.85	13.74
山西	5.58	0.12	26.18	21.40	12.93
内蒙古	29.27	24.48	25.45	23.76	-1.14
辽宁	11.42	12.25	14.92	11.78	11.37
吉林	19.59	16.15	23.25	20.34	16.85
黑龙江	6.19	3.56	5.63	1.32	1.98
上海	6.83	7.70	26.20	7.83	1.53
江苏	16.45	11.00	20.45	19.15	13.28
浙江	4.98	4.08	22.16	11.91	4.49
安徽	25.30	17.12	27.87	21.27	18.83
福建	16.05	13.89	29.63	29.70	8.04
江西	15.89	14.15	29.63	44.53	30.83
山东	12.75	14.91	17.16	18.51	14.97
河南	13.92	17.29	20.66	31.28	9.50
湖北	27.52	20.35	30.91	19.20	14.03
湖南	18.23	9.53	34.89	37.00	10.09
广东	11.41	6.26	25.12	14.67	3.72
广西	15.76	26.01	29.85	25.22	27.34
海南	11.34	5.44	24.02	8.90	9.23
重庆	17.95	19.00	33.45	31.65	15.05
四川	16.09	24.90	32.49	33.60	1.76
贵州	6.16	17.64	10.70	22.10	10.05
云南	5.83	9.92	16.37	15.90	16.49
陕西	13.61	13.39	22.57	25.40	15.65
甘肃	10.75	12.81	17.16	15.81	19.87
青海	18.49	18.05	30.34	-2.99	12.07
宁夏	7.68	16.41	24.73	22.91	28.51
新疆	7.97	1.92	9.20	9.90	11.58
最大值	29.27	26.01	34.89	44.53	30.83
最小值	3.65	0.12	5.63	-2.99	-1.14
均值	13.51	13.37	23.35	19.59	12.60
标准差	6.61	6.63	7.28	10.46	7.68

附表 6　　　　　　　　　　　　　　　净资产收益率

	2003 年	2004 年	2005 年	2006 年	2007 年
北京	8.23	6.00	3.95	4.88	5.56
天津	11.25	19.33	23.05	26.25	25.91
河北	13.08	12.24	13.80	15.11	18.42
山西	6.85	9.04	7.86	10.70	14.10
内蒙古	5.20	10.98	13.17	15.41	22.08
辽宁	5.56	8.71	5.00	5.36	8.47
吉林	12.26	11.26	7.11	7.64	17.19
黑龙江	30.61	36.76	48.21	54.48	49.45
上海	11.58	13.70	9.48	10.89	11.32
江苏	11.41	12.70	12.96	14.32	16.88
浙江	14.76	12.52	11.97	12.24	14.39
安徽	11.58	11.12	10.66	9.55	10.96
福建	17.27	15.88	13.35	15.07	19.43
江西	5.57	6.90	8.25	12.72	14.82
山东	12.17	14.53	17.73	17.75	18.22
河南	6.88	7.93	10.02	16.43	23.67
湖北	6.31	7.24	8.12	8.79	10.46
湖南	7.62	8.12	7.46	9.88	14.50
广东	13.85	14.52	13.55	14.72	16.97
广西	8.67	13.46	11.59	14.00	17.13
海南	7.07	13.77	10.78	15.70	13.80
重庆	9.20	10.47	8.16	10.12	12.47
四川	5.44	6.50	10.39	11.89	14.26
贵州	6.77	7.83	8.82	12.50	15.61
云南	6.53	11.15	11.06	12.93	13.26
陕西	13.08	16.25	20.86	22.82	22.20
甘肃	3.17	4.08	2.21	6.55	12.40
青海	3.64	11.03	23.05	26.42	24.76
宁夏	2.79	4.16	5.42	5.79	9.24
新疆	15.39	21.24	31.56	40.03	38.00
最大值	30.61	36.76	48.21	54.48	49.45
最小值	2.79	4.08	2.21	4.88	5.56
均值	9.79	11.98	12.99	15.36	17.53
标准差	5.50	6.22	9.13	10.34	8.73

续表

	2008 年	2009 年	2010 年	2011 年	2012 年
北京	4.31	6.14	7.43	7.26	7.68
天津	19.09	19.44	28.69	29.99	29.54
河北	14.34	13.65	15.51	15.96	13.03
山西	10.99	7.92	12.81	13.80	10.79
内蒙古	17.18	20.15	27.04	27.63	21.55
辽宁	2.10	8.41	13.01	11.25	9.17
吉林	8.97	11.95	17.30	19.59	18.43
黑龙江	50.90	26.62	27.00	28.17	24.41
上海	6.80	11.11	16.30	14.48	12.79
江苏	18.18	17.17	19.73	19.61	16.63
浙江	11.35	14.48	17.21	15.35	12.61
安徽	13.33	16.15	22.19	18.07	17.33
福建	16.34	19.11	24.48	24.05	18.91
江西	10.63	12.66	17.81	22.08	23.94
山东	15.52	16.01	19.06	19.92	19.02
河南	18.57	18.27	21.46	23.64	18.06
湖北	10.40	9.87	15.41	16.72	15.58
湖南	13.33	15.18	21.17	22.28	17.68
广东	14.44	18.26	20.81	17.28	15.55
广西	8.94	12.82	21.54	18.26	15.91
海南	11.03	20.09	16.68	12.57	13.47
重庆	11.96	11.85	13.00	15.30	13.32
四川	10.13	12.80	17.05	18.44	17.98
贵州	12.04	13.29	16.15	20.46	22.99
云南	7.45	9.79	14.25	13.34	10.02
陕西	22.73	15.48	21.56	25.21	22.57
甘肃	2.96	7.49	8.57	7.89	7.53
青海	23.29	9.80	17.50	16.98	12.66
宁夏	4.51	10.07	11.69	11.44	7.20
新疆	30.04	18.45	21.98	21.85	17.78
最大值	50.90	26.62	28.69	29.99	29.54
最小值	2.10	6.14	7.43	7.26	7.20
均值	14.06	14.15	18.15	18.30	16.14
标准差	9.34	4.66	5.14	5.67	5.46

附表7 　　　　　　　　　　　　　　总资产增长率

	2003 年	2004 年	2005 年	2006 年	2007 年
北京	12.28	152.40	7.98	11.23	15.39
天津	-7.02	8.08	22.23	17.25	14.72
河北	20.56	6.67	9.65	18.99	13.97
山西	28.69	9.42	9.97	26.40	13.77
内蒙古	-3.58	41.50	15.03	21.56	20.44
辽宁	-1.15	13.24	5.02	11.83	14.01
吉林	4.98	4.42	7.22	16.14	5.36
黑龙江	8.13	11.23	9.81	11.22	4.58
上海	3.70	15.59	11.55	12.27	14.64
江苏	33.41	18.46	16.84	17.28	21.01
浙江	76.12	16.78	27.42	12.62	25.14
安徽	18.19	6.17	10.00	19.34	17.42
福建	18.77	19.54	15.11	20.79	22.25
江西	11.73	-0.20	9.94	4.54	16.58
山东	24.21	18.32	10.78	14.92	16.03
河南	23.55	9.16	7.92	14.36	19.20
湖北	30.28	1.73	13.51	4.84	19.07
湖南	11.64	3.50	4.72	17.85	13.38
广东	24.78	17.03	14.34	29.01	16.50
广西	-0.92	9.71	7.67	5.35	21.23
海南	-17.00	33.04	59.32	24.11	15.89
重庆	12.41	11.35	8.58	15.59	15.96
四川	10.71	-1.66	12.11	13.11	23.70
贵州	15.30	16.63	6.31	12.49	6.23
云南	2.03	1.21	9.94	19.40	14.15
陕西	17.60	11.28	6.48	10.75	21.11
甘肃	12.46	-6.47	-4.83	20.29	8.87
青海	7.22	0.63	4.10	7.01	14.72
宁夏	17.66	-4.53	29.52	8.48	13.80
新疆	2.96	2.90	-2.09	2.12	23.54
最大值	76.12	152.40	59.32	29.01	25.14
最小值	-17.00	-6.47	-4.83	2.12	4.58
均值	13.99	14.90	12.21	14.70	16.09
标准差	16.47	27.92	11.39	6.55	5.20

续表

	2008 年	2009 年	2010 年	2011 年	2012 年
北京	-0.37	23.80	15.54	12.08	14.48
天津	20.25	32.61	12.79	22.45	16.15
河北	6.09	35.35	10.96	11.70	16.88
山西	2.23	24.24	10.72	14.61	16.80
内蒙古	18.04	29.52	24.69	15.57	14.52
辽宁	9.92	23.07	4.09	4.74	10.01
吉林	16.46	9.59	14.29	12.33	15.95
黑龙江	6.19	3.56	5.63	1.32	1.98
上海	2.76	17.41	12.00	9.18	8.01
江苏	13.59	17.38	17.93	14.55	11.57
浙江	7.67	14.86	14.46	10.27	7.48
安徽	15.78	24.92	19.98	12.00	20.56
福建	11.69	21.20	17.77	20.09	13.62
江西	9.45	26.74	12.36	15.96	21.58
山东	10.38	23.81	11.50	10.46	14.97
河南	7.39	22.04	9.81	14.80	18.72
湖北	21.84	31.71	-0.21	4.92	13.79
湖南	16.15	19.65	20.75	11.24	15.55
广东	9.95	15.95	26.91	8.28	7.31
广西	14.82	28.57	18.09	13.19	20.59
海南	11.93	16.03	25.38	-9.04	19.05
重庆	10.46	22.59	23.04	17.13	17.12
四川	18.13	19.29	21.20	15.15	8.52
贵州	13.61	17.18	9.27	13.48	8.32
云南	13.75	22.60	8.42	11.62	19.53
陕西	17.28	26.47	11.09	14.88	17.93
甘肃	12.81	23.65	7.26	8.14	19.56
青海	14.17	33.84	12.91	-12.20	40.60
宁夏	16.66	46.08	12.38	15.03	19.33
新疆	11.31	27.82	-2.51	9.08	22.96
最大值	21.84	46.08	26.91	22.45	40.60
最小值	-0.37	3.56	-2.51	-12.20	1.98
均值	12.01	23.38	13.62	10.77	15.78
标准差	5.33	8.19	7.13	7.27	6.90

后　　记

本书是在作者近年来相关研究成果的总结与归纳，旨在探讨中国大企业区域空间分布、区域空间分布演化对区域发展的影响。共分为十个部分，第一章，导论，阐明本书的研究背景、意义与内容，第二章研究中国企业 500 强的区域分布对区域经济产生的空间效应，第三章研究中国制造业 500 强的区域分布对区域经济产生的空间效应，第四章研究中国服务业 500 强的区域分布对区域经济产生的空间效应，第五章研究中国企业 500 强规模对区域经济增长的收敛效应，第六章研究大型企业绩效及变化与区域经济增长两者之间相互关系，第七章研究服务业企业绩效及变化对区域经济增长的影响，第八章研究中国企业 500 强企业股权集中度对企业绩效影响，第九章研究中国制造业 500 强资本结构对企业绩效影响，第十章研究中国经济增长地区差异与结构效应。

本书中有的部分章节已公开发表，第二章的主要内容已整理发表于《上海经济研究》2014 年第 9 期，第十章部分内容已整理发表于《数量经济技术经济研究》2011 年第 1 期，其余部分内容是作者在已有研究积累的基础上整理而成，在本书第四章、第六章、第八章的整理过程中曹辰沁、刘文娟、杨洋、张颖在数据收集与处理上给予了帮助，在此表示感谢。

感谢江苏高校哲学社会科学优秀创新团队项目："苏北发展与社会治理研究（ZSTD2017018）"、江苏高校人文社会科学校外研究基地培育点："台商研究中心（ZSJD022）"、江苏高校人文社会科学重点研究基地培育点："创新创业研究中心（2018ZDJD‐B013）"给予资助，感谢淮阴工学院应用经济学重点建设学科建设项目、苏北发展研究的资助和出版时提供的便利。感谢经济科学出版社在此书出版过程中给予的指导与帮助。

　　当然，由于时间和能力有限，加之本书也是本领域的探索性研究，书中难免会有错误之处，恳请专家学者不吝赐教并批评指正。

作者

2018 年 11 月于淮安